NUEVE MESES Y NUEVE MIL DUDAS

VICKI IOVINE

NUEVE MESES Y NUEVE MIL DUDAS

Traducción de
María Eloísa Rodríguez

PLAZA & JANES EDITORES, S. A.

Título original: *The Girlfriends Guide to Pregnancy*
Diseño de la portada: Quim Carbonell
Ilustración de la portada: Albert Rocarols

Quinta edición: marzo, 2000

Printed in Spain – Impreso en España

ISBN: 84-01-54013-5
Depósito legal: B. 9.400 - 2000

Fotocomposición: Fort, S. A.

Impreso en A & M Gràfic, S. L.
Santa Perpètua de Mogoda (Barcelona)

L 540135

A Jamie, Jessica, Jeremy y Jade

Las 10 grandes mentiras sobre el embarazo

10

El método Lamaze sirve.

9

El malestar matutino desaparece antes de mediodía.

8

Ahora la ropa para futuras mamás es mucho más bonita.

7

En tres meses recuperarás la silueta que tenías antes del embarazo, sobre todo si amamantas.

6

Los masajes con aceite evitan la aparición de estrías.

5

Durante el embarazo, el pelo y el cutis mejoran muchísimo.

4

«Te juro que la cara no te ha cambiado nada.»

3

El embarazo te acerca más al hombre. (¡Sí, al obstetra!)

2

«¡Sólo engordaste la barriga!»

1

El embarazo sólo dura nueve meses.

Índice

Agradecimientos

Heme aquí, ganadora en la lotería de la vida. Tengo un puñado de hijos, un marido estupendo, un ordenador nuevo (a éste sí, más o menos, sé usarlo) y, ¡por Dios!, he escrito un libro. ¿Qué me falta ahora, salvo turnarme con las otras madres para llevar a los niños a la escuela? Estoy agradecida a muchas personas por haberme ayudado a lograrlo. Mi familia, por supuesto, encabeza cualquier lista. Probablemente mis hijos, cuando sean adultos, hablarán de este libro con sus psicólogos, pero por ahora son ardientes defensores de su madre. No sólo me proporcionaron casi todo el material, sino que también me concedieron un poco de tiempo para escribir cuando en realidad me querían en las clases de kárate o en el pesebre navideño de la escuela. Sólo un hombre con la seguridad y el sentido del humor de Jimmy, mi marido, podría aceptar los ataques que de tanto en tanto lanzo contra su sexo. Sólo un hombre con tanta fe en mí podía creer que yo era capaz de escribir un libro, criar a nuestros hijos y remodelar la casa con una mano atada a la espalda. Y sólo un hombre que me amara de verdad podía llegar hasta el final del proceso sin pedirme una sola vez que le preparara la cena. Amo tanto a mi familia que, cuando pienso en ella, me emociono.

Antes de que existiera la familia Iovine existió la familia McCarty, que es tan responsable como la que más por la creación de este libro. En primer término mi padre, que en el fondo es el verdadero escritor de la familia, y mi madrastra Linda, que me quiere y protege desde que yo tenía doce años. Luego mi madre, que en el fondo es una verdadera Lucille Ball y que me enseñó la sinceridad y el humor en sus formas más incontrolables. Y está mi amado hermano Gregg, que en realidad fue mi primer bebé. Siempre creyó que su hermana mayor era capaz de hacerlo todo y me permitió, sin quejarse, despuntar con él mis habilidades maternas. A él le di alimento para gatos mientras veíamos la televisión y casi lo persuadí de que bebiera agua del váter con mi flamante juego de té de plástico. Por él fue que zurré a un vecinito que se burlaba de él por usar zapatos combinados (he dicho que mi madre tenía mucho sentido del humor, ¿no?).

También debo mencionar a quienes me dieron ánimos cuando las energías o la confianza me abandonaban. Para comenzar, Bobby Shriver, amigo de tantos años y tantas aventuras, para quien siempre es una satisfacción alentarme a hacer cosas ridículas. Él me presentó a Bob Bookman, quien tuvo la amabilidad de reírse de mis chistes y ayudarme a buscar a la agente perfecta. En esa tarea recibió la ayuda de Angela Janklow Harrington, que durante este proceso quedó debidamente embarazada de su primera hija. Luego viene esa agente perfecta que Angela y Bob me buscaron: Cynthia Cannell, quien, con su serenidad y dulzura (bajo las cuales oculta la facultad de convertirse en recia defensora, en caso necesario) me convenció de que yo podía enhebrar más de cinco palabras y, en el ínterin, se convirtió en una de mis amigas. También me presentó a la correctora más sagaz y divertida del mundo (pero no más que yo): Dona Chernoff. Y con eso quedó constituido el matriarcado. Éramos tres madres desatadas, y este libro refleja nuestro punto de vista combinado. Ningún día me parece completo sin una buena charla telefónica con cada una de ellas.

Agradezco profunda y afectuosamente a todas mis amigas por compartir conmigo sus anécdotas (y por permitirme repetirlas a perfectos desconocidos), pero también porque participan de todas las decisiones que tomo día a día, desde escribir este libro a cortarme el pelo o resolver si ha llegado el momento de recurrir a la cirugía plástica. Aprecio muchísimo nuestra fidelidad e interdependencia. También me encantan nuestras fiestas de cumpleaños.

No caeré en el falso orgullo de asegurar que completé sola esta empresa. No habría podido hacerlo sin mi asistente Frances Tsow. Cuando Frances no estaba atareada leyendo las pruebas o numerando las páginas de un manuscrito que cambié cientos de veces, se ocupaba de que mis hijos no faltaran a la cita con el dentista y organizaba sus agendas de juegos. Lo mejor era que sabía cuándo me hacía falta tomar un descanso (so peligro de borrar accidentalmente el texto del ordenador), cuándo sorprenderme con una taza de café o cuándo dar un paso atrás y reírse de aquel caos.

Prólogo

Bienvenida a la hermandad

Conque embarazada, ¿eh? Bien, pasa y siéntate aquí, a mi lado, porque nada me gusta tanto como una mujer que va a tener un hijo. En realidad, casi todas las madres que conozco piensan igual. El embarazo es una época de expectativas, optimismo y sueños... y de miedos, inseguridades y dudas sobre una misma (pero sobre esto nos extenderemos más adelante). Al mundo le encantan las embarazadas, porque todos deseamos protegerlas y alentarlas; las otras mujeres que han tenido hijos caen en éxtasis cada vez que un nuevo miembro se une a sus filas.

En cualquier reunión de mujeres existe cierta camaradería entre las que han pasado por la experiencia del alumbramiento. Es como si una señal secreta al estrechar la mano, sólo por ellas conocida, las caracterizara como veteranas de la misma guerra. Bastan diez minutos para que, en el lavabo de señoras, dos perfectas desconocidas se sientan unidas al compartir los espeluznantes detalles de sus partos. Toda embarazada como tú es una aspirante a ingresar en la hermandad. Se te incluirá en todas las sesiones y las otras socias te rodearán con sus brazos para guiarte. Y tras este período de prueba de cuarenta semanas (poco más o menos), llegará el momento mágico en que habrás de convertirte en miembro reconocido una vez superado el último rito: *el parto.*

Por el resto de tu vida sentirás cierto parentesco con las otras socias del mundo entero. Aprenderás a apreciarlas como sólo pueden apreciarse mutuamente las mujeres que han dado a luz. En esta hermandad abundan las congratulaciones, pues hace falta otra mujer para comprender lo que cada una ha soportado para ingresar. Como veteranas de una guerra, exhibimos nuestras cicatrices a guisa de medallas: cesáreas, estrías y demás. Éste es uno de los pocos lugares donde las madres podemos soltar el aire y dejar de hundir el vientre. Tal vez lloremos sin poder contenernos ante las representaciones navideñas del parvulario; quizá no podamos mantener los ojos abiertos después de las nueve de la noche, ni siquiera en los fines de semana, pero en secreto sabemos que somos los verdaderos héroes del mundo.

Por qué escribí este libro

En seis años he dado a luz cuatro hijos: dos varones y dos mujeres, sin gemelos en el lote. La lección que aprendí (además de no confiar en el método rítmico) es ésta: el 90 por ciento de la información que necesité para sobrellevar los embarazos la recibí de mis amigas, las que ya habían tenido hijos. Sin duda, hay montones de libros sobre el embarazo que pueden leerse. Como buena alumna (y persona aterrorizada) que era, los compré todos y leí la mayoría. (A propósito, probablemente harás lo mismo: comprar todos los libros sobre el embarazo que encuentres en el estante y luego leer los que no te confundan, asusten ni depriman, con lo cual no te quedará mucho que leer.) En realidad, ahora sé tanto sobre los aspectos técnicos del tema que, con toda seguridad, podría atenderte en el parto e incluso practicarte una cesárea dentro de un taxi lanzado a toda velocidad y sin otra cosa que papel de periódico para envolver al bebé. Conozco todos los términos exóticos, como «contracciones de Braxton Hicks», «placenta previa» y «fundus».

Pero la experiencia del embarazo abarca mucho más

que el ámbito médico: es algo sentimental, físico y social. Sin embargo, en siete años de búsqueda no he hallado un solo libro que enfocara estos aspectos como puede hacerlo una buena amiga experimentada y, sobre todo, sincera. Ninguno de dichos textos parecía captar la esencia de mis embarazos. Eran demasiado objetivos, serenos y pulcros, excesivamente moderados para lo que yo experimentaba. Para mí, el embarazo es algo alarmante, encantador, desaliñado y sentimental. Frases como «molestia pasajera» o «sensibles al tacto» no describen ni remotamente una amniocentesis ni el estado de los pechos al principio del embarazo. Y créeme, hablar de «sensibilidad» o «cambios de humor» es una manera muy pobre de describir las emociones de una embarazada. Cuando leí en un libro que tendría pérdidas durante algunas semanas después del parto, no imaginé que me resultaría imposible recorrer los cuatro pasos que había entre la cama y el lavabo sin dejar un rastro horripilante, como si en esa habitación del hospital hubieran asesinado a alguien. No; no fue mi bienamado médico ni los textos tradicionales para embarazadas los que me prepararon, sino mis amigas. Fueron ellas las que me aconsejaron que, cuando el médico me ofreciera calmantes después del parto, no intentara rechazarlos con valor, porque cuando él estuviera en su casa, durmiendo en su abrigado y mullido lecho, se me pasaría el efecto de la peridural y me encontraría en mi dura y estrecha cama de parturienta sin otro consuelo que un Tylenol. Fueron también mis amigas quienes me aseguraron que mi marido podía ser un buen padre, aunque se desmayara durante las ecografías y se negara a cortar el cordón umbilical. Y fueron mis amigas las que me aconsejaron no usar determinados atuendos porque me ensanchaban aún más el trasero o me advertían cuando mi comportamiento era insoportablemente premenstrual.

A veces, el embarazo me dejaba fuera de combate, y eran mis amigas las que por lo general volvían a ponerme en pie.

«Pero yo tengo un médico maravilloso —estarás diciéndote— que me explica todo lo necesario sobre el embarazo.» ¡No seas ingenua! Los médicos se incluyen entre las personas que gozan de mi aprecio (en realidad, pido a Dios que al menos uno de mis hijos estudie medicina en el futuro), pero rara vez logré plantearles las preguntas que realmente me interesaban. A veces, por miedo a hacerles perder tiempo; si había pacientes que tenían problemas *reales*, ¿cómo importunarlos preguntándoles en qué momento del trabajo de parto me aplicarían la peridural? Otras veces temía reconocer que me sentía cada vez menos atractiva; no me molestaba en absoluto que el médico me tocara el cuello del útero pero, por algún motivo, me achicharraba ante la sola perspectiva de preguntarle por qué me había aparecido un pelo en el pezón. Con frecuencia mis dudas no eran médicas —me preguntaba, por ejemplo, por qué no había pantalones vaqueros para embarazadas— y me paralizaba el miedo de parecer tan estúpida como me sentía. Después de todo, tener hijos es algo tan natural y común que las mujeres deberíamos nacer sabiendo cómo hacerlo, ¿no? ¡No te imaginas la cantidad de cosas que ignoras! Si yo hubiera llamado a mi médico cada vez que me planteaba alguna pregunta sobre el embarazo, lo habría tenido en el teléfono dos o tres horas por día, y por lo menos media hora en plena noche después de levantarme a hacer pis por quinta vez.

Nueve meses y nueve mil dudas es el libro que siempre busqué durante mis embarazos. Se trata de una recopilación de experiencias, opiniones, preocupaciones, dolencias y remedios que mis amigas y yo tuvimos durante nuestros embarazos. Si en él encuentras alguna información médica, es absolutamente por casualidad, pues dejo ese terreno a los profesionales. Aunque a estas alturas de tu vida estés desesperada porque alguien te diga qué hacer, me sentiría mucho más tranquila si consultaras con tu médico cualquiera de mis sugerencias antes de adoptarlas. Considera este libro como el punto de partida para algunas conversaciones muy interesantes e informativas con tu obstetra. Es más: si hay algo que la vergüenza te impida preguntarle, marca la página del libro donde se trate el tema y pídele que le eche un vistazo. Tienes todo el derecho a descartar o disentir con cualquier parte de él. Por ejemplo, si eres una de esas privilegiadas que no sufre náuseas durante los nueve meses del embarazo, saltea todo lo referido al malestar matutino. Eso sí: no hables demasiado de tu buena suerte. La regla de oro es: *cuidado con ufanarte, porque los dioses del embarazo suelen ser justos.* En otras palabras: si no sufres malestar matutino, es probable que padezcas la maldición de los gases incontrolables.

Todas hemos oído hablar de mujeres que tienen embarazos perfectos. Ya sabes a qué me refiero: la modelo o la actriz a quien las revistas femeninas retratan, reverentes, con cabelleras elásticas y ropas «premamá» que les sientan de maravilla. O peor aún: es la hija de la mejor amiga de tu madre, de modo que estarás obligada a oírla nombrar y a que te comparen con ella todos los santos días. Ella aumenta sólo los diez kilos recomendados, mantiene el cutis terso y rosado, se prepara para el nacimiento oyendo casetes de meditación, juega al tenis hasta que llega a los seis centímetros de dilatación y jura que nunca en su vida se sintió mejor. Además, su marido la encuentra más hermosa que nunca a pesar de estar hinchada como un balón, llega al extremo de hacer preguntas en las clases preparatorias y, después del parto, lleva la placenta a casa para enterrarla bajo un viejo roble, como aconsejaban las antiguas comadronas.

Este libro no es para esas mujeres

Es para las demás: las que aumentamos diez kilos entre la prueba casera de embarazo y la primera visita al médico. Para las que padecemos nuestro primer ataque de acné desde la adolescencia. Para las que sufrimos tales hemorroides que consideramos seriamente la posibilidad de no volver a probar alimentos sólidos, con la esperanza de no mover los intestinos por el resto de nuestra vida. Para las que soñamos con asesinar a nuestro marido mientras duerme, porque creemos haberle oído decir «Muuuu» mientras nos vestíamos. Para las que no podemos ver un anuncio de pañales desechables sin conmovernos hasta las lágrimas, y las que nos sentimos obligadas a recordar las caras de todos los niños desaparecidos, a fin de reunirlos con sus desconsolados padres. En otras palabras, este libro es para *todas*, absolutamente todas las embarazadas, pues estoy convencida de que, si alguna mujer dice que sus embarazos son la época más agradable y satisfactoria de su vida, está mintiendo o tiene un trastorno de personalidad. Además, apostaría cualquier cosa a que, durante el embarazo, hasta las modelos y las estrellas de cine tienen hemorroides alguna vez.

Breve historia de las amigas y el embarazo

Tener hijos es trabajo de mujeres. Hasta hace setenta años, los hombres hacían acto de presencia en el momento de la concepción y, después, aparecían para recibir las felicitaciones y repartir cigarros; en los nueve meses intermedios tenían bien poco que hacer. (Hablando de nueve meses, aclaremos algo desde ahora: el embarazo dura un promedio de cuarenta semanas y, según mis cálculos, eso equivale a casi diez meses de embarazo. Quizá me digas: «Bueno, ¿y a quién le interesa contar?» Y yo te replicaré con vehemencia: «¡Ya verás si no te interesa!» Y pasarás todo ese tiempo en una gran confusión. ¿Estás embarazada de seis meses porque hace veinticuatro semanas que no menstrúas? Pero eso significa que te faltan dieciséis semanas. ¿Ves? Ahí está otra vez la cifra de diez meses. Tras haber pasado veinticuatro semanas sin menstruar, ¿estás embarazada de seis meses o en el séptimo mes? Dios mío, esa cuenta regresiva me causaba dolor de cabeza. Lo único cierto era que nunca avanzaba con tanta celeridad como yo deseaba.)

El caso es que, cuando una mujer descubría que estaba embarazada, pedía consejo a las otras mujeres de su tribu (su madre, sus hermanas, tías y amigas), ya que, a pesar de ser algo tan natural, ninguna primeriza tiene la menor idea de qué diablos le está pasando. Y las mujeres que han tenido hijos siempre están más que dispuestas a compartir su sabiduría con la no iniciada.

En aquellos tiempos, los médicos estaban todavía muy ocupados tratando de curar la malaria o remendando a los agricultores que se caían en la trilladora, por lo que tenían bien poco contacto con los embarazos. Las mujeres más experimentadas del grupo social ayudaban a la atónita novicia, explicándole lo que le esperaba, cómo podía aliviar las molestias durante el embarazo y, lo más importante, asegurándole que sus experiencias eran normales. Puesto que nada en el embarazo parece en absoluto normal, ése era un asesoramiento precioso. Por supuesto, también había mucha transmisión de lo que yo llamo «sabiduría vudú» (ya me entiendes, esas «verdades» intuitivas y brujeriles, en las que algunas creen con todo el corazón), como balancear un anillo por encima del vientre de la embarazada para descubrir el sexo del futuro hijo. Pero en este libro hemos tratado de filtrar esa clase de información.

Ahora son los médicos quienes suelen dirigir el espectáculo, con excepción de algunas mujeres marginales dispuestas a enfrentar el parto sin tener una sala de neonatología al lado y un anestesiólogo a tiro. ¿Te acuerdas de las pobres mujeres de *Bonanza* que morían de parto? Hoy en día raras veces se oyen casos similares, gracias a Dios y a la medicina. Además de proteger la vida del bebé y la nuestra, los médicos controlan el embarazo y nos advierten si tenemos demasiadas proteínas en la orina o si corremos el riesgo de contraer diabetes gestacional o alguna otra tribulación por el estilo. Y no olvidemos la parte favorita: los médicos nos sermonean si engordamos demasiado.

Nunca ha sido mi intención socavar el papel de los médicos. De ninguna manera. Para mí será un alivio inmenso que consideres este libro como una especie de suplemento de los muy serios consejos de tu obstetra. Liberada de esa carga de culpa y responsabilidad, me gustaría decir que, según creo, son las otras mujeres las que nos proporcionan algunos de los consejos más valiosos sobre el embarazo. Mis amigas, además de brindarme sus experiencias y conocimientos, me reconfortaban sin cesar, asegurándome que mis dudas eran normales. Y ése fue el mejor obsequio. Si bien toda mujer cree que su embarazo es único y especial (sobre todo si es el primero), también ansía escuchar que su confusión, sus dudas y su neurosis no son mayores que las de las restantes madres.

El único problema es que vivimos en una sociedad muy móvil y ya no permanecemos dentro de «la tribu». Como decía la abuela de mi amiga Kelly: «No siempre crecemos en el jardín donde nos plantaron.» Eso significa que tal vez no cuentes con la proximidad de tu madre, tus tías, hermanas y amigas experimentadas para que te ayuden en tu embarazo, pues tú estás en una ciudad y ellas en cualquier otro sitio del continente. Y si eres como la mayoría de las primerizas, sin duda habrás pasado los últimos años trabajando, en lugar de participar en meriendas y reuniones para crear vínculos con tus conciudadanas. Somos miles las que no reconoceríamos a nuestra vecina si la atropelláramos al salir de la cochera. Así las cosas, prácticamente estás sola con tu marido (lo cual, en esta situación, equivale a decir completamente sola) para navegar por las revueltas aguas de la gestación.

Incluso si tu madre vive cerca de tu hogar, descubrirás algo de importancia fundamental: *cada generación tiene sus propias reglas para el embarazo; las reglas de nuestras madres no son las nuestras.* Por ejemplo, nuestras madres tenían derecho a disfrutar de un aperitivo cuando les daba la gana. Hoy en día, las mujeres gestantes leen constantes advertencias sobre el síndrome alcohólico fetal. También les estaba permitido fumar, lo cual era una gran ayuda, pues podían llevarse a la boca algo que no engordara, a fin de no aumentar más que los siete kilos autorizados por sus médicos; muy diferente es la cuestión para nosotras, que nos zampamos un masticable de menta cada seis minutos.

Al conversar con tu madre, descubrirás también que la experiencia del embarazo, intensa mientras la vives, se va olvidando poco a poco hasta borrarse casi por completo, junto con episodios enteros de tu primera infancia. Te parece absolutamente imposible, ¿verdad? Sin embargo, puedes comprobarlo tú misma. Muestra a tu madre dos fotografías de bebés, una tuya y otra de tu hermano, y pregúntale cuál es cada uno. Lo más probable es que deba pensarlo mucho o hacer trampa, guiándose por el modelo del coche que se ve detrás o por su propio peinado. A mí misma suele ocurrirme que no puedo distinguir las fotografías de mis bebés —aunque mi hijo mayor sólo tiene siete años— como no sea porque tengo el pelo castaño o rubio, corto o largo. (Toma nota: conviene identificar todas la fotografías de bebés en cuanto llegan a casa, porque el Alzheimer maternal es terrible.)

A veces he preguntado a mi madre cómo eran las cosas cuando estaba embarazada de mí, pero sólo parece recordar dos cosas: se volvía loca por los conguitos y rompió aguas en plena galería comercial, mientras compraba mi ajuar. Ah, sí: también cuenta que fumó un cigarrillo a escondidas en el baño del hospital, para mover el intestino, pues no le darían el alta mientras no hubiera «evacuado».

Si le mencionas tus dudas acerca de someterte a una amniocentesis o de usar el microondas durante el embarazo, por el temor de exponer al feto a las radiaciones, tu madre te mirará como si fueras la estúpida más grande de la ciudad por creerte todas esas tonterías de la Nueva Era. Recuerda con quién estás hablando: en sus tiempos se utilizaba la anestesia total durante el parto, y la parturienta permanecía ingresada varios días después del nacimiento. Probablemente te dirá algo así como: «Querida, debes tranquilizarte. Cuando estaba embarazada de ti, seguí con mi vida como siempre. Vosotras pensáis demasiado. Haz lo que te apetezca, que al bebé no le pasará nada. Pero por el amor de Dios, deja de comer tanto, que ya pareces un tonel.»

Huelga decir que éste no es un buen consejo para una generación de mujeres educadas para analizarlo y comprenderlo todo. Si a ello añades nuestro deseo, tan de los años noventa, de ser perfectas en todo lo que hacemos en el trabajo y en casa, obtendrás un grupo de mujeres muy necesitadas de apoyo. Este libro es justo lo que te recetó el médico (o lo que te recetaría si lo conociera). *Nueve meses y nueve mil dudas* proporciona seguridad, asesoramiento e indicaciones invalorables para la mujer gestante. También será útil para los futuros padres, convencidos de que su encantadora media naranja ha sido invadida por los Usurpadores de Cuerpos. Te enseñará la regla fundamental de la maternidad, que comienza con el embarazo: no estás obligada a ser una madre perfecta, sino sólo una buena madre. Nosotras, las amigas, no dudamos de que serás más que buena. Y estamos aquí para encargarnos de ello.

1

¿Cómo sabes que estás embarazada?

A menudo, la naturaleza nos proporciona pistas físicas que nos hacen sospechar un embarazo antes de que lo confirme la ciencia moderna. Por lo general, cuando te enteras de que en verdad estás embarazada, te dices, como en un súbito despertar: «Ah, era por eso que me...» (Llénese el blanco correspondiente al síntoma con una de las siguientes frases: «... dolían los pechos», «... fallaba la vejiga», «... irritaba tanto mi marido».) Sobre todo en retrospectiva, notarás que suele haber abundantes cambios físicos destinados a hacerte saber, sin posibilidad de duda, que estás embarazada. Por eso tomo con tanto escepticismo esos artículos acerca de desprevenidas mujeres que dieron a luz en el lavabo de un avión, tras ignorar durante nueve meses que estaban embarazadas. ¡Por favor! Los fetos de ocho meses suelen patear y moverse tanto que, ante tus propios ojos, el vientre deja de ser redondo para volverse casi cuadrado. ¿Y el inevitable aumento de peso? ¿A quién van a convencer esas mujeres? No sé si tratan de recurrir a la excusa de la

Inmaculada Concepción o si no prestan la menor atención a su cuerpo. Abundan los cambios que, sumados, pueden inducirte a sospechar que estás embarazada mucho antes de que los análisis lo confirmen. La siguiente es una lista de los primeros signos más comunes.

Los pechos

Uno de los cambios más frecuentes en el cuerpo de la embarazada se produce en los pechos. Al comienzo de la gestación suelen hincharse como en los días previos a la regla, pero la opinión generalizada de las amigas es que, en estos casos, son mucho más sensibles. De hecho, incluso el chorro de agua de la ducha puede ser un tormento; dormir boca abajo se torna insoportable y, si tu marido llega a tocarte los pechos, te sentirás con derecho a lanzarle un objeto contundente por la cabeza. No sólo duelen, sino que aumentan de tamaño día a día. La buena noticia, sobre todo para las que, en secreto, siempre hemos deseado ser pechugonas, es que después dejan de doler, pero siguen creciendo. Al cabo de uno o dos meses, tu marido y tú tendréis dos bonitos juguetes nuevos.

El pipí

Otro síntoma detectado por las amigas al principio del embarazo es la necesidad imperiosa de orinar. Es posible que debas levantarte tres veces o más por la noche para ir al baño, aunque seas de las que duermen hasta la mañana sin acordarte de tu vejiga. Puesto que la fatiga es otro de los primeros síntomas del embarazo, probablemente llegues a odiar esas interrupciones de tu precioso sueño. Según la sabiduría popular, levantarse a orinar es una manera de prepararse para los primeros meses de maternidad, en que también deberás abandonar la cama muy a menudo. En mi opinión, esta aseveración es incorrecta, pues en una etapa más avanzada de la gestación se vuelve a dormir bien, y todo el mundo sabe que ninguna embarazada recuerda lo que aprendió seis meses antes. Lo más probable es que no recuerde siquiera lo que le ocurrió el día anterior.

Todos esos paseos nocturnos son fastidiosos, por cierto, pero no tanto como parecen; casi todas las amigas descubrimos que podíamos levantarnos, caminar hasta el baño, hacer pipí, limpiarnos y volver a meternos en la cama, todo sin abrir los ojos una sola vez. Algunas llegábamos incluso a beber un vaso de agua sin mirar. Por mi parte, como casi siempre sentía hambre por la noche, mis excursiones nocturnas al baño solían terminar en la cocina. Si había logrado bajar por la escalera sin despertarme, de la luz de la nevera no me salvaba.

Agotamiento

El cansancio que se experimenta al principio del embarazo es una sensación de pesadez, como si una se hubiera tomado un montón de pastillas para el resfriado. Becky, una amiga que trabaja en una agencia inmobiliaria, estaba tan cansada que se dormía en el coche cada vez que iba a enseñar un piso. Por suerte, casi siempre era su socio el que se encargaba del volante. Al inicio del embarazo puede ocurrirte que en el trabajo no pienses en otra cosa que en dormir. Mi amiga Rosemary solía cerrar con llave la puerta de su despacho para hacer una siesta de pocos minutos. Las que tenemos la suerte de poder hacer la siesta dormimos como troncos; despertamos con las arrugas de la manta en la cara, las mejillas rojas y el pelo revuelto... pero apenas más descansadas que antes. Ni se te ocurra alquilar un vídeo para disfrutar de una reconfortante noche con tu marido: estarás roncando antes de que terminen los títulos. A causa de esta fatiga, también es probable que no puedas mantenerte despierta el tiempo suficiente para hacer el amor. Ten la bondad de entregar ahora mismo este libro a tu esposo.

ATENCIÓN,
ESPOSO DE EMBARAZADA RECIENTE:

SI TU MUJER PREFIERE DORMIR A DORMIR CONTIGO, NO LO TOMES COMO ALGO PERSONAL. ELLA NO PUEDE EVITARLO. ESO NO TIENE ABSOLUTAMENTE NINGUNA RELACIÓN CON SU AMOR POR TI NI CON LO QUE OPINE DE TU VIRILIDAD. INTÉNTALO MAÑANA, CUANDO HAYA DESCANSADO UN POCO. SI POR ENTONCES SUFRE UN MALESTAR MATUTINO, PIENSA QUE EL EMBARAZO SÓLO DURA NUEVE MESES.

Contracciones

Otra señal del embarazo suele ser el fantasma de las contracciones menstruales. Muchas amigas tenían la absoluta certeza de que estaban por menstruar, cuando en realidad se trataba de un embarazo. Éste y el síndrome premenstrual grave (que siempre es grave) tienen varias similitudes, como el dolor en la zona inferior de la espalda y las contracciones leves que se sienten justo antes del período. Como yo vivía paralizada por el miedo de abortar (cosa que nunca me ocurrió), detestaba esa sensación de que iba a menstruar en cualquier momento. No sé cuántas veces, al sentir un ligero goteo, dejé todo y corrí al lavabo, temiendo que fuera la regla. Pronto descubrirás que durante la gestación abundan los flujos, pues el cuerpo marcha a toda máquina en el departamento de secreciones vaginales.

En mis cuatro embarazos tuve, por cierto, algunas pérdidas de sangre al comienzo; esto no es muy común, pero puede ocurrir. Como norma general, si la sangre es parduzca, no tiene coágulos y sólo moja uno o dos paños higiénicos, lo más probable es que todo esté bien. Si la sangre es muy roja o tiene coágulos, llama inmediatamente a tu médico. Y si se acompaña de contracciones telefonéale de inmediato y pregúntale si quiere reconocerte en su consultorio o en el hospital más cercano.

Puedes creerme: sé perfectamente la histeria que provoca a la embarazada el descubrimiento de sangre en la ropa interior. Por si esto te reconforta, en mis cuatro embarazos tuve pérdidas de sangre roja (pero sin contracciones) y mi médico se limitó a recomendarme que descansara un par de días, con los pies elevados, hasta que se me pasaran. Después, mis embarazos prosiguieron sin problemas. Es completamente natural que llames a tu médico para mayor seguridad, pero no siempre hay necesidad de alarmarse.

Mareos

Varias amigas dicen que, al principio del embarazo, sufrían mareos. Bastaba que se levantaran de la cama demasiado deprisa para que se les estrechara el campo visual y comenzaran a ver estrellitas. Cuando se agachaban para atarse los zapatos, muchas veces tenían que tenderse en el suelo hasta que la sangre les volvía a la cabeza. Una pequeña advertencia: muchas mujeres quedan embarazadas después de beber en exceso, y a veces es difícil diferenciar entre un embarazo y una resaca. En principio, toda resaca que dure más de dos días puede ser un embarazo; por cierto, lo mejor sería que renunciaras a los festejos hasta asegurarte. Aunque no estés embarazada, si las resacas duran más de dos días es mejor que dejes de festejar.

Por lo general, los mareos no son motivo de preocupación, pero si pierdes la conciencia puedes golpearte la cabeza o lastimarte. Conviene entonces que te muevas despacio, dejando que tu presión arterial se adapte a su nuevo ritmo, que es más lento.

Náuseas

Las náuseas son el Waterloo de muchas embarazadas recientes. Pueden aparecer en cualquier momento de la gestación, pero por lo general lo hacen en el segundo mes. Algunas mujeres acaban comiendo cuanto cae en sus manos, en un desesperado intento por calmar los deseos de vomitar; otras tienen arcadas con sólo pensar en ciertas comidas. Cualquiera diría que una mujer con náuseas no puede probar bocado. No es cierto: muchas amigas embarazadas se morían de hambre y vomitaban casi al mismo tiempo.

El embarazo puede revolver el estómago igual que el vaivén de un barco y, como en este caso, comer es la única manera de asentar el vientre. Sólo que no todos los alimentos lo asientan; el secreto consiste en averiguar cuáles son los adecuados para calmar las náuseas. Te sorprenderá descubrir que muchas de tus comidas favoritas, como el queso, el pescado, el brécol o el pollo, ahora te provocan un revuelo interno con sólo imaginarlas.

Algunas amigas desafortunadas sufrían tales náuseas que tenían arcadas en medio de una frase. El malestar matutino de mi pobre amiga Maryann era tan intenso que vomitaba espontáneamente, sin el menor aviso, como arcadas o hipersalivación. En medio de una amena y tranquila conversación, ¡zas!, repentinamente lanzaba la sopa de guisantes como en *El exorcista*. Ella se quedaba inmóvil, con los labios apretados, intentando reducir el desastre al mínimo. En cambio, otras amigas nunca experimentaron un atisbo de náuseas. Esta diversidad es otro ejemplo de cómo se divierte la naturaleza con nosotras, manteniéndonos en suspenso, sin saber qué esperar y sin poder despreocuparnos del todo.

Lo cierto es que este asunto de los antojos y los rechazos en las comidas no tiene pies ni cabeza. Puede ocurrirte lo que a mi amiga Sondra, que durante sus embarazos se moría por los alimentos picantes. Comenzaba el día con platos desbordantes de salsa; a la hora de la comida no había pimienta ni mostaza que le alcanzara para aderezar las carnes. O tal vez seas como mi amiga Shannon, a quien le apetecían las comidas suaves, como puré, papillas de cereales y tostadas de pan blanco. Mi amiga Corki, en cambio, se volvía loca por la fruta; su dieta consistía fundamentalmente en fresas y albaricoques con un poco de chocolate de vez en cuando, para variar.

Por supuesto, lo ideal es ingerir alimentos de cada uno

de los cinco grandes grupos, si no en cada comida, al menos una vez por día. *Pero no te asustes si no puedes mantener una alimentación diaria perfectamente equilibrada durante los dos primeros meses de embarazo*. Aunque los textos especializados aseguren, con mucha vehemencia, que necesitas 240 gramos de proteínas, cuatro vasos de leche y un barril de verduras de hoja todos los días, haz lo mejor que puedas y *no dejes de consultar con tu médico*, quien podrá recetarte suplementos vitamínicos para ayudarte durante el período de las náuseas. Cuando llegues al segundo trimestre saltarás de alegría, pues serás capaz de comer casi todo lo que te pongan delante. Mientras tanto, quizá descubras que una pastilla de calcio es tan efectiva como ese vaso de leche que te hace lagrimear y te cierra la garganta. Pero en los primeros días de tu probable embarazo, el consejo básico es el siguiente: si te sientes «mal» y no tienes fiebre, es hora de hacerte una prueba de embarazo.

Susceptibilidad a los olores

Para muchas mujeres, incluida yo misma, la primerísima señal de embarazo es que el mundo comienza a oler de un modo extraño. Los aromas comunes parecen volverse más potentes y hasta sofocantes. Mi amiga Mindy tenía aversión al olor de los productos lácteos, hasta el punto de que no entraba en las queserías ni en las tiendas de embutidos por miedo a que el olor a queso la hiciera vomitar entre las estanterías. Una mañana me vio echar nata en el café y comenzó a hacer ruidos raros, como un gato que tratara de expulsar una bola de pelos. A propósito de gatos: mi amiga Lynn tuvo que delegar en su marido la tarea de alimentar al suyo, pues le bastaba abrir la lata y recibir la primera vaharada del manjar gatuno para salir disparada hacia el baño.

De cualquier modo, si estás embarazada y tienes gato, es hora de que tu esposo se encargue de la limpieza de la cubeta. Puedes pedir detalles a tu médico, pero la caca de gato puede tener un parásito que se contagia a las embarazadas, así que no te acerques a él (¿o tengo que sacarte a hostias?).

Durante mi primer embarazo estaba convencida de que las almohadas y el edredón de mi cama estaban mohosos. Así pues, los metí en una bolsa de plástico, los tiré a la basura y compré otros flamantes (lo cual fue irracional, según mi marido). Esa noche, al meterme en la cama, ¡descubrí que los nuevos tenían exactamente el mismo olor!

D*emencia*

Otra señal de embarazo puede ser la sensación de que se te va la olla o, por lo menos, de que has perdido el control de tus emociones. Una se siente como en el caso del síndrome premenstrual agudo. Esto es algo que me avergüenza contar, pero lo haré porque soy tu amiga: en dos ocasiones diferentes, el que me sugirió que podía estar embarazada no fue un ginecólogo sino un psiquiatra. Cierta vez, mi marido me sentó tranquilamente en el coche y me llevó a su terapeuta porque yo acababa de arrojarle un libro desde el otro lado de la habitación, con intenciones de atizarle en la cabeza. (Te aseguro que esta clase de conducta, además de ser totalmente extraña en mí, era inaceptable para él.) En otra oportunidad traté de apoderarme del volante, porque mi marido no tomaba la ruta que amablemente le había sugerido; terminé en el diván de un psicoanalista, sollozando que temía estar prematuramente menopáusica pues me sentía extraña y se me había retirado el período. Esa menopausia resultó ser mi hija Jessica, probabilidad que no me había pasado por la cabeza.

Incluso si no eres propensa a los arrebatos violentos, la irracionalidad hormonal del embarazo puede manifestarse en forma de ataques de llanto o una falta completa de sentido del humor. Mi amiga Amy, normalmente dulce y tierna como un ángel, se volvía tan loca que terminaba por resultar divertida. El contraste entre su habitual semblante de rubita menuda y su estado general de irritación durante el embarazo resultaba cómico, más o menos como un bebé diciendo palabrotas.

Una de las cosas más importantes que has de tener en cuenta en este período de vaivenes sentimentales (además de postergar la limpieza de cualquier arma de fuego) es que con toda probabilidad no advertirás que tu conducta es extraña. Si tu esposo o tus amigos se atreven a sugerir que últimamente estás algo rara, te sentirás víctima de un ataque injusto (y comenzarás a trazar planes para envenenar a todos). Por convencida que estés de tu sensatez y de la locura general ajena, lo cierto es que no estás normal. Lo mejor que puedes hacer es aceptarlo y tenerlo en cuenta. En otras palabras: éste no es buen momento para pedir el divorcio, cambiar de empleo, comprar una casa ni (lo más importante) cortarte el pelo.

Ausencia de la regla

Tal vez pienses que la falta de una regla es una señal bastante segura de que tienes un pastel en el horno, pero ésa nunca fue mi primera pista. Sin duda hay millones de mujeres que tienen ciclos regulares de veintiocho días y saben con precisión cuándo debe empezar su período (e incluso si será antes del desayuno o después de la cena). Yo, en cambio, voy por cualquier lado. No sólo soy irregular, sino que suelo tener tantos despistes que ignoro absolutamente cuándo voy a «recibir visitas» (¿verdad que esta expresión es detestable?). Apenas puedo acordarme de llenar el depósito de gasolina del coche, y eso que tiene un indicador.

La parte divertida de esta distracción es que la vida está siempre llena de sorpresas: un día despiertas esperando encontrarte con la eterna rutina y, en cambio, ¡descubres que vas a tener un bebé! La parte problemática es que, al confirmarte el embarazo, el médico te preguntará la fecha de tu último período menstrual. Entonces tendrás que mentir (como siempre he hecho yo) o darle alguna respuesta impresentable, como: «Me parece que fue el día que terminó el culebrón de Carlos Mata.» ¡Como si eso aclarara las cosas!

Mi amiga Mindy tenía ya dos faltas cuando empezó a sospechar que estaba embarazada. Supongo que a ella, como a tantas de nosotras, no le disgustaba mucho perderse dos semanas de tampones y dolores, así que aceptó esa interrupción como lo que parecía a primera vista: un don del cielo. Pero, si algo me ha enseñado la experiencia, es que conviene conocer, siquiera vagamente, el propio ciclo menstrual, las modernas pruebas caseras son tan sensibles que pueden detectar un embarazo apenas doce o trece días después del «hecho». Y, como sin duda querrás comenzar a proteger a tu hijo lo antes posible, ese resultado positivo podría inducirte a abandonar de inmediato el cigarrillo, el alcohol o las pastillas para dormir.

La intuición

La última señal de embarazo que mencionaré es la famosa «intuición femenina». No es mi caso, pero tengo varias amigas, ajenas a la filosofía de la *New Age,* que juran haber adivinado que estaban embarazadas en el instante mismo en que sucedió. Sintieron que algo las recorría, un escalofrío, una seguridad instantánea de que esa «vez» no era como otra cualquiera, que había ocurrido algo extraordinario. Dado mi espíritu científico (o cínico), he preguntado a estas mujeres si alguna vez experimentaron esa sensación mística *sin* estar embarazadas y no se lo dijeron a nadie. O, quizá, si no se debió, en parte, al hecho de saber que estaban haciendo el amor sin emplear método anticonceptivo alguno, en el decimocuarto día de su ciclo mensual. (No hace falta ser parapsicóloga para saber que, cuando los espermatozoides llegan al óvulo, una vez de cada cinco es bingo.) Pero no: estas amigas insisten en que se sintieron diferentes, física y espiritualmente, a partir de ese orgasmo. ¿Y sabes una cosa? Las creo, aunque no lo entienda ni lo haya experimentado.

Si tienes uno o varios de estos síntomas y no sabes con certeza si estás embarazada o no, ¿para qué diablos estás leyendo este libro? No, era sólo una broma. Seguramente el corazón te dice que hay un bebé en tu futuro. Por tanto, lo mejor que puedes hacer es ponerte en contacto con un buen obstetra y comenzar, desde ahora mismo, a cuidar muy bien de tu bebé y de ti misma.

2

Comunicar la maravillosa noticia

Desde que el mundo es mundo, toda mujer embarazada de un hombre que tenga trabajo y no esté casado con otra se ve cubierta de felicitaciones y buenos deseos. (Es de esperar que se la cubra con algo más que buenos deseos; más adelante me referiré a las responsabilidades de todo buen esposo en este sentido.) La noticia de que alguien está embarazada es siempre una gran noticia. Tú ya lo habrás advertido por la ancha sonrisa en el rostro de la enfermera de tu médico cuando te comunicó el resultado del laboratorio.

Si se trata de tu primer embarazo, lo más probable es que tu marido sea el primero en enterarse de la gloriosa buena nueva (aparte del médico, por supuesto). En cambio, si se trata de tu segundo o tercer bebé, se lo dirás primero a todas las amigas con las que puedas comunicarte por teléfono, fax o red informática; luego a tu madre; a continuación, a tu padre; después, a cualquier desconocido que por casualidad te pregunte cómo estás, y finalmente a tu esposo. En caso de que sea tu cuarto embarazo o siguientes... bueno, realmente necesitaríamos un libro entero sólo para este tema.

Si hombres y mujeres fueran iguales en cuanto a sus emociones, el presunto padre estaría siempre en el consultorio del médico, aguardando ansioso con su esposa la gran noticia. Estaría a su lado hojeando viejos ejemplares de *Ser padres* o folletos donde se enseña a explorarse los pechos. Si éste es tu primer embarazo, es posible que tu marido esté allí cuando salga la enfermera con su gran sonrisa. Pero si no está, recuerda que hay buenos maridos (incluido el mío) que no siempre están allí cuando se confirma el embarazo, y por eso no dejan de ser padres estupendos y responsables. No olvides este pequeño consejo: el buen marido es el marido que trabaja, y un marido que trabaja tal vez no pueda perder toda la tarde en el consultorio del ginecólogo. Sé pragmática: un hombre ocupado no es, automáticamente, un mal padre.

El obstetra

No olvides que, entre los que deben saber de tu embarazo, la persona más importante es tu obstetra. Si él es el primero con quien compartes la maravillosa novedad, perfecto. Aunque las últimas pruebas de embarazo caseras son casi infalibles, sobre todo si el resultado es positivo, las primerizas no suelen considerarse oficialmente embarazadas mientras no lo diga un médico. Aunque tus sospechas sean fuertes, el impacto de oír la noticia anunciada por un profesional suele ser demoledor; hasta a la más pintada se le aflojan las piernas y agradece estar con alguien que domine las técnicas de reanimación cardiorrespiratoria.

Tu primera reacción será una pregunta algo tonta:

«¿Seguro?» Y la segunda pregunta, sin duda, será: «¿Para cuándo?» Hay pocos espectáculos tan emocionantes como el del médico que saca una de esas ruedecitas de cartón, llenas de números, para calcular la fecha en que nacerá tu bebé. Esa fecha te quedará grabada en la conciencia, como si la gestación fuera la reserva de un pasaje de avión: «Si me dicen que viajo el cuatro de agosto, ésa es la fecha en que voy a viajar.» Por mucho que tus amigas te aconsejen no confiar demasiado en ese cálculo, te aferrarás a esa fecha y planificarás toda tu vida en torno a ella. Y cuando transcurra el día en cuestión y el bebé no haya dado señales de querer salir, como suele ocurrirles a las primerizas, estarás desorientada, sin saber cómo pasar el tiempo hasta que aparezca la primera contracción.

En los embarazos siguientes tal vez prefieras hacer lo que yo hice la tercera y la cuarta vez. Compra tres pruebas para embarazo caseras, de ésas que traen una varilla sobre la cual debes orinar. (Intenta que el pipí caiga sólo en el extremo cubierto por la cápsula, no sobre toda la varilla y en tu mano; aunque no lo creas, es más difícil de lo que parece.) Voy a serte franca: una sola prueba es suficiente, pero algunas necesitamos confirmar el resultado con estúpidas repeticiones. Además, ésta es una de las pocas ocasiones en que resultan útiles esos constantes deseos de orinar que tiene toda embarazada. Luego ordenas todas las varillas en el estante del lavabo y esperas a que cambien de color. Si los resultados son unánimes, telefonea a tu médico para informarle que estás ¡otra vez! embarazada y que irás a verlo en diez o quince días para consultarle algunas cosas, por ejemplo: si el corazón late (la ecografía suele detectar un leve ritmo cardíaco ya a las seis semanas) y si conviene asistir a un curso preparatorio.

Si tu marido está contigo cuando recibes la gran noticia,

los dos podréis regocijaros juntos y llorar abrazados como en las propagandas. Si él no pudo acompañarte, pasarás los minutos siguientes recibiendo palmaditas y felicitaciones de todos los presentes en el consultorio. Mientras tanto, tú puedes ir pensando la mejor manera de comunicar a tu marido que va a ser padre.

Informar al marido

Algunas amigas son muy sentimentales a la hora de compartir esta deliciosa información. En mi grupo, la manera preferida es una cena a la luz de las velas, con música romántica. Pero si mi marido se encontrara con semejante puesta en escena, pensaría que me he dejado convencer por alguna secta y que acabo de entregar nuestros ahorros al *swami*. Después de eso, enterarse de que sólo voy a tener un bebé sería casi una desilusión.

Como veo más televisión de la que me conviene, siempre imaginé que se lo diría a mi marido en el crepúsculo, caminando de la mano por la playa. Entonces él me abrazaría y ambos dejaríamos vagar la mirada en el mar, soñando con nuestro futuro hijo. Pero las cosas nunca sucedieron de ese modo. Por lo general, la realidad era más o menos la siguiente. Yo lo llamaba desde el consultorio, gritando como una histérica a su secretaria: «¡Cómo que si puedo dejarle un mensaje! ¡Dígale que salga de esa maldita reunión y que se ponga al teléfono de una vez porque estoy embarazada!».

Recuerda que la progesterona y yo no nos llevamos muy bien.

Intenté recurrir a la cena romántica al enterarme de que iba a tener mi cuarto hijo (después de todo, estaba desesperada). He aquí lo que aprendí entonces: si cuando le comunicas a tu marido que va a ser padre lo miras directamente a los ojos es casi imposible no echarte a llorar antes de haber pronunciado la primera palabra. Aunque ya te haya ocurrido varias veces y aunque te sientas muy a gusto en tu nuevo estado, cuando le des la noticia te costará articular las palabras. Yo no pasaba del: «¿A que no adivinas?» sin sofocarme por la falta de aire. Mi pobre marido imaginaba todo tipo de calamidades: que se había muerto el perro, que le había perdido la camiseta de fútbol, antes de que yo lograra emitir la frase. Y entonces su expresión parecía decir: «Ah, ¿eso es todo?»

A decir verdad, la última vez recuerdo claramente que su reacción fue: «¿Cómo pudiste hacerme eso?» (Claro que era nuestro cuarto hijo en cinco años.) Murmuré algo así como que, según mis elementales conocimientos de biología, en realidad era algo que él me había hecho a mí, pero no era buen momento para discusiones. Antes de disolverme en un charco de resentimientos, recordé al marido de mi amiga Mindy, quien seis años antes había reaccionado con igual falta de entusiasmo ante su embarazo: «Lo siento, pero no estoy preparado.» En realidad, transcurrió la mayor parte del embarazo sin sentirse preparado y, mientras Mindy soportaba cuarenta horas de trabajo de parto, él leía viejas revistas de automovilismo. Pero en cuanto la recién nacida tomó su primera bocanada de aire, el padre se convirtió en su devoto esclavo y la amó todo lo que un hombre puede amar a su hija.

Ten presente a estos dos maridos, pues ambos comenzaron despacio pero acabaron convirtiéndose en candidatos al Padre de la Década. No es prudente tomar demasiado en cuenta la primera reacción del marido. Si prefieres, puedes archivar su falta de entusiamo para despertarle remordimientos en el futuro. Por ejemplo, cuando a él se le llenan los ojos de lágrimas ante una gracia encantadora de nuestra hija menor, suelo echarle en cara: «¡Ésa es la criatura que tú no querías tener!» Después huyo de la habitación a toda prisa.

En mi caso, el teléfono me daba mejores resultados. Era inmediato, me mantenía fuera de la vista y daba a mi marido un tiempo para habituarse a la idea antes de llegar a casa. Los buenos maridos suelen digerir casi todo en el curso de seis horas. Además (y quizá lo más importante para una bocazas como yo), una vez cumplida la formalidad de informar a mi marido, me sentía en libertad de contárselo al resto del mundo.

Como demuestran mis experiencias y las de Mindy, compartir con tu esposo la noticia de que estás embarazada puede ser un campo minado: harás bien en recordarlo cuando te adentres en él. Casi todas las mujeres, en ese estado de estimulación hormonal, sienten un profundo desencanto si ven que su marido no reacciona con la debida mezcla de gozo, orgullo y adoración. Por mucho que ambos lo hayan buscado (o no), ve con cuidado, porque sólo en las comedias musicales él la abraza delante de todo el mundo y le canta una canción de amor. Entre las amigas son mucho más frecuentes los esposos que responden con una expresión estupefacta y la inevitable pregunta: «¿Estás *segura*?»

Lo más probable es que, con el paso del tiempo, lleguen a sentir todo lo que tú deseas, al menos de vez en cuando, pero la mayoría de los hombres comienzan por activar las minas sembradas reaccionando con una mezcla de miedo y sorpresa por partes iguales. Cuando te preguntan si estás segura, en realidad están preguntando: «¿Y qué pasa si cambio de idea?» Seamos sinceras: tú también debes de habértelo preguntado, por lo menos una vez. Si no lo has hecho, ya llegará el momento, te lo aseguro: cuando estés haciendo arcadas con la cabeza metida en el váter o, dentro de nueve (casi diez) meses, tras varias horas de contracciones. (Muchos padres de adolescentes confiesan que se han formulado la misma pregunta quince años después.) Ya ves: hay que ser comprensiva con el pobre hombre. En los próximos nueve meses serán tantas las expectativas femeninas insatisfechas que no tiene sentido empantanarse en ésta; tal vez él no quiera acompañarte a comprar el ajuar o se niegue a cantar una oda a tu barriga; puede que no esté dispuesto a dedicar varias horas del día a estudiar obsesivamente una lista de nombres o a ver en vídeo los partos de perfectas desconocidas.

No se trata de que no quiera a tu bebé, pero siente que lo han hecho socio vitalicio del club Culpa, Responsabilidad y Preocupación. A decir verdad, eso es lo que le ha ocurrido, pero créeme: casi siempre pensará que vale la pena. Él mismo lo reconocerá cuando nazca el bebé y en los años siguientes. Cuando mi marido comunicó a su amigo Larry, padre de dos muchachos, que estábamos esperando un hijo, su respuesta fue: «Te felicito: vas a pasar los mejores doce años de tu vida.» ¡Y eso que Larry tenía varones! (El análisis de los hijos adolescentes queda para otro libro.)

Informar a las amigas

Después de los 21 años de edad, anunciar que una está embarazada provoca en los demás un gran regocijo, a menos que el padre de la criatura esté en la cárcel. Por lo general, a las mujeres no se nos ocurre preguntarnos si nuestra pareja está en condiciones económicas de criar un hijo o si se ha afianzado nuestra relación. Los embarazos simplemente nos gustan y rara vez nos interesamos por los aspectos prácticos. Las preocupaciones económicas son del dominio exclusivo de los futuros padres. (¿Verdad que te encanta encarar el mundo en un sentido muy general? Así la vida resulta mucho más sencilla.) Entre tus amigas, las que no tengan hijos recibirán la novedad como una agradable diversión: pasarán los nueve meses siguientes viéndote engordar. Las que tengan hijos recibirán con mucha gratitud la oportunidad de compartir contigo todos los detalles de sus propios embarazos y, sobre todo, de sus partos. En realidad, una de las características que más te gustará de este libro es que podrás cerrarlo cuando ya estés hasta el moño de los embarazos.

Cuando tus amigas sepan que estás embarazada, no volverás a mantener con ellas una conversación que no incluya preguntas sobre el bebé. Algunas amigas embarazadas comienzan a pensar que ya no son una persona sino un recipiente, pues toda su identidad parece estar envuelta por la gestación. Sin embargo, otras amigas pueden relatar hasta el último detalle de sus embarazos, hasta que una siente deseos de suicidarse como castigo por haber preguntado. Las amigas más comprensivas te dirán que estás estupenda y que no has engordado casi nada. Tú decidirás si creerlas o no. Yo nunca las creí.

Informar a mamá

Las madres, por el contrario, no suelen estar tan ciegas ante el aumento de peso, pues en su época, como ya he mencionado, se les enseñaba que quien aumentaba más de siete kilos era una glotona incorregible. Descontado ese pequeño detalle, informar a tu madre que estás embarazada puede ser mucho más divertido de lo que te imaginas, sobre todo si ella puede pronunciar el nombre de tu marido sin escupir al suelo ni hacer la señal de los cuernos. Lo asombroso es que, cuanto más avanzas en tu embarazo, más agradable y tranquilizadora resulta la compañía de esa misma persona que, hace apenas unos meses, te inspiró la idea de comprar un contestador para no atender al teléfono cuando reconocieras su voz.

Éste podría ser el comienzo de una bella relación, pues indica oficialmente que la niña de mamá se ha transformado en otra mujer, de idéntica estatura. También tú serás madre. Quizá te descubras recordándola como era en tu niñez, cómo te cuidaba, qué cosas te decía. La alteración hormonal te vuelte sentimental; tal vez recuerdes súbitamente ciertas cosas, por ejemplo, el cuidado que ponía la noche de Reyes en hacerte creer que los camellos habían pasado por allí o el helado que te compraba al salir del consultorio del dentista. Esos recuerdos te harán sollozar (reacción que será cada vez más frecuente a medida que avance la gestación).

O tal vez ocurra justamente lo contrario. Es posible que recuerdes todas las torpezas que tu madre haya cometido al criarte y que te pases todo el embarazo trazando planes para diferenciarte de ella tanto como puedas. A varias amigas les aterrorizaba la idea de que estaban condenadas a convertirse en sus propias madres. En primer término, recuerda que siempre se puede elegir: estás en libertad de adoptar o rechazar cualquier modelo de conducta, incluido el de tu madre. Segundo, y mucho más valioso, dedica tiempo a conocer mejor a tu madre, porque acabarás teniendo una visión de ella mucho más comprensiva. Por una vez en tu vida, entenderás por qué te hizo pasar vergüenza delante de todos tus amigos el día que te sorprendió montada en el asiento trasero de una moto. Para comprender su histeria te bastará imaginar a tu propio bebé subido a una Harley conducida por un loco de diecisiete años.

A menos que tu madre sea una extraterrestre, siempre demostrará un profundo interés por tu estado y tu bienestar (aunque la mayoría de sus consejos resulten imposibles de aplicar en los años noventa). Si esto te parece agradable, espera a que nazca el bebé. Si eres una de las muchísimas afortunadas, notarás que tu madre parece amar al bebé tanto como tú; ése es el comienzo del mejor vínculo del mundo. Recuerda que, en nuestra sociedad, los maridos van y vienen; tu madre, en cambio, una vez que haya puesto su amor en tu hijo, será una presencia constante en la vida de esa criatura. Y entonces empezarás a comprender que, al fin y al cabo, no hizo tan mal el trabajo de criarte. Mucho peor que el que estás haciendo tú, por supuesto, pero no tan malo.

Si dedico tantas líneas a las madres es por dos motivos. En primer lugar, quiero alentar a las amigas que aún tienen madre a que les permitan compartir su embarazo. En segundo lugar, a las que han perdido a su madre o tengan con ella una relación tan deteriorada que sea imposible repararla en nueve meses, quiero romper una lanza en favor de la suegra. Recuerda que esta criatura es también el bebé de su bebé; ella puede ser la persona con quien mejor te relaciones. No le prestes atención si se entromete en tu dieta o si te regaña por estirarte para alcanzar algo. (Según una creencia de comadres, cuando estiras los brazos por encima de la cabeza, el cordón umbilical se enrolla alrededor del cuello del niño. Olvídalo.) Recuerda que esa mujer es capaz de arrancarse un brazo a mordiscos por el bienestar de tu bebé, y hasta de cuidarlo si se lo pides. Aunque no te demuestre mucho cariño, amará al bebé de su hijo. Y si tratas a su nieto con todo amor, probablemente llegue a quererte. Piénsalo de este modo: si existe alguna posibilidad, ésta es la mejor oportunidad.

Para una madre, lo más tranquilizador es saber que puede bajar la guardia por unas horas con la seguridad de que otra persona está cuidando y protegiendo a su hijo con la misma dedicación que ella. Las niñeras pueden ser muy buenas, pero nunca se sabe si, en caso de terremoto, se acordarán de coger a tu precioso bebé antes de salir corriendo para salvar la vida. Las abuelas, en cambio, no sólo cogerán al bebé, sino que también se acordarán del álbum y del vestido de bautismo antiguo (aunque para eso deban pasar pisoteándote). Tengo la absoluta seguridad de que, si mi suegra viera que uno de mis hijos padece el mínimo maltrato en el jardín de infancia, sería capaz de zurrar a la desatenta maestra o de incendiar la escuela (claro que mi suegra es siciliana).

En cuanto a las abuelas, el consejo de las amigas es sencillo: permíteles que participen del embarazo. A pesar de las apariencias, no están allí para criticar los errores que cometas. Y, si lo hacen, trata de pasarlo por alto, porque no encontrarás tanto interés y tanta preocupación en ninguna otra persona.

Informar a papá

Compartir la noticia con tu padre puede ser divertido, pero no será como decírselo a tu madre. Si tu marido está contigo en ese momento, es posible que tu padre clave en él la mirada como diciéndole: «Muy bien, ya que la metiste en este lío, cuídala o te mato.» Casi todas las amigas coinciden en que él se sentirá feliz si te ve feliz, pero no se entusiasmará de inmediato con la noticia: como ocurre con todos los hombres, el entusiasmo aparecerá cuando el bebé haya nacido. Piénsalo de este modo: algunas personas saben cómo les sentará una prenda con sólo verla en la percha; otras necesitan probársela y usarla un tiempo. Con los bebés ocurre lo mismo: la mayoría de los hombres no pueden imaginarse padres o abuelos hasta que tienen al pequeñín en los brazos.

Tal vez adviertas que papá se pone nervioso si, al conversar con tu madre, te oye dar demasiados detalles sobre tu embarazo. No olvides que su función es evitar todo lo que pueda hacerte daño. Recuerda: es el mismo hombre que casi golpeó al médico por hacerte llorar al curarte una herida; por consiguiente, no puede perderse en planes y sueños, como tú y tu madre, sobre ese bebé desconocido que te hace vomitar sin pausa o que te hace padecer durante catorce horas para salir de tu cuerpo.

Hay otro pequeño problema: al anunciar a tu padre que estás embarazada es posible que sea la primera vez en tu vida que le digas descaradamente que ya no eres virgen. No puedo hablar por ti, pero yo me las compuse para vivir treinta años sin hacer referencia alguna a mi vida sexual delante de mi padre. Sí, probablemente él tenía sus sospechas, sobre todo cuando me fui a vivir con un compañero de universidad, pero aún podíamos fingir. En cuanto anuncias que vas a tener un bebé, ya no es posible esquivar el asunto del sexo. Ahora papá es consciente de lo que ocurrió, y éste puede ser otro motivo por el que su mirada se dirige velozmente hacia tu marido cuando se entera de la noticia.

¿Cuándo decirlo?

Muchos creen que es mejor no anunciar un embarazo mientras no pase el período de mayor riesgo de aborto, que es el primer trimestre. Los supersticiosos aseguran que no se debe llevar a casa ropa ni muebles para el bebé hasta que haya nacido sano y salvo, por miedo a la mala suerte. Como no creo en esas cosas ni soy muy reservada por naturaleza, invariablemente he anunciado mis embarazos en el momento mismo en que me enteré (aunque debo admitir que me produce cierto escozor comprar ropas o juguetes para el bebé antes de que nazca). Simplemente, no puedo guardar un secreto de tal magnitud. Recuerdo una cena, en compañía de mi amiga Patti y varias personas más, en la que hablé largo y tendido sobre mi reciente embarazo, tan ufana como si fuera la primera embarazada de la historia. Disfrutaba siendo el centro de atención general y de que todos me preguntaran si había comido lo suficiente y estaba cómoda en esa silla. Dos meses más tarde, Patti me comunicó que ella también estaba embarazada cuando asistimos a esa cena, pero que no había querido decir nada hasta tener la seguridad de que todo iba bien. Sentí cierta vergüenza por haber acaparado toda la atención y las felicitaciones, cuando ella las merecía tanto como yo. Como dice mi madre: «La publicidad conviene.»

Si no dices a tus mejores amigos que estás embarazada, ¿cómo explicarás que ya no tengas energías para levantar tu bolso de gimnasia y, mucho menos, para hacer noventa minutos de ejercicios aeróbicos? ¿Cómo explicarás a tu amable anfitriona que las alcaparras de su imaginativa ensalada te hacen lagrimear y te provocan espasmos en la garganta? ¿Y cómo te disculparás ante el colega que, al entrar en tu despacho, te encontró dormida con la cabeza sobre el escritorio, babeando sobre la carpeta? Supongo que podrías culpar al síndrome de fatiga crónica, pero en ese caso te costará explicar la apariencia acolchada que está adquiriendo tu cuerpo.

La gente es muy tolerante con las embarazadas y les disculpa todo tipo de conductas imperdonables, por lo que te aconsejo invocar tu estado cada vez que sea posible. Pero debo agregar una advertencia: en un par de meses, esta excusa pierde su efecto mágico sobre los maridos y, en el segundo embarazo, no les causa absolutamente ninguna impresión. Si tu esposo está viendo un partido de fútbol en televisión, no moverá un solo dedo aunque te vea trasladar el sofá de un lado a otro de la sala; en cambio, cualquier desconocido que te vea embarazada no te permitirá cargar ni la bolsa de las verduras.

Naturalmente, hay una poderosa razón por la que muchas mujeres prefieren mantener su estado en secreto, y es que el diez por ciento de las gestaciones terminan en aborto durante las doce primeras semanas. Si te ocurriera esta desgracia, verte en la obligación de contar tu tragedia una vez y otra aumentaría tu pesar. Varias de mis amigas más queridas, cuando empezaban a superar el trauma físico del aborto, tuvieron que soportar a algún desinformado que se acercó a preguntarles cómo estaba el bebé. Es una situación muy dolorosa para todos los involucrados. Supongo que la única solución es dar la noticia sólo a quienes puedan percatarse de tu extraña conducta (o a quien quiera que tenga el descaro de sugerirte que te pongas a dieta) y reservar los megáfonos y los anuncios publicitarios para más adelante.

A perfectos desconocidos

Te sorprenderá la facilidad con que introduces tu embarazo en cualquier conversación o circunstancia. Si eres reservada y mantienes la boca cerrada durante el primer trimestre, cuando cruces la barrera de los tres meses estarás a punto de reventar, porque esa clase de secretos es como arroz en una olla de presión: cuando estalla, vuela por todas partes. Si deseas recibir un trato especial, decir que estás embarazada obra como un encantamiento; por ejemplo, puedes conseguir que en el cine te cedan el primer lugar en la cola para el baño de damas, algo mucho más útil que el asiento del autobús si has bebido mucha gaseosa.

Al principio tendrás que ser tú la que mencione el embarazo, pues la gente no es muy observadora o, si lo es, tiene un miedo mortal de felicitarte «por la barriga» y que no sea un embarazo, sino que te has estado abriendo paso en el mundo a viva muela. De hecho, lo más prudente es no felicitar a ninguna mujer por un aparente embarazo mientras ella no exhiba su prueba positiva, pues, si no está en la dulce espera, automáticamente te conviertes en la estúpida del siglo. No estaría mal decir a todo el mundo, desde el cajero del supermercado hasta el policía que te detiene por exceso de velocidad, que estás en ese estado excepcional llamado embarazo. Quién sabe... Es posible que uno se ofrezca a embolsarte la compra y el otro te escolte hasta el lavabo limpio más cercano. Cuanto menos, te obsequiarán con una bonita sonrisa y algunas palabras amables, lo cual es mucho más de lo que puede esperarse en estos tiempos. Pero debes estar preparada para una contingencia: si se lo dices a una mujer que ha tenido un hijo, tal vez debas escuchar un interminable monólogo sobre su trabajo de parto y su alumbramiento. Es triste decirlo, pero una no puede dominarse.

Tratándose de perfectos desconocidos, las amigas coinciden en esta advertencia: se empeñarán en frotarte la barriga sin pedirte siquiera permiso. Si esto te molesta, conviene que mantengas los brazos bien cruzados con gesto protector. No olvides que estás en tu derecho de dar un paso atrás, invocando la regla del no-se-toca. Sin embargo, la gente tendrá la impresión de que eres una antipática. A mí no me molestaba que me tocaran hasta el segundo trimestre, cuando mi barriga era bien redonda; hacia el final, en cambio, cuando ya tenía prominencias y el ombligo se me había vuelto hacia fuera, odiaba que alguien me tocara, sobre todo si se trataba de un desconocido.

3

El embarazo afecta todo el cuerpo

Antes de quedar embarazada por primera vez, creía ingenuamente que la única parte del cuerpo afectada por ese estado era el vientre. Muy satisfecha por haber sido siempre delgada y activa, estaba convencida de que surcaría la gestación sin más que una adorable barriga coronando mis esbeltas y atléticas piernas. Sí, cómo no. Cuando me embaracé, me embaracé desde los mofletes de ardilla hasta los tobillos llenos de agua. No reconocía mis propias piernas, con las rodillas redondas y llenas de hoyuelos. Mis brazos, apoyados contra el cuerpo, parecían muslos. (No olvides esto: el embarazo y las prendas sin mangas no se llevan bien.) Ya no podía hacer girar la alianza en el dedo. Peor aún: tenía tanta celulitis que parecía recubierta de queso cottage. ¡Y no soy el único caso, lo juro! A una amiga, modelo profesional (que ha amenazado con divulgar uno de mis secretos si revelo su nombre), se le engordó tanto la cara que, en el restaurante en el que nos habíamos citado para cenar, pasé junto a ella sin reconocerla. Si tienes amigos tan buenos como los míos, ellos te asegurarán que tu cara no ha cambiado en absoluto, que desde atrás nadie creería que estás embarazada. Te dirán que se te ve más hermosa y saludable que nunca. ¡Mienten!

Analicemos este concepto del aumento de peso: cuánto es demasiado, cuánto es muy poco y qué repercusiones tendrá en tu cuerpo por el resto de tu joven vida. Comenzaré por decir que, tanto si eres obesa como anoréxica, tu peso es asunto tuyo y de tu médico. También debería quedar bien claro que la salud del bebé está por encima de cualquier otra consideración; la embarazada que se mata de hambre y la que sólo come porquerías que engordan deberían ser definitivamente expulsadas de la comunidad de amigas, si no del universo mismo.

Aclarado esto, hablemos de las restantes, las que hemos leído célebres libros sobre el embarazo, según los cuales el aumento de peso debe ser más o menos así: en el primer trimestre, de 0 a 1,350 kg; en el segundo, de 4,500 a 5,400 kg, y en el tercero, de 3,600 a 4,500 kg. Si no cumplimos estos límites, vivimos temiendo el día que el médico decida pesarnos. Muchas amigas superan ese máximo sugerido de 11,250 kg cuando están por el séptimo mes, período en que nos sentimos realmente hambrientas. A decir verdad, suelo aumentar tanto durante el primer trimestre que, en la primera visita al médico, cuando la enfermera me pregunta cuál era mi peso antes del embarazo, miento y me agrego dos kilos y medio; de ese modo oculto el hecho de que ya he aumentado cinco.

Es patético, pero la mayoría de las mujeres aprendemos a evaluar el embarazo basándonos en lo que aumentamos entre una y otra visita al médico. En mi caso, si en esas tres semanas no había subido de peso, reventaba de orgullo, alivio y satisfacción. Llamaba a mis amigos para contarles cómo marchaba el embarazo y, como por casualidad, mencionaba que no había aumentado nada. En cambio, cuando en el consultorio me informaban que había subido más de tres kilos en menos de un mes, mi vergüenza y mi humillación eran tales que me echaba a llorar y no mencionaba a nadie esa visita al médico. Después de tener cuatro hijos, he aprendido por fin dos lecciones. Una es de vital importancia; la otra, simplemente útil. La lección importante es: *esos aspectos de nuestra autoestima que desde la pubertad han estado vinculados con el peso son, durante el embarazo, más inadecuados que nunca.*

El embarazo es una estupenda oportunidad para aprender a rendirse: la gran lección de la vida. En esta etapa, el cuerpo no es un instrumento de goce personal sino un acogedor hogar en el que está creciendo un niño. Puedes elegir entre resistirte o relajarte y disfrutar. Las amigas sabemos lo difícil que puede ser, para esta generación de supermujeres, verse transformadas de una manera tan alarmante; todas hemos sentido lo mismo (salvo mi amiga Sondra, pero como ella nunca tuvo celulitis, no cuenta). Por eso te daré la información veraz y luego nos sentaremos a reírnos juntas, pues el sentido del humor puede ser lo único que te ayude a soportar estos tiempos difíciles.

La otra lección que aprendí, simplemente útil, es ésta: *cuando la enfermera te pese, mira hacia otro lado y pídele que no te diga cuánto pesas.* Ninguna ley te obliga a enterarte de eso cada vez que vas al médico. Quédate tranquila: si el médico, al estudiar la gráfica de tu peso, considera que hay un problema, no tardará en decírtelo. Por lo demás, ¿qué importancia tiene? Estás engordando, ¿y qué? Acéptalo y basta.

A propósito, tal vez te gratifique tanto como a mí saber que las mujeres «profesionalmente delgadas» (es decir, actrices o modelos que *deben* ser delgadas) suelen acumular un montón de kilos durante el embarazo. Hablo de 30 o 35 kilos en algunas de las mujeres más esbeltas que hayas visto por televisión o en las revistas. Ha de ser por el alivio de no tener que vivir a base de lechuga y cigarrillos durante los nueve meses. Mi amiga Shannon, que es una actriz hermosísima, desayunó huevos con tocino y media hogaza de pan blanco tostado todos los días de su embarazo. Disfrutó a lo grande y, una vez que nació el bebé, se puso a dieta e hizo gimnasia hasta quedar delgada, en forma y más hermosa que antes. Es justamente lo que han hecho las otras bellezas, así que tú también puedes decidirte a comer. Aprovecha, mujer. ¿Qué otras alegrías le quedan a la embarazada, si no puede emborracharse, ni pavonearse por ahí con una sensual minifalda negra y ni siquiera tomar remedios para el resfriado?

El cuerpo acolchado

Como bien sabe cualquier adscrita al síndrome premenstrual, el cuerpo femenino es capaz de retener hasta dos kilos y medio de líquidos completamente innecesarios (en mi opinión). El único alivio es la llegada del período menstrual. Por desgracia, cuando estás embarazada, ese período queda postergado por unas cuarenta semanas. Por eso es probable que comiences a «expandirte» aun antes de que el bebé te agregue peso. También es probable que continúes reteniendo agua hasta que no soportes el anillo de boda y, al terminar una jornada larga, los pies «desborden» de los zapatos. También puedes tener los ojos algo hinchados. Cualquiera diría que, con la cantidad de pipí que haces, no debería quedarte en el cuerpo agua suficiente ni para saliva, pero la naturaleza quiere estar segura de que nada amenace el precioso líquido de tu placenta ni la futura fábrica de leche. Una amiga solía comer únicamente sandía el día previo a su visita al obstetra, pues es un diurético natural; de ese modo eliminaba la mayor cantidad de agua que era posible y afrontaba mejor la detestable rutina de la balanza. No te recomiendo que hagas lo mismo, por cierto, pero ¡caramba, un poquito de sandía de vez en cuando puede ayudar a reducir la hinchazón!

Lo primero que se pierde en el embarazo es la cintura. Si se trata de tu primera gestación, como los músculos abdominales no se han estirado previamente, tu cintura se ensanchará varias semanas antes de que la barriga comience a redondearse. (En el segundo embarazo y en los posteriores, el vientre se infla cinco minutos después de recibir la noticia, y a los diez minutos ya pareces estar en el quinto mes.) Imagina una línea recta desde las axilas hasta las caderas y tendrás una idea aproximada del aspecto que adquiere la cintura. En esta etapa no pareces gorda ni embarazada, pero es probable que no puedas abrocharte los tejanos hasta arriba. Es un buen momento para sacar del armario todos los cinturones y las blusas estrechas, ponerlos en una caja y guardarlos en el trastero; así no te sentirás tentada de tocarlos cuando te desesperes ante la ropa de maternidad. Considéralo de este modo: así dejarás espacio en los cajones para tus sujetadores de lactancia y tus gigantescas bragas.

Los pechos

También los pechos empiezan a cambiar casi de inmediato. Se ponen grandes, mucho más grandes. Las que nunca fuimos muy pechugonas rogamos a Dios que nos permita conservar para siempre esas protuberantes bellezas. Y a las plegarias se unen nuestros maridos pensando que, después de todo, el embarazo no es tan malo. Ray, el esposo de Sondra, espera con ansias la llegada de lo que llama «el ratoncito Peras», con tanto entusiasmo como los niños al «ratoncito Pérez» cuando se les cae un diente.

La buena noticia es que los pechos siguen creciendo a lo largo de todo el embarazo. Esa hipersensibilidad que te mencioné en el capítulo 1 desaparecerá al terminar el segundo mes. Entonces tendrás un buen par de parachoques por un tiempo... hasta que, por comparación con la barriga, esos gigantescos pechos queden reducidos a enanos. El consejo más importante que pueden darte las amigas es que *uses* sujetador. En un momento como éste, no te conviene que esos melones maduros tironeen de los ligamentos. La gestación y la lactancia son períodos de mucha exigencia para los pechos, a causa del estiramiento, la hinchazón y la succión, de modo que debes protegerlos en lo posible.

La mala noticia es que, al término de la gestación y la lactancia, tus pechos parecerán globos de agua que hubieran sufrido un pinchazo. No sólo pierden la generosidad del embarazo, sino que quedan más pequeños y/o caídos que antes. Sé que te estoy dando una noticia muy mala; si quieres, puedes exclamar que no sé lo que digo y arrojar este libro a la papelera. Pero me he encargado de evaluar, cada vez que me fue posible, los pechos de las mujeres que habían sido madres (en el gimnasio, en los probadores de algunas tiendas, en la sauna) y todavía no he visto un solo par que se haya mantenido indemne después del alumbramiento. Lamento muchísimo que debas enterarte por nosotras, las amigas, pero es mejor que lo sepas desde un principio. Si quieres seguir viviendo en tu incrédulo mundo de sueños, hazlo, pero vuelve a leer esta parte del libro dentro de un año y después me cuentas.

Si alguna mujer te dice que tenía pechos pequeños y, después de parir, desarrolló un cuerpo voluptuoso (como ciertas modelos que conocemos), caben dos posibilidades: o sufre de incapacidad para distinguir entre la realidad y la ficción o se olvida de mencionar alguna pequeña intervención del cirujano plástico. He aquí una regla básica, aplicable a casi todas las mujeres que, después de tener hijos, exhiban pechos plenos y turgentes, capaces de mantenerse en posición de firmes sin ayuda de un soporte; vale tanto para las estrellas de cine como para cualquiera de las que practican *aerobic* contigo. *Si son grandes y redondos y se mantienen erguidos por cuenta propia, no son de verdad.* Si conoces alguna excepción comprobada a esta regla, haznos a todas el favor de reservarte el secreto.

Cualquier defensora de la lactancia natural que te asegure que, después de amamantar, tus pechos recobrarán el encanto anterior al embarazo, probablemente nunca ha tenido un buen busto o trabaja para la Liga La Leche.[1] Muchas mujeres, incluidas varias de mis amigas, deciden no amamantar a sus bebés, entre otras razones por no arruinarse los pechos. A propósito: este libro considera que amamantar puede ser estupendo, siempre que se ajuste a tu temperamento y tu estilo de vida (sobre todo si lo haces hasta que tu bebé sea capaz de desabrocharte la blusa por sí solo). Si lo soportamos con tanta entereza, es porque estamos convencidas de que el mayor perjuicio para los pechos no proviene de la lactancia, sino de la pérdida de peso después del parto. Anímate a intentarlo y, si no te gusta, déjalo; de

1. La Liga La Leche es una institución muy popular en EE.UU., que propicia la lactancia natural. *(N. del T.)*

cualquier modo, en lo que respecta a la lactancia natural, las preferencias están repartidas.

El trasero

En algún momento del embarazo quizá te preguntes: «Si el bebé está en la barriga, ¿por qué me crece tanto el trasero?». Después de unas cuantas visitas al zoológico y muchas películas documentales, he desarrollado mi propia teoría para explicar esa participación de las caderas y el trasero en la gestación, que en realidad no les incumbe. ¿Has notado que los chimpancés y los orangutanes caminan de un lado a otro llevando a sus bebés en la popa? Vaya uno a saber... Tal vez la naturaleza quiso proporcionar un asiento plegable para los pequeñines, puesto que sólo los canguros y otros marsupiales han sido favorecidos con esas prácticas bolsas para bebés. Si mi teoría es correcta, ese almohadón de grasa es, simplemente, un vestigio de nuestros días cavernícolas, en cuyo caso, con unas cuantas generaciones más que usaran carritos de paseo, el problema debería quedar completamente eliminado por la evolución.

Pero también existe la explicación tradicional: la naturaleza, para asegurarse de que el feto no pase hambre, fuerza a tu cuerpo a cargar raciones de urgencia en forma de grasa, que se acumula en las caderas, el trasero, la parte superior de los brazos, ¡y no olvidemos la cara! Esto podría justificar la existencia de grasa, pero no explica por qué el trasero adquiere la redondez de una burbuja. Recuerda este dato anatómico cuando hablemos de la ropa para la embarazada, pues una camisa demasiado corta, encaramada en lo alto de esa burbuja, te convierte en la Reina de las Culonas. Aunque no engordes mucho, tu trasero adquiere un nuevo contorno.

El pelo (y las uñas)

La última zona de crecimiento acelerado es el pelo. Se diría que, durante la gestación, el acelerador de las proteínas se mantiene a fondo, pues el pelo suele parecer más largo y espeso que nunca. No sólo crece más deprisa, sino que, además, los cabellos viejos se caen con menos frecuencia que antes. Como consecuencia, la cabellera es más larga y abundante. Es uno de los premios de consolación que ofrece la naturaleza: alcanzas las dimensiones de un camión, pero con una melena como para publicitar champúes.

Si eso fuera todo lo que hay para decir sobre el pelo, sería un sueño hecho realidad, pero siempre hay un pero, ¿verdad? El primer pero es el cuero cabelludo, del que nos ocuparemos más adelante. Otro problema es que, a veces, el pelo de la cabeza no es el único en crecer deprisa, sino también el vello de todo el cuerpo. Algunas mujeres descubren que el vello púbico se les extiende por el vientre y por los muslos. Otras se encuentran con uno o dos pelos en la areola mamaria. Y hay quienes echan una leve pelusa en la línea de la mandíbula y en la espalda, entre los omóplatos.

También la textura y la «personalidad» del pelo cambian durante el embarazo. Por eso, otra regla cardinal de las amigas es: *nunca te hagas una permanente si estás embarazada*. Si lo haces, lo más probable es que sólo «cojan» algunos cabellos y te queden enormes zonas lacias e intactas, con lo cual parecerás Eduardo Manostijeras.

Uno de los grandes dilemas de la embarazada es si puede seguir tiñéndose el pelo durante la gestación. Por mucho que nos guste opinar, las amigas nos dominaremos para que escuches las dos campanas. Ésta es una decisión que debes tomar después de haber consultado con tu médico. Algunas rechazan todos los productos químicos en la cabeza, igual que se oponen a las gaseosas dietéticas: en lo posible, desean proteger de sustancias tóxicas a sus hijos en gestación; en este mundo inundado de contaminantes, no desean añadir voluntariamente más productos químicos. Bien. Dicho esto, podemos pasar a otras opiniones, es decir: a la mía. Al ser una madre añeja, estaba segura de que mi color natural no era simplemente castaño aburrido, sino castaño aburrido veteado de gris (¡horror!). No estoy segura, pues hace casi dos décadas que no veo mi color natural, pero parece razonable suponerlo así. Por lo tanto, haría falta un desastre nuclear, por lo menos, para que yo mostrara al mundo mi verdadero color de cabello. También se me ha visto tomar alguna gaseosa dietética de vez en cuando, así que puedes fusilarme.

Sin embargo, hay un par de cosas que debes saber antes de echar mano al agua oxigenada. Primero: como ahora tu pelo crecerá más deprisa, tendrás que teñirte las raíces con mayor frecuencia. A menos que lo hagas tú misma, eso te resultará muy caro. Y si eres, como Madonna, una rubia platinada de ascendencia morena, cada dos o tres semanas te encontrarás con una banda oscura en medio de la cabeza. Segundo: al comienzo del embarazo, el olor del amoníaco y el decolorante son insoportables; después de todo, lo son también cuando no estás embarazada. Tercero: es muy probable que te sientas demasiado fatigada para ir a la peluquería tanto como antes. Son tres buenos motivos para adoptar un tono de pelo más parecido al que Dios te dio, a fin de reducir la frecuencia de las coloraciones, o para pensar en otras alternativas, como los enjuagues o las tinturas vegetales.

La última regla, y quizá la más importante, con respecto al cabello durante la gestación es ésta: *no te cortes el pelo mientras estés embarazada.* Este consejo puede parecerte ahora fuera de lugar, pero confía en nosotras: llegará un momento en que se te ocurrirá recurrir a las tijeras. No es buena idea, pues la embarazada que se corta el pelo no está buscando un peinado nuevo, sino un aspecto nuevo, «no embarazado», y me temo que eso es demasiado pedir a un simple peluquero. Bien sé que, alrededor del séptimo mes, una melenita corta y juvenil puede parecerte sencilla y despreocupada, pero el embarazo no es buen momento para hacer la prueba. No olvides que tu cara también está embarazada, y se necesita una estructura ósea adecuada para llevar ese estilo de peinado. Es cierto: Mia Farrow estaba adorable como embarazada con pelo corto en *La semilla del diablo*, pero recuerda que era un embarazo fingido; ella no tuvo que embarazarse para representar ese papel. Y además, ¿querrías un bebé como ése? Entre amigas, si te cortas el pelo en pleno embarazo, lo más probable es que no te parezcas a Mia Farrow sino a La Mujer Más Gorda del Mundo, y tu marido, que a estas alturas ya tendrá los nervios a la miseria, bien puede estallar cuando te vea; como es sabido, casi todos los hombres nos prefieren con el pelo largo en cualquier circunstancia, aunque parezcamos cavernícolas.

Te contaré mi propia experiencia con esa imperiosa necesidad de cortarse el pelo. Como conocía la prohibición de cambiar de peinado durante el embarazo, logré resistir la tentación durante tres gestaciones enteras. Pero en el cuarto embarazo decidí poner la regla a prueba. Tal vez me pareció que era estúpida o que no se aplicaba en mi caso. ¡Quién sabe qué idea loca galopaba por mi cerebro! El hecho es que me hice cortar toda la cabellera. Nunca una cabeza humana se pareció tanto a un coco. Y el corte no era malo, créeme. Pero si estás hinchada y exhausta, no hay corte en el mundo que te mejore el aspecto.

Hay en tu cuerpo otra proteína que crecerá tan deprisa como el pelo: la de las uñas. Si antes tenías unas uñas endebles, que se doblaban y escamaban, te encantará disfrutar de las que te crecerán durante el embarazo. No sólo crecen a toda velocidad, sino que son más duras y sanas. De hecho, si notas que tus uñas empeoran en lugar de mejorar, debes mencionarlo de inmediato a tu médico, pues podría indicar que tu cuerpo no recibe proteínas suficientes para tu salud y la del bebé.

Es un buen momento para prestar más atención al cuidado de las manos y los pies. Si tienes tiempo y dinero, recurre a los salones de belleza. Te vendrá muy bien un masaje de manos y pies durante una o dos horas. Además, en los últimos meses del embarazo hay que estar en muy buena forma y ser decidida para poder cortarse y pintarse las uñas de los pies. Te agradará lucir unas manos bien cuidadas, sobre todo cuando te cuestiones el aspecto del resto de tu cuerpo. Alrededor del tercer trimestre, sin embargo, sentirás la tentación de olvidarte de los pies; por una parte, te será casi imposible atenderlos tú misma; por otra, cuando una no puede casi verlos, ¿qué importa si están bonitos o no? Es entonces cuando los pedicuros cobran especial importancia, pues el obstetra suele tener tus pies en la cara durante los exámenes internos, más aún en las largas horas del trabajo de parto y el alumbramiento. En el séptimo mes de embarazo, yo dejaba de depilarme las ingles, sobre todo porque no podía verme el vello púbico desde ningún ángulo, pero era inflexible en el aspecto de los pies. Una amiga se tomó este consejo tan a pecho que, cuando rompió aguas, inmediatamente corrió en busca del esmalte de uñas. Se sentó en la escalera para pintarse todas las uñas de los pies y, después de ponerse unas sandalias de plástico, partió hacia el hospital. Cuando acabó de firmar papeles y le asignaron una habitación, el esmalte ya estaba seco. ¡Eso se llama ser una mujer de principios!

La piel

El embarazo puede ser una experiencia muy penosa para la piel. En primer lugar, se enfrenta al obvio desafío de estirarse para permitir el crecimiento de otro ser humano dentro de tu cuerpo. Con seguridad, alguna vez te preguntarás si tu piel podrá abarcar esos pechos gigantescos sin sufrir un daño permanente. Lo cierto es que tu piel se estirará todo lo necesario para responder a esos desafíos. ¿Has oído hablar de alguien que se desgarrara espontáneamente por la presión del embarazo, ni siquiera en los periódicos sensacionalistas? Sin embargo, ese estiramiento no carecerá de consecuencias. Analicemos algunos puntos específicos, ¿quieres?

Estrías

Las estrías son marcas en la piel que parecen carreras en las medias, si imaginas que tienes los pechos, el trasero y la barriga cubiertos por medias de seda. Aparecen cuando la piel se estira más de lo que ella desearía. Durante el embarazo son rojizas o purpúreas, pero después del parto se decoloran muy lentamente, hasta quedar casi blancas o plateadas. Cada amiga pregunta siempre a las otras si tienen estrías, como para saber si Dios fue justo cuando se las dio. Es algo así como: «Yo las tengo y me sentiría muy frustrada si fuera la única en todo el grupo, ¡joder!» He aquí la noticia: *la única manera segura de no tener estrías es ser hija de una mujer que no las ha tenido y cuya madre, a su vez, tampoco las ha tenido.* En otras palabras, tener estrías, o no, es cuestión de herencia. Me preguntarás qué pasa con todas esas lociones y cremas que se ofrecen para evitarlas. ¡Inútiles! Puedes hacerte un masaje con ellas, si te gusta el olor o si eres de las que todo lo prueban, pero contra la genética no se puede.

Todos esos aceites, lociones y cremas pueden servir para otra cosa: para calmar el picor que se produce cuando la piel debe estirarse sin misericordia. Algunas mujeres sufren mucho por esta causa; al desvestirse para ir a la cama, sobre todo, es grande la tentación de rascarse la barriga y los costados hasta dejarse marcas de uñas. Si esto escapa a tu autocontrol, díselo a tu médico, quien podrá recetarte cremas y antihistamínicos para evitar que te hagas daño. Pero si el picor es leve, puede resultarte placentero un masaje con esos ungüentos mágicos. Y si tu marido está dispuesto a jugar contigo, esas lociones y aceites sirven para lubricar todo tipo de cosas; no sé si me entiendes.

A propósito, las estrías nunca me han parecido tan odiosas como algunos creen. Supongo que, si te pones un bikini para tomar el sol, su presencia no te resultará grata. Pero después de tener hijos es probable que los bikinis ya no te queden tan bien (¡seamos francas!), y todo el mundo sabe que el bronceado es perjudicial. Si las proteges del sol, las estrías apenas se notan.

El cutis

Con mucha frecuencia, al comienzo del embarazo una se cubre de granos por primera vez desde la adolescencia. Como sabes, las hormonas son elementos químicos muy potentes, que alborotan la piel tanto como las emociones. A decir verdad, no se puede hacer nada para evitarlo, salvo esperar a que pase. Tranquilízate; pasará en cuanto tu cuerpo alcance el equilibrio en sus vaivenes hormonales. Mientras tanto, mantén el cutis limpio y ¡no te rasques! Si dedicas más tiempo a tu pelo, para que luzca estupendo, es probable que nadie se fije en los granos.

Volviendo al tema del pelo, en las primeras semanas del embarazo es posible que esté pesado y opaco. Esto se debe a que el cuero cabelludo —que es piel— está sometido al mismo caos hormonal que tu cara. Tal vez se te cubra de grasa o de caspa por primera vez en tu vida. Las amigas te ofrecen esta regla general: durante el embarazo, mantén el pelo escrupulosamente limpio. Si crees que puedes pasar un día más sin lavarte la cabeza, es probable que te equivoques. El pelo pesado, pegado al cráneo, no sirve para apartar la atención del cutis y sus problemas.

Otro inconveniente que puede sufrir la piel es llenarse de pequeños puntos rojos o capilares rotos. Son pequeños y no muy desagradables, pero pueden causarte fastidio. Los puntos rojos son comunes durante el embarazo; los capilares rotos suelen ser el resultado de haber pujado con fuerza durante el parto. Por lo general es necesario recurrir al médico para que los elimine después del alumbramiento, pues tenderán a persistir incluso cuando tu hijo esté ya en la universidad.

Para no contradecir tu estado de fertilidad generalizada, es posible que te crezcan cosas raras en la piel. Muchas amigas se descubrieron vesículas, diminutos pliegues de piel crecida que aparecen sobre todo en las axilas y los párpados, tal vez debido a que, en esos lugares, hay roce de piel contra piel. Una de ellas encontró una en sus labios genitales. No son peligrosas en absoluto, a menos que las pellizques, en cuyo caso pueden infectarse. Déjalas en paz, que más adelante podrás extirpártelas sin problema.

Cambios de color

El embarazo hace cosas muy interesantes con tu pigmentación, pero éste es un tema que difícilmente hablarás con nadie, como no sea con las amigas. Se producen cambios de color en muchos lugares. Lo primero que notarás es que los pezones se han vuelto más oscuros. Si antes los tenías rosados, durante el embarazo los verás más morados; si eran de color beige, se volverán marrones. Los pezones y la zona pigmentada circundante también aumentan notablemente de tamaño; lo que antes tenía las dimensiones de una moneda puede alcanzar el tamaño de una pequeña tortilla. Las amigas han descubierto que, después del embarazo, los pezones pueden recobrar más o menos su tamaño anterior, pero jamás el color que solían tener.

He aquí una información que difícilmente oigas de boca de tu médico: los labios de la vagina también cambian de color durante el embarazo; se tornan más oscuros y más hinchados de sangre. Si no me crees, míralos con un espejo de mano. Así como los pezones aumentan de tamaño, con los genitales ocurre lo mismo. Al principio este cambio puede alarmarte un poco, pero dado que nadie lo verá, excepto tu marido y tu médico, no tienes por qué abochornarte. Desde luego, conviene que tranquilices a tu esposo, asegurándole que se trata de algo completamente natural, porque a esas alturas el sexo oral puede parecerle una hazaña atlética. La parte grata de los cambios experimentados «abajo» es que éstos suelen producir —según muchas amigas— una excitación sexual perpetua, a causa de la mayor irrigación sanguínea. Mi amiga Tracy cuenta que, después de andar un rato, llegaba casi al orgasmo, pues el frote de las piernas era como un juego previo sin fin. En un caso así, salir a mirar escaparates puede convertirse en una experiencia totalmente nueva, ¿no te parece? Pero esa hinchazón tiene un pequeño inconveniente: una súbita incapacidad para apuntar el chorro de orina. Comprendo que esto pueda parecerte una queja sin sentido, pero cuando una tiene que orinar dentro de una botella para análisis (algo bastante frecuente durante la gestación), sería muy grato poder hacerlo sin mojarse la mano. A propósito, mi amiga Shannon dice que también los labios de la cara se le hincharon y oscurecieron. ¿No te encantaría que te pasara lo mismo? Por mi parte, mis labios siguieron más o menos como siempre, obligándome a vivir pendiente del lápiz de labios; pero quizá tú tengas la suerte de Shannon.

También los pigmentos de la piel hacen travesuras en las embarazadas. Algunas mujeres sufren algo que se denomina, diabólicamente, «máscara del embarazo»: las mejillas y la frente se broncean al estilo Caribe, pero el resto de la cara parece cubierto por protector solar. Esta coloración irregular desaparece después del parto, pero puede demorarse un tiempo. No te expongas al sol, que sólo empeora las cosas, y trata de emparejar los tonos mediante maquillaje.

Casi todas las embarazadas presentan, tarde o temprano, una línea de pigmentación que se extiende desde el nacimiento del vello púbico hasta el ombligo. No tiene explicación conocida, pero a todas nos ha sucedido. En las amigas con piel más oscura es menos visible, pero en las de piel muy blanca como yo resultaba muy obvia. Suele afirmarse que esa pigmentación irregular desaparece después del parto, pero creo que las menos afortunadas no la perdemos jamás. Tal vez sea mero producto de mi imaginación, pero aún creo ver esa línea cuando me inclino y la barriga se repliega. También me parece que el fino vello del vientre es más oscuro en el centro. Claro que mi vientre no ha visto la luz del día desde mi primer embarazo, hace ya siete años, de modo que el contraste entre la piel clara y el vello oscuro es flagrante.

4

«¡Nunca imaginé que sentiría estas cosas!»

La gente tiende a centrarse en los miles de cambios físicos externos que se producen en una embarazada, pero los cambios internos son igualmente intensos, sin hablar siquiera de los que sufre el útero. Como ya hemos señalado, el embarazo no se limita a la barriga: es una experiencia de todo el cuerpo. Diferentes y extrañas sensaciones pueden tener un gran impacto. Todo puede relacionarse con el embarazo, desde la nariz tapada hasta los eructos.

La digestión

Las hormonas de la gestación hacen más lentos los procesos digestivos. Por lo visto, la naturaleza quiere que extraigas hasta el último átomo de vitaminas y minerales de cada bocado; por eso hace que la comida permanezca en tu estómago durante más tiempo que de costumbre. Las consecuencias para ti pueden resumirse en dos palabras: eructos y gases.

Aunque detestes admitirlo, si haces una encuesta entre los maridos de embarazadas, todos expresarán un unánime asombro por la cantidad de gas que suele flotar en el ambiente. Toda la comida depositada en tus intestinos fermenta, convirtiéndote en un ser carbonatado. Si empiezas a pensar que la vida es injusta por someter a las mujeres a experiencias tan humillantes como el embarazo, consuélate recordando que son los hombres los que se quedan calvos.

Comencemos por la flatulencia. Si pasas mucho tiempo sola o entre niños menores de cuatro años, no será un gran problema. En realidad, los párvulos sienten un profundo respeto por las personas capaces de soltar gases a voluntad. Tu esposo se sorprenderá y, quizá, se sienta ofendido, pero hasta la más remilgada de las embarazadas se cansa de abandonar la cama o de agitar subrepticiamente las sábanas y no tarda en dejarlos escapar, aun en presencia de su bienamado cónyuge. Lamentablemente, a todas nos preocupa más la opinión de un perfecto desconocido que la de nuestro marido, por lo que estar en público puede ser un motivo de grandes aflicciones para las gasíferas. Pocas tenemos el desparpajo de mi amiga Corki, quien es capaz de levantarse para abandonar la habitación, anunciando por encima del hombro a todos los presentes: «Permiso; tengo que ir a tirarme un pedo.» Las demás, ante la más leve presión intestinal, nos lanzamos al lavabo de señoras, rezando en el trayecto para que esté completamente vacío.

Igualmente difíciles de controlar son los eructos. Estás en mitad de un interesante relato y ¡berp!, allí se escapa como si fuera un signo de exclamación. Estos eructos suelen surgir de la nada, sin previo aviso, dejando a la emisora tan escandalizada como a su público. Además, por lo general no se trata de breves y sofocadas expulsiones de aire, sino de prolongados y retumbantes sonidos que darían envidia a cualquier muchacho adolescente.

A menos que el médico te permita recurrir a los antiácidos, de los que trataremos en detalle más adelante, no hay mucho que puedas hacer para aliviarte de todos esos gases. Te conviene evitar las bebidas carbonatadas, que pueden ser, en parte, responsables. Sin embargo, las amigas parecen creer que los principales culpables de los gases son, justamente, los alimentos que se aconseja comer para fabricar un bebé saludable: brécol, espinaca y coliflor. (Lo peor es que dan cierto aroma a los eructos.)

Otro efecto de la relajación de los músculos digestivos es la pirosis. Por si nunca has disfrutado de la experiencia, la pirosis es una sensación de ardor en la base del esófago, generalmente hacia la izquierda, y suele ir de la mano con los eructos. Es como tener el estómago revuelto, pero más arriba, cerca del pecho.

Algunas mujeres padecen pirosis durante todo el embarazo. Otras no sucumben sino cuando el bebé ya ha crecido hasta el punto de presionar contra el esfínter muscular que retiene la comida en el estómago, impidiendo que se cierre bien. Como consecuencia, parte del ácido gástrico asciende hacia el esófago. Ciertos alimentos parecen agravar la acidez, como ocurre con los eructos; personalmente, yo estaba dispuesta a resignar mi porción de legumbres y coles de Bruselas en aras de reducir la acidez y los gases, pero no podía renunciar a mi ración diaria de M & M's, que son los grandes villanos.

Si tienes suerte y has elegido bien a tu obstetra, te permitirá tomar antiácidos, los mejores amigos de la embarazada. Es conveniente que los tengas siempre a mano. Mi amiga Julee tenía enormes frascos en el coche, junto a la cama y en el trabajo. Cuando una quiere un antiácido lo quiere de verdad y de inmediato. Son tan horribles como mascar tiza, aunque ahora vienen en un arco iris de sabores frutales; puedes creerme: después de un tiempo empezarán a parecerte agradables. Un secreto de amiga: después de tomar un antiácido, mírate siempre la boca en un espejo, pues suelen dejar un polvillo blanco en los labios o en las comisuras.

Una última información importante con respecto a la acidez: pese a lo que muchos te digan, *la pirosis no anuncia que tu bebé va a nacer con mucho pelo.* Durante mis cuatro gestaciones sufrí tal acidez que habría podido escupir fuego, pero mis cuatro hijos nacieron más calvos que el tío Elmer.

Malestar matutino

En cuanto una anuncia que está embarazada, la gente comienza a preguntarte si ya te sientes mal. Esto se debe a que el embarazo típico incluye una buena temporada de náuseas. Estas náuseas, con vómitos o sin ellos, se denominan malestar matutino. Las amigas y yo pensamos que merecería un nombre mucho más exacto y debidamente dramático, por ejemplo «intoxicación por progesterona». Hablar de malestar «matutino», sobre todo, induce a error, pues puede atacarte en cualquier momento del día o de la noche. Algunas llegan al extremo de sentir leves náuseas durante todo el tiempo que pasan despiertas.

No obstante, hay algunas noticias buenas con respecto a este problema. Primero: no todas lo sufren. Segundo: si lo padeces, por lo general desaparece al terminar el tercer mes, para no volver jamás (por favor, no me tomes muy al pie de la letra). Tercero: existe una anticuada creencia popular según la cual, cuanto peor es el malestar matutino, menos probable es que abortes. Esto debe de basarse, sin duda, en la suposición de que, si ese bebé ejerce ya semejante control sobre el organismo de su madre, nada podrá desalojarlo de allí. Yo sólo sé que, cuando la enfermera de mi médico me preguntaba cómo me sentía y yo respondía: «Mal», ella invariablemente exclamaba, muy sonriente: «¡Bien!»

La primera y principal regla que las amigas podemos darte con respecto al malestar matutino es ésta: *su presencia no indica que hayas hecho algo malo durante el embarazo ni que no te sientas segura de desear ese bebé.* ¿Recuerdas los tiempos en que el síndrome premenstrual se consideraba psicosomático? En ese entonces los médicos decían a las mujeres que presentaban esos síntomas sólo porque eran débiles o porque estaban chifladas. Por fin comprendieron que las enormes fluctuaciones hormonales experimentadas todos los meses por las mujeres pondrían de rodillas al más pintado. Existen todavía algunos estúpidos capaces de sugerirte que, si estás vomitando hasta las tripas, es porque en el fondo no quieres ser madre. Caramba, si fuera así, todas las mujeres con dos dedos de frente se pasarían el embarazo vomitando, pues cualquier tonto sabe que la maternidad es un oficio terrorífico. Si sientes náuseas es, probablemente, porque la progesterona no te sienta bien. Eso y nada más.

El malestar matutino y los mareos del mar tienen mucho en común. He sufrido las náuseas del embarazo y he estado en un barco en el mar durante una tormenta; las experiencias fueron bastante similares, en verdad. Las dos atacan a personas generalmente saludables y tienen lo que denomino «componente de cabeza», pues afectan el equilibrio; por consiguiente, puedes tener sensaciones de vértigo o de vacío. También descubrí que, en ambos casos, el vómito no alivia el malestar, como ocurre, en cambio, cuando tienes una indigestión o has comido algo en mal estado. Algunas amigas dicen lo contrario pero, según mi experiencia, después de vomitar sigues sintiéndote mal y luego vuelves a vomitar. Por este motivo, de nada sirve que te hundas los dedos en la garganta en un desesperado intento por liberar el cuerpo del veneno culpable.

Puesto que la «intoxicación por progesterona» guarda muy poca relación con los alimentos ingeridos, no se deja de vomitar porque simplemente ya no hay más comida en el estómago. Se pasa a las arcadas secas o, peor aún, a vomitar bilis. Sin embargo, aunque en la mayoría de los casos el malestar *no se debe* a la comida que se ha ingerido, ver u oler determinados alimentos puede agravar las arcadas. Esto también es válido para los mareos del mar. Basta una vaharada de queso cottage para que la víctima de un mal u otro corra al lavabo, aunque no lo haya probado.

A estas alturas te estarás preguntando: «¿Cómo puedo saber si voy a sufrir malestar matutino durante mi embarazo?» La respuesta es: «Eso no puede preverse.» Aunque éste no sea tu primer embarazo y en el anterior jamás lo hayas padecido, eso no significa que no lo sufras esta vez. Algunas amigas sugieren que hay cierta relación entre el sexo del bebé y las náuseas; según ellas, las mujeres provocan más malestar que los varones. Ignoro si esto es cierto o no, pero como yo padecí náuseas con mis cuatro hijos, me suena un poco a chino. Se me ocurre que la explicación «científica» podría ser la presencia de las hormonas femeninas de la niña que provocarían una sobrecarga de estrógenos. Pero por cada amiga que asegura haber sufrido más con las niñas, tengo otra que jura haber padecido más náuseas con los varones. A propósito: otra creencia de las comadres es que las niñas te desfiguran más la cara, y en mi caso juro que fue así.

El malestar matutino no es, necesariamente, uno de los primeros signos físicos de embarazo. Por lo general, cuando te enteras de que estás embarazada, el estado de tu aparato digestivo es normal por un par de semanas más. Sentirás la tentación de felicitarte por tu espléndida salud y por tu actitud positiva (o por el poder de tus plegarias), pues esos factores parecen haber conspirado para ahorrarte las náuseas que las vulgares mortales debemos soportar. Pero una mañana cuando vayas a la cocina en camisón, en busca de un vaso de zumo de naranja, al abrir la puerta de la nevera recibirás una vaharada de la carne estofada de la noche anterior. Cuando vuelvas a la realidad, estarás vomitando en la pila de la cocina.

El malestar matutino no ataca a todas sus víctimas con igual intensidad. Casi es posible medir su gravedad en una escala. En un extremo están las afortunadas que lo sufren una sola vez y no vuelven a hacer una arcada durante todo el embarazo, y en el otro, las que vomitan tanto que, en el primer trimestre, llegan a perder peso. Algunas de estas pobres mujeres terminan en el hospital, donde los médicos se encargan de que no se deshidraten. ¿Quieres saber hasta dónde llega mi demencia? Sentía una punzada de envidia por esas mujeres, porque ellas se mantenían delgadas, aunque fuera a costa de vomitar a cada rato, mientras que yo engordaba día a día. Con el correr del tiempo supe que también esas pobres embarazadas, las que vomitan como desesperadas en el primer trimestre, acaban aumentando tanto como las que nunca se saltaron una sola comida. Creo que conviene tener cuidado con lo que una desea.

Una de mis amigas, Mary, sufrió náuseas tan persistentes en sus tres embarazos que decidió simplemente continuar con su vida como si nada ocurriera. En medio de su rutina habitual, se detenía a vomitar cuando era necesario.

Según cuenta, no iba a ninguna parte sin averiguar de antemano dónde estaba el baño más cercano; de ese modo podía correr hacia allí cuando hacía falta. También llevaba toallas en el asiento de su coche, para no mancharse la ropa cuando el malestar sobrevenía en medio de un embotellamiento. Esa actitud práctica me impresionaba mucho cuando la veía en el parvulario, con sus dos pequeñines y embarazada de un tercero. En plena entonación de «El patio de mi casa es particular...», se disculpaba con mucha calma, salía a toda prisa, vomitaba, se enjuagaba la boca y en ocasiones llegaba a tiempo para la parte de «... cuando llueve se moja como los demás». Todas sabíamos adónde había ido y qué había hecho, pero ella nunca lo mencionaba ¡y ni hablar de quejarse! Así se convirtió en una especie de heroína para nosotras, que vivíamos quejándonos por todo.

La mayoría de las mujeres se hallan en el medio de ese espectro. Tenemos nuestros días buenos y otros días en que tenemos ganas de morir. En los días malos, ni siquiera quedarse en la cama proporciona alivio, pues nos sentimos tan mal acostadas como en pie. Así pues, por lo general nos levantamos para hacer frente a la jornada, contando las horas que faltan para acostarnos a dormir y comenzar un día distinto, rezando por que sea mejor. Para las que estamos en el medio, el malestar matutino no significa necesariamente vomitar sin pausa. En realidad, yo vomitaba sólo algunas veces, pero gran parte del tiempo me sentía bastante mal. Durante el primer trimestre, no era raro que debiera abandonar una reunión o una comida para tomar un poco de aire fresco, pues temía desmayarme o hacer arcadas delante de algunas personas que probablemente no comprenderían. Ojalá pudiera revelarte un remedio secreto para hacer desaparecer las náuseas relacionadas con el embarazo, pero llevo años buscándolo en vano. Aun así, he aquí una lista de los consejos que dan las amigas:

Los 10 mandamientos del malestar matutino

1 Come alimentos blandos en pequeñas cantidades a lo largo de todo el día.

2 No comas nada cuyo olor no te resulte apetitoso.

3 Come algo alrededor de las cuatro de la mañana o cuando te levantes en medio de la noche para ir al lavabo.

4 Toma las vitaminas por la noche, o deja de tomarlas hasta que te sientas mejor. Mientras tanto, el médico quizá te indique que tomes suplementos de ácido fólico.

5 No tomes las vitaminas con zumos cítricos.

6 Cuando nada te parezca apetitoso, prueba un plato de cereales con leche o una fruta dulce.

7 Si te produce malestar la sola idea de la comida, prueba a chupar unas gotas de regaliz natural (suelen ser sedantes).

8 Prueba las muñequeras elásticas que venden en las farmacias contra el mareo.

9 No comas galletas saladas, excepto si estás realmente antojada (lo cual me parece muy difícil).

10 Déjate guiar por los antojos. Si realmente deseas un alimento en especial, es muy probable que te sientas algo mejor después de comerlo. (Pero ten cuidado si tus antojos son siempre de chocolate y helado, como en mi caso.)

En la mayoría de las embarazadas, los episodios de malestar desaparecen después del tercer mes. Es realmente mágico levantarse un buen día, lavarse los dientes sin activar el reflejo de las arcadas, vestirse sin necesidad de hundir previamente la cabeza en el váter e ir a la cocina pensando con ansias en el desayuno. Sucede exactamente así: un día te sientes angustiada y te arrastras por el suelo del lavabo, y al siguiente dices que nunca te has sentido mejor.

Los intestinos

Como ya he dicho, ningún aspecto de tu persona física se halla libre de los efectos del embarazo, y esto se aplica también a los movimientos intestinales. En primer lugar, si tomas las vitaminas más corrientes para embarazadas, es probable que las deposiciones adquieran un color oscuro. Creo que se debe al hierro que estás ingiriendo, pero no lo sé con certeza. Es una más de las muchas cosas que te parecerán extrañas en tu vida: ¡hasta las heces son irreconocibles!

Y por si ya no estuvieras bastante llena con el bebé, el líquido, la placenta y Dios sabe qué más, todo apiñado en una estrecha zona que antes exhibías orgullosamente bajo el top, el embarazo te añade otro ingrediente: retención de materia fecal. Sí, quizá notes que ya no eres tan regular como antes. Tal vez se deba también al hierro de las vitaminas o a la relajación del sistema digestivo; el caso es que el estreñimiento suele ser muy fastidioso para las embarazadas.

Hasta dónde te afecte esta imprevisibilidad del movimiento intestinal es algo que depende de diversos factores. En el caso de mi amiga Andrea, por ejemplo, la evacuación de la mañana le determina el humor para todo el día, esté embarazada o no. El estreñimiento puede resultar muy molesto si ya te sientes incómoda a causa del vientre abultado. Si te sientes cada vez más irritada porque tu cuerpo te resulta extraño, el estreñimiento puede ser la gota que desborde el vaso. En mi caso, era uno de los pocos aspectos que no me preocupaba mucho, tal vez porque nunca supe de nadie que sufriera una explosión de caca retenida y porque mi neurosis no se relaciona con asuntos anales. Según mi filosofía, lo que entra debe salir, tarde o temprano, por duro y oscuro que sea. Sin embargo, muchas amigas están en desacuerdo y se declaran dispuestas a intentar cualquier cosa —salvo una intervención quirúrgica— para acabar con esa sensación de estar «llenas de mierda».

Los textos tradicionales aconsejan aumentar la cantidad de fibra en la ingesta y beber más agua. Sin embargo, estoy convencida de que puedes hincharte a comer salvado y beber agua sin que tus heces se vuelvan más blandas. Creo que sería más efectivo ingerir una mezcla de dinamita con aceite siliconado (aunque no será muy nutritivo para el bebé).

Si padeces estreñimiento, díselo a tu médico. Pregúntale si puedes tomar tabletas de fibra. Si el atascamiento es realmente grave, tal vez te prescriba un medicamento especial. Yo tomaba una pequeña píldora gelatinosa que, después de tres o cuatro días de uso, ponía las cosas en movimiento (y además era fácil de tragar, cosa muy apreciable en esos días de arcadas).

Pero *asegúrate de que lo que tomes no contenga laxantes.* Los laxantes pueden arruinarte la digestión; además, crean adicción y pueden provocarte calambres estomacales como en el parto. Y lo último que necesita tu bebé es que lo obligues a defecar incontrolablemente.

Mi amiga Denise me recordó uno de los aspectos más desconcertantes del embarazo: la «eliminación» y los lavabos públicos. A veces, las embarazadas deben esforzarse mucho para mover el intestino. Algunas amigas recuerdan ocasiones en que, de tanto «hacer fuerza», se les cubrió la frente de sudor y emitieron gruñidos humillantes. Esto ya es bastante horrible en la intimidad de tu propia casa, pero muchísimo peor si estás en el trabajo, usando el lavabo de las empleadas. Es menos grave si estás en un lugar público, como un cine o la playa, porque francamente, ¿qué importa lo que piense un grupo de perfectas desconocidas? (A menos que te golpeen la puerta para preguntar si estás bien o, peor todavía, que te pregunten a gritos desde la cola si piensas pasarte el día allí dentro.) Pero imagínate ser el centro de los chismes de toda la oficina o que tu secretaria te oiga desde el cubículo vecino; eso puede inhibirte hasta el punto de que prefieras sucumbir a una intoxicación fecal antes que obligarte a hacer caca.

Todas estas dificultades intestinales tienen su lado bueno, a saber: puedes considerar el gran esfuerzo de esas evacuaciones como prácticas de parto, pues lo que sentirás al pujar es exactamente como la defecación más difícil de tu vida. Grábate en la memoria esa sensación y sabrás qué hacer cuando el médico te diga que ha llegado el momento de pujar.

Esta manera de «hacer fuerza» puede darse de cabeza con todo lo que te haya enseñado tu buena y prudente madre desde que abandonaste los pañales. Recuerda lo que te decía: «No hagas demasiada fuerza o te saldrán hemorroides.» Y ¿sabes qué? Esta vez mamá no se equivocaba. Aun así, en ocasiones una lo hace sin darse cuenta, hasta que es demasiado tarde y aparecen:

Las hemorroides

Si eres como yo, habrás visto cientos de «esos» avisos publicitarios, pero nunca te detuviste a pensar dónde se ponía esa crema milagrosa ni para qué. Bueno, inocente amiga mía, esa crema es para ponerse en el ano, y si alguien se somete a esa indignidad es porque tiene allí abajo pequeñas protuberancias parecidas a guisantes, que duelen y pican como demonios. ¿No es para gritar? Aunque el tema parezca espantoso, lo voy a hacer, porque soy tu amiga.

Existen varias maneras de coger hemorroides, así que esto es como participar en una carrera de obstáculos: puede que hayas saltado triunfalmente por encima de la valla, pero aún corres el peligro de caer en un charco de barro. En primer lugar, puedes pescarte las hemorroides (o «almorranas», como las llaman pintorescamente nuestros mayores) por un exceso de esfuerzo para mover el intestino. De esto ya hemos hablado y sabes que no te culpo. Una presión excesiva puede hacer que una parte del intestino se hernie y se proyecte hacia fuera, en pequeños racimos, como uvas.

Otra manera de pillarlas es por virtud del embarazo, con estreñimiento o sin él. Claro: el peso del bebé, más todo lo que tienes en el vientre para sostenerlo, puede interrumpir la circulación de las venas y las arterias de la zona, como las ruedas de un coche que, al pasar sobre una manguera, impiden que salga el agua. Cuando en esa rosada zona inferior la sangre se empantana, es temporada de uvas.

Pero si crees haber evitado todas las balas hemorroidales que la naturaleza podía dispararte, ¡llega el momento del parto! Ésa fue mi perdición: mi Waterloo, mis Termópilas; en fin, el desastre. Estaba perfectamente, pese a mis negras heces, hasta que empujé a mi primer hijo hacia la salida... y con él, por lo visto, una parte de mi intestino. Al cesar el efecto de la peridural, sentí dolor en toda la zona, pero como tenía una episiotomía y había sufrido un pequeño desgarro que requirió algunos puntos de sutura, atribuí el dolor a todo eso y, durante un par de días, no efectué investigación alguna. Además, no tenía muchos deseos de tocar los puntos.

Una vez en casa, al darme una ducha, me enjaboné distraídamente las «vergüenzas»... y por poco me desmayo por lo que palpé. En el suave tejido que me rodeaba el ano había manojos de tejido, como racimos de uvas. Tuve la sensación de que mis entrañas colgaban hacia fuera.

Inmediatamente me arrojé en la cama y lloré. (O, por lo menos, lloré hasta que el recién llegado comenzó a llorar aún más fuerte.) No tenía idea de qué era eso, pero estaba segura de que nadie había tenido nunca nada parecido y que, con toda probabilidad, me llevaría a la muerte o, como mínimo, a una operación del recto. Estaba tan mortificada que no mencioné mi dolencia a nadie: ni a mi marido, que no tiene estómago para esas cosas, ni a mis amigas, por miedo a que me compadecieran al saberme desfigurada, y ni siquiera a mi médico.

Por fin, como no tenía noticias mías desde el parto, el médico me llamó para saber cómo estaba. Entonces balbucí:

—Tengo algo que me ha crecido en el ano ¡y me duele más que los puntos!

Fue una sorpresa y un alivio descubrir que él sabía perfectamente de qué se trataba. Y hasta me dio algunos consejos para que me sintiera mejor. Costaba creerlo: ¡existían cremas para encoger las hemorroides y aliviar la irritación! El médico también me recetó supositorios, probablemente con el mismo objetivo, pero no puedo decir qué resultado dan porque, cinco años después, aún siguen en mi botiquín, sin abrir. ¡Ni loca iba a meterme algo por allí en ese estado!

Mi amiga Jaye sufrió unas hemorroides tan graves tras el nacimiento de su primogénito que, en los dos embarazos siguientes, visitó a un proctólogo. Por lo visto él le aplicó inyecciones de cortisona ya sabes dónde. Aunque la sola idea me petrifica, Jaye asegura que, además de no doler, eso le evitó llevarse un susto en la ducha como el mío. (No puede contener la risa cuando recuerda la sala de espera del proctólogo, donde todos los pacientes tenían problemas de próstata y/o más de setenta años. Y todos sabían perfectamente por qué parte de su anatomía estaba Jaye allí, considerando que nadie va al proctólogo por una operación quirúrgica a corazón abierto.)

He aquí una lista de los consejos de las amigas para aliviar las hemorroides (sujeta a la aprobación de tu médico, naturalmente):

Pide una crema medicinal para que te ayude a encoger las hemorroides y te alivie las molestias.

Aplica trozos de algodón con hamamelis o almohadillas medicadas sobre las hemorroides varias veces al día y, por cierto, cada vez que uses el váter. Te ayudarán a mantener la zona limpia y contribuirán al encogimiento.

Date muchos baños. El agua caliente, además de calmar, mantiene la zona escrupulosamente limpia, lo cual ayuda a evitar las infecciones (además, la falta del peso del cuerpo es un alivio). Más de uno te sugerirá que te des un baño de asiento, es decir: que te sientes en el bidé lleno de agua caliente, tan caliente como puedas soportar, entre veinte y treinta minutos por vez. Mi opinión personal es que, si tienes tanto tiempo disponible, es preferible que te acuestes a dormir. Mientras estés en los brazos de Morfeo no te acordarás de las hemorroides.

Pide a alguna persona amable que vaya a la farmacia y te compre una almohada para hemorroides, de ésas que parecen una rosquilla grande y firme (las que se venden para escaras pueden servir). Si vives en una casa de dos plantas, será mejor que esa amable persona te compre dos, a fin de no tener que subir y bajar cargada con el bebé y la rosquilla. La mejor solución es invertir algún dinero en una almohada circular para bebés, que existen en algunas casas especializadas. Están recubiertas de algodón de colores brillantes y, supuestamente, son para sentar al bebé sobre el agujero central, sostenido por la almohada circundante. Todavía no conozco al bebé que quiera estar sentado en uno de esos artefactos, pero a la mamá le resultarán estupendos.

Si todo lo demás fracasa, la cirugía da muy buenos resultados y suele estar contemplada en todos los planes de asistencia médica.

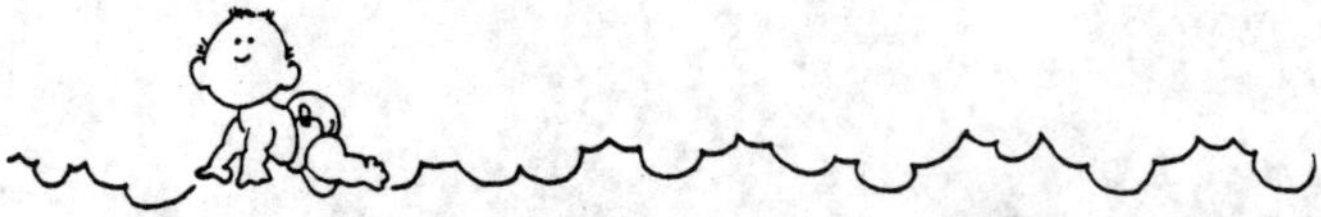

5

Locuras del embarazo

Los cambios físicos provocados por el embarazo son tantos y tan pronunciados que cualquiera se desconcierta. Sin embargo, una podría entenderse con ellos si no vinieran acompañados de ciertos cambios de carácter bastante notables. La vida interior de muchas embarazadas es tan terrorífica que pone nervioso al marido e impacienta a los amigos. Durante uno de mis embarazos, yo estaba tan insoportable que a mis amigas se les acabaron las consideraciones y comenzaron a decirme que cerrara la boca cuando ya estaban hasta el moño. Algunas embarazadas se tornan irritables y sumamente rígidas. Por ejemplo, cuando invitábamos a Janis a comer, nos imponía todo tipo de reglas: teníamos que comer a las doce y cuarto, ni antes ni después, y las sillas del restaurante debían tener brazos, porque de lo contrario no podía digerir cómodamente la comida.

Mientras lees este capítulo, ten en cuenta esta regla básica: con mucha frecuencia, el loco es el último en enterarse de que está loco. Por lo tanto, si tienes ganas de saltar al capítulo siguiente porque crees que éste no se aplica a ti, piénsalo mejor; puedes estar más chiflada de lo que pareces (por lo menos, de lo que tú crees). Y hasta te conviene preguntar por ahí, pues tal vez te lleves la sorpresa de descubrir que tú también eres víctima de los Usurpadores de Cuerpos.

En cierto sentido, la demencia del embarazo se parece al síndrome premenstrual. A la pregunta: «¿Cuánto dura esta sensación?», debo responder: «Alrededor de cuarenta semanas.» Como en todo lo que atañe al embarazo, su gravedad varía no sólo de una persona a otra, sino de un día al siguiente. Ésta puede ser una buena noticia para la lectora que sienta esos efectos, pero no tan buena para la que afirme no haberse sentido mejor en toda su vida.

He aquí otro consejo: si alguna amiga te dice que su embarazo fue el período más satisfactorio y feliz de su vida, no la creas. Esta clase de comentarios invariablemente te hacen pensar que algo anda mal contigo, puesto que no experimentas el mismo éxtasis. Sin embargo, no hay duda de que carecen de veracidad. Existe una extraña fuerza biológica que provoca en las mujeres una amnesia con respecto a toda la experiencia del embarazo, haciendo que olviden los detalles menos agradables y lo vean todo bajo una luz rosada. De esta forma, la naturaleza se asegura de que las mujeres acepten quedar embarazadas más de una vez; si recordaran demasiado, probablemente no volverían a repetir la experiencia.

A continuación encontrarás diversas manifestaciones de las locuras del embarazo. Lo más probable es que pases por todas ellas en algún momento de la gestación. ¡Esperemos que no las tengas todas al mismo tiempo!

«¡No puedo concentrarme!»

No hay en la vida otro período —alejado de la edad en que suele atacar la enfermedad de Alzheimer— en que se experimente tanta tendencia al olvido y a la falta de pensamiento lógico. Parte de esta debilidad mental se puede atribuir, simplemente, a la sobrecarga que sufre el circuito cerebral de la embarazada: ¡una tiene tantísimas cosas en qué pensar! Debes escoger un médico, un hospital para el parto, decidir si quieres conocer por anticipado el sexo del bebé, si te someterás a las pruebas genéticas prenatales, buscar la forma de decir a tu jefe que estarás de baja por maternidad y a tu marido que tu madre vendrá por algunas semanas, etcétera, etcétera. Es lógico y natural que te sientas confundida y fuera de control.

Pero las locuras del embarazo no se limitan a esto. Muchas embarazadas exhiben también una conducta brumosa y ensoñadora. Ya sabes a qué me refiero: ese estado mental que te permite ir de la oficina a tu casa con la bolsa de la tintorería en el brazo, o pasar horas sentada en una reunión para luego no recordar una sola palabra.

Es probable que tú y tu bebé ya hayáis empezado a dialogar: hacéis planes, os imagináis mutuamente y sentís cierta timidez ante el primer encuentro. Tal vez preguntes cómo será cuando crezca o si en su adolescencia te tratará mejor que tú a tu madre. Quizá te preguntes si alguna vez ese hijo te hará estallar de orgullo, como tantos famosos que van por ahí. Te preocupa que pueda hacerte morir de vergüenza, también como tantos famosos. Estas ensoñaciones son tan dominantes que la cháchara ajena puede parecerte irrelevante; quizá sientas deseos de sacudir a los otros y gritarles: «¿No sabéis que el universo ha cambiado por siempre jamás pues voy a tener un hijo?» Tal vez temas que esta falta de concentración te dificulte el cuidado del bebé una vez que haya nacido. Pero éste no es el momento de preocuparse. Si ahora estás distraída, no imaginas lo distraída que estarás cuando tengas en tu casa un crío por el cual atribularte hasta el día de tu muerte. Disfruta ahora, porque cuando haya nacido tendrás que preocuparte por catástrofes más realistas, como por ejemplo dejar a tu hijo por un momento en algún lugar y luego marcharte sin él.

«¡Los anuncios de pañales me hacen llorar!»

Una de las características más inofensivas del torbellino de emociones del embarazo es que una se vuelve sentimental. Casi todas las amigas recuerdan haber llorado al ver un anuncio de pañales o de leche en polvo. A mí me encantaban esos anuncios en que aparecía una pareja delirante de felicidad recibiendo al recién nacido. Una noche, hacia el final de mi primer embarazo, me senté en la habitación preparada para mi hijo a oír una casete de canciones de cuna, y sollocé hasta que mi marido, preocupado, se preguntó si no necesitaría ayuda psiquiátrica.

Mi amiga Maryann, recientemente embarazada, me dice que suele sentirse abrumada por el cariño hacia sus padres y su esposo. También llora a mares con sólo imaginar que uno de sus seres amados pueda ser alcanzado por un rayo o atropellado por un camión antes de que nazca el bebé. Es como si hubiera tomado conciencia de su vulnerabilidad ante la fragilidad de la vida, sobre todo la vida de los miembros de su familia.

Si durante tu embarazo se produce alguna catástrofe publicitada en la que se halle involucrado un bebé, puedes sufrir una crisis. Hace años, cuando la pequeña Jessica se cayó en un pozo del patio de su casa, mi amiga Amy estuvo varios días completamente trastornada. Se identificó hasta tal punto con los padres que no pudo comer, dormir, ni hablar por teléfono siquiera, hasta que rescataron a la niña. Los programas informativos que muestran a los niños hambrientos del Tercer Mundo resultan tan dolorosos para las embarazadas que, con frecuencia, reaccionan como si hubieran sufrido una pérdida personal. Hasta las fotografías de niños desaparecidos parecen convocarlas a la acción.

La parte divertida de este sentimentalismo es el súbito lazo que se establece con todas las madres del mundo, desde las estrellas de cine a la mujer que grita a su gimoteante niño en la juguetería. El mundo pasa a dividirse en dos grupos: los que tienen hijos y los que no los tienen. Y en esta etapa de tu vida, el subgrupo que más te interesa es el de las mujeres que están embarazadas al mismo tiempo que tú.

Durante la gestación, parecería que toda la población en edad reproductiva lo estuviera también. No puedes salir a comprar el pan sin chocarte con una embarazada. La miras (y ella a ti) con incontenible curiosidad, pero con la cordialidad de una camarada. Tratas de calcular en qué mes está ella y si luce mejor o peor que tú; sin el menor reparo, interrogas a esa perfecta desconocida acerca de toda su historia gestacional.

Si por casualidad tu embarazo coincide con el de alguna celebridad, desarrollarás cierta familiaridad con ella, como si algo os emparentara. Por ejemplo, yo he estado embarazada al mismo tiempo que Kathie Lee Gifford, Linda Carter, Demi Moore y Fergie; no conozco a sus hijos, pero me hacen sentir maternal. Si un día alguna de ellas se quejaba de estar reteniendo líquido, yo pasaba el resto del día pellizcándome para ver si me ocurría lo mismo. Cuando me enteré, por el informativo de la noche, de que la estrella de una famosa serie de televisión había sufrido un aborto cuando el embarazo estaba ya muy avanzado, saqué a mi marido de la cama para que me llevara al hospital, pues necesitaba asegurarme de que nuestro bebé estaba vivito y coleando en mi vientre.

Más adelante, cuando todas esas mujeres hayan tenido sus respectivos bebés, seguirás vigilándolas para observar cómo recobran la silueta. A mí me traumatizó profundamente el hecho de ver a mi actriz predilecta con un llamativo vestido ceñido mientras yo seguía luchando con las bragas de maternidad y los sujetadores para lactancia (ocultos bajo una enorme camiseta de mi marido). Lo que más me gustaba era ver, en las revistas sensacionalistas, fotografías poco favorecedoras de las flamantes madres célebres, sorprendidas al bajar de un avión con el recién nacido tras un viaje de siete horas.

«¡Lo quiero ahora mismo!»

El objetivo de casi todas las embarazadas es la gratificación inmediata. El ignorante puede pensar que se aprovechan de su estado para darse todos los gustos, pero eso no es del todo cierto. Durante la gestación, ciertas sensaciones adquieren una ferocidad que jamás se tiene en condiciones normales. ¡Y Dios proteja a la persona que se interponga entre la embarazada y su satisfacción!

Por ejemplo, la mujer no embarazada que viaja en coche con su marido puede descubrir de pronto que necesita hacer pipí. En ese caso pedirá con toda calma a su amado esposo que se detenga cuando pase por algún sitio donde pueda haber un lavabo limpio. Probablemente agregue que, si no hay ninguno, puede esperar hasta que lleguen a destino.

La escena cambia totalmente si esa mujer está embarazada. Su voz adquiere un timbre de histeria al informar que necesita ir al lavabo. Se muestra de inmediato tan desesperada como si estuviera a punto de explotar. El marido comienza a buscar un sitio adecuado para detenerse, pero de buenas a primeras ve que su esposa está a punto de abrir la portezuela, como si quisiera arrojarse del coche en marcha. Es tal su necesidad de orinar que está dispuesta a hacerlo en cualquier parte, menos en el asiento delantero. Lo haría también allí, si no fuera porque tendría que pasar el resto del viaje sobre el asiento mojado. La incapacidad del pobre hombre en cuanto a captar su urgencia puede ser el punto de partida para una buena pelea hormonal. Por lo tanto, el mejor consejo que podemos dar a los maridos en esta situación es éste: no hagas preguntas. Detén inmediatamente el coche y corre hacia la portezuela del lado de tu mujer. Ayúdala a bajar y llévala a algún sitio discreto, detrás de un árbol o de algún letrero. Y cuida tus zapatos. Recuerda que las situaciones extremas requieren medidas extremas.

Si esa exhibición de impaciencia por orinar escandaliza a tu marido, ya verás cuando se enfrente con tu persona embarazada y hambrienta sin tener comida a mano. El hambre de una embarazada no es simple y moderado apetito. Es un hambre tan feroz que, si en el curso de treinta segundos el coche no se detiene frente a algún establecimiento que venda comida, el marido se encontrará cara a cara con una mujer sollozante, que revuelve la guantera en busca de la pastilla de menta que hace un par de meses estaba allí.

Tal vez exista alguna explicación médica para el hambre de la embarazada, un brusco descenso de los niveles de azúcar en la sangre o algo así. Yo sólo sé que te sientes nerviosa, loca y desesperada. Por eso las amigas te sugerimos que estés preparada para esos ataques de hambre; conviene tener provisiones en el coche, en el de tu marido, en el bolso y en el despacho. Y, ya que estás, a todo lo que almacenes pon un rótulo que advierta: «Comida de embarazada. No tocar», pues no hay nada peor que estirar la mano hacia el último bocado y descubrir que se lo engulló la secretaria. Nueces y cereales, plátanos y uvas pasas son estupendas raciones que te evitarán correr frenéticamente a la primera tienda de golosinas. La sed también es inmediata e irresistible para la embarazada (espera a la lactancia para saber qué significa, literalmente, «morirse de sed»). Por eso te conviene almacenar, junto con las provisiones, algunas botellas de agua estratégicamente dispuestas.

«¡Creo que odio a mi marido!»

Partamos de una premisa básica: por el simple hecho de no ser mujer, tu marido no tiene la menor idea de cómo te sientes. No conoce tu nerviosismo, tu ambivalencia, la inseguridad de ese estado hormonal casi tóxico. Sólo con eso ya podría competir por el título de Hombre Más Irritante del Mundo. Créenos: aunque lo niegue mil veces, él piensa que el embarazo te ha convertido en un ser irracional, demasiado emotivo e imprevisible... todo lo que un marido detesta en cualquier persona y más aún en su propia mujer. En mis entrevistas he descubierto que, en presencia de su esposa, el marido se deshace en elogios por esa mujer valiente y arriesgada, que se sometió con abnegación al dolor y al sacrificio para dar a luz ese angelical bebé. Pero pon a ese mismo hombre en un grupo de padres, lejos de sus mujeres, y las anécdotas de las locuras del embarazo crecerán como hongos. Gary recuerda el día en que su esposa se acostó en el suelo de la lechería porque tenía náuseas, obligando a los otros clientes a pasar por encima de ella para llegar al mostrador. Michael describe las cantidades de comida que devoraba su mujer, como si fuera una trituradora de residuos, y agrega patéticamente que nunca podía terminar de comer su plato, porque ella lo atacaba con voracidad. Todos ponen los ojos en blanco, asintiendo al unísono cuando alguno menciona la imposibilidad de responder correctamente a la pregunta favorita de las embarazadas: «¿Todavía me amas, aunque esté gorda?» Esto los desconcierta a todos; si responden que la aman a pesar de todo, están dando a entender que ellos también la ven gorda; tal vez sea más prudente decir que no, que sólo les gustan las mujeres delgadas, como ella.

Hay pocas cosas más irritantes que perder la cabeza y soportar, al mismo tiempo, que alguien te lo señale. Prepárate para que tu cónyuge te haga comentarios como éstos: «¿No estás exagerando un poco?», «¿Eres tú la que habla o tu yo embarazado?» O qué te parece escuchar: «Antes de embarazarte eras mucho más divertida», «Si la mujer de mi masajista no necesitó medicamentos durante el parto, no sé por qué los necesitas tú», o: «Ya sé que tienes gripe, pero ¿es indispensable que tomes ese antihistamínico?» (recetado por el médico).

La queja que más repiten las amigas es que, a los ojos del marido, este asunto del embarazo no tiene la importancia abrumadora que tiene para nosotras. Ellos pueden pasar horas y hasta días enteros pensando en otras cosas, mientras que una (sobre todo si está en su primera gestación) no tiene cabeza para nada más. Para la embarazada, hasta la guerra de Oriente Medio afecta de algún modo a su bebé: si hay escasez de petróleo, quizá una no tenga gasolina suficiente para llegar al hospital cuando se inicie el trabajo de parto. Para los maridos, en cambio, el embarazo no es nada del otro mundo hasta que nace el bebé, salvo porque saca de quicio a su mujer.

Cierta vez llamé a mi marido, que estaba en Nueva York por negocios, para quejarme de que, obviamente, él no quería tanto como yo a ese bebé. Cuando él, con toda sensatez, preguntó qué pruebas tenía yo para fundamentar esa suposición, le dije que ya estaba en el séptimo mes de embarazo y él no había dedicado un solo minuto a buscarle un nombre. Yo lo hacía al menos dos veces al día, desde el momento mismo en que me habían confirmado el embarazo, y con mayor frecuencia aún desde que el médico me comunicó que sería una niña. Mi marido parecía suponer que los nombres se repartían en la sala de partos. Hay un solo aspecto en el que muchos esposos comparten la experiencia del embarazo: aumentando de peso a la par de ellas, kilo a kilo. Muchísimas amigas informan que sus maridos aumentaron entre cinco y diez kilos durante el embarazo. ¡Vaya una a saber! Tal vez comen para aliviar la tensión nerviosa, quizá sólo quieren hacer compañía a su mujer junto a la alacena. Algunos tienen tantos antojos como ellas. No creo que se trate de una grandiosa demostración de empatía, sino de querer lo que una quiere: «Si tú te haces un batido de plátano, yo también merezco uno.» Mi marido llevó este asunto del «yo también» un paso más allá: insistía en pillar todas las enfermedades que yo padecía, pero con mayor gravedad. En otras palabras: si yo me iba a la cama con un resfriado, él aseguraba que tenía una pulmonía. La triquiñuela es astuta, pues nadie pretenderá que un pobre hombre enfermo de pulmonía pueda atender a una regordeta que sólo tiene un poco de tos.

Lo que más puede enfurecer a una embarazada convencida de estar soportando su gestación con escaso o nulo apoyo de su marido es un pensamiento que le roe el fondo de la mente: «Todo es culpa de él, que me hizo esto.» El tío termina su revolcón muy satisfecho y seguro de dormir toda la noche, mientras que a una la vida le cambia para siempre. Y nunca se lo culpa tanto como durante el parto. No puedes evitar enfurecerte cuando, tendida en una cama de hospital, con el útero dando más corcovos que un potro indómito, sabes que tu marido está tan tranquilo sentado frente al televisor. A veces la vida es muy injusta.

«¡Estoy muerta de miedo!»

El miedo es un común denominador entre las embarazadas. Te saca de quicio la celeridad con que pasas del gozo al terror al enterarte de que vas a tener un bebé. Primero se produce una especie de alarma general ante la perspectiva de estar creando un bebé, del cual serás responsable hasta el último día de tu vida. Es entonces cuando tal vez comiences a buscar una vía de escape. Poco después, los miedos se tornan más específicos. Ya no sientes una preocupación enorme e indiferenciada, sino que puedes identificar, una a una, todas las cosas que te aterrorizan en distintos momentos. Generalmente, esos miedos se dividen de la siguiente manera:

Miedo de abortar

Una vez que hayas digerido el impacto y la excitación de saber que estás embarazada, descubrirás que mantener esa gestación se convierte en el objetivo más importante de tu vida. Este miedo de perder el bebé no es completamente irracional. Según las estadísticas, más o menos uno de cada cinco embarazos diagnosticados terminan en aborto; las probabilidades de que se produzca dependen de varios factores, entre ellos, la edad. Y si tú o alguna amiga íntima habéis sufrido un aborto, sabrás que es mucho más que una regla especialmente dolorosa. Para la mujer que espera anhelante el nacimiento de un hijo, la pérdida de éste, por temprano que se produzca, es siempre un tormento.

Para algunas mujeres, sobre todo las que concibieron sin mayor dificultad y nunca experimentaron pérdidas ni abortos, retener el embarazo sólo significa moderar un poco sus esfuerzos. Para otras, como yo, que pasé años tratando de concebir, o para las que piensan, por algún motivo, que su embarazo es más frágil, los tres primeros meses se caracterizan por preocupaciones mucho más grandes.

Casi todos los libros especializados te dirán que no hay motivo para que reduzcas tu actividad física si tu embarazo es de «bajo riesgo» (pide a tu médico que lo clasifique). En el plano intelectual puedo aceptar esta aseveración, aunque de mala gana, pero en lo sentimental, especialmente durante ese precario primer trimestre, lo rechazo de todo corazón. Sé que la gran mayoría de los abortos que ocurren en los tres primeros meses se deben a una malformación genética del embrión, pero creo que nadie aceptaría una chispa de probabilidad de perder el niño por culpa de esos noventa minutos de ejercicios violentos. Si puedes tomarte las cosas con calma, ¿por qué no hacerlo?

Existe un solo motivo para no hacerlo: el deseo de responder a cierta imagen actual de supermujer, capaz de gestar y balancearse en un trapecio al mismo tiempo. Todas hemos oído hablar de mujeres que lo hacen, pero ¿qué tiene eso que ver contigo y tu bebé? La regla más importante del embarazo es: no se trata de un campeonato. Cada una hace lo que puede para sobrevivir a esos nueve interminables meses y tener un bebé sano.

Ya te conté que muchas veces corrí al baño, pálida como un papel, temiendo encontrar sangre en la ropa interior. También mencioné antes que tuve pérdidas en mis cuatro embarazos y las cuatro veces me aterroricé. Esas pérdidas me parecían mensajes de Dios, que me ordenaba meterme en la cama. Entonces sentía un nuevo respeto por la fragilidad de todo lo viviente. Por eso las amigas te aconsejamos que, durante el embarazo, nunca te exijas a fondo. Los abortos, desgraciadamente, se producen, pero al menos no te quedarás con la duda de si no habrías podido hacer algo para salvar el embarazo, como por ejemplo abandonar el cigarrillo o el gimnasio.

Otra causa biológica que suele provocar el miedo al aborto es la presencia de contracciones durante las primeras semanas del embarazo. Como se parecen mucho a las contracciones menstruales, tendrás la sensación de que lo del embarazo fue sólo un sueño y que en pocos minutos estarás menstruando. Por mi parte, me pasaba las diez primeras semanas poniendo apósitos higiénicos en la braga, por si esas contracciones iban en serio. Si las padeces, quédate tranquila. Por lo general no tienen importancia, pero si son dolorosas y se acompañan de pérdidas de sangre, olvida todo lo que acabo de decir y comunícate con el médico.

Miedo de que el bebé tenga algo malo

Ese temor, a veces incontrolable, de que tu hijo no nazca perfecto es la primera insinuación de lo vulnerable que te sentirás con respecto al bienestar de tu bebé. Desde ahora hasta el día en que mueras (o sucumbas agradecida a la senilidad), vivirás atribulada por el estado de tu hijo. Si tu bebé no está sano y contento, tampoco lo estás tú. Aún no ha nacido y ya te estás preguntanto, afligida, qué harás si le ocurre algo malo.

Todos sabemos que, por desgracia, algunos bebés nacen con problemas de salud, y también que los niños ya criados suelen enfermar, romperse un hueso, necesitar una apendicectomía de urgencia o (Dios no lo permita) sufrir cosas aún peores. Pero nuestros miedos casi siempre exceden la probabilidad de que ocurran estas cosas. La inmensa mayoría de los niños nacen con diez dedos en los pies y otros diez en las manos; por lo general, sobreviven a todos los desastres de la infancia con tanto éxito que, en verdad, el mayor peligro es que nosotras mismas los matemos en la adolescencia.

A pesar de saber todo esto, es imposible evitar la cantilena de qué harías si tu bebé no naciera perfecto, pues tienes la certeza de que, si algo le sucediera, no tendrías otra opción que morir tú misma. Este intenso amor, esta identificación con el bebé, toma siempre por sorpresa a las mujeres que lo experimentan. Cuando reconozcas su poder comenzarás a entender por qué serías capaz de zurrar al chiquitín que arrojó arena a los ojos de tu hijo o de abofetear a la maestra que se atrevió a sugerirte que tu niño no está en condiciones de ingresar en primer grado.

Volvamos a los temores irracionales de que algo malo le ocurra a tu bebé. Creo que, al imaginar todos los desastres posibles durante el embarazo, intentamos fortalecer la psique frente a la posibilidad de que suceda algo horrible. Es como si, al haberlo ya imaginado, el dolor o la tristeza fueran más leves que si nos sorprendieran en absoluta ignorancia. No necesito decirte que esto es puro cuento; tú también lo sabes, pero la mayoría necesita hacerlo.

Muchas mujeres prefieren someterse a diversas pruebas para eliminar algunos temores sobre posibles defectos genéticos. En algunos estados de Estados Unidos, las madres están obligadas a efectuarse una prueba de detección de alfa-fetoproteína, que permite diagnosticar la espina bífida y puede indicar las probabilidades de que el feto nazca con síndrome de Down. Hay también un nuevo análisis de sangre con marcadores genéticos para descubrir el síndrome de Down.

A la mayoría de las embarazadas se les hace un par de ecografías durante el embarazo, a fin de verificar si el niño tiene las cuatro cavidades cardíacas correctas, un cerebro como Dios manda y todos los brazos y piernas que le corresponden. Si el bebé se muestra muy descarado, en la ecografía es posible ver hasta los órganos sexuales y saber, con razonable seguridad, si será un varón o una mujer.

Si eres mayor de 35 años, probablemente te indiquen una prueba genética que se realiza sobre una muestra obtenida de la placenta o del líquido amniótico. Estas pruebas se denominan, respectivamente, análisis de vellosidades coriónicas y amniocentesis; en un capítulo posterior hablaremos de ellas. Un buen resultado de estas pruebas elimina las posibilidades de que tu bebé nazca con cierto número de defectos genéticos.

Pero si crees que las preocupaciones acaban ahí, estás dolorosamente equivocada. En cuanto sepas que tu bebé se ha salvado de la enfermedad de Tay-Sachs o del síndrome de Down, se te ocurrirán otras ideas creativas con las que obsesionarte, por ejemplo, que sea bizco o que tenga las orejas del príncipe Carlos. La preocupación parece ser un ejercicio necesario para las embarazadas; por cada peso que te quitas de encima te echarás uno o dos más.

La culpa suele proporcionar buen material para preocuparse hasta el infinito. Acabamos por convencernos de que ha llegado el momento de pagar los platos rotos por todo lo que hicimos en nuestra despreocupada juventud. Si eres de las que inhalan el humo al fumar, te desmayarás ante la perspectiva de que eso haya alterado para siempre tus cromosomas y, por lo tanto, tu bebé nazca con doce dedos en los pies. Imagínate las que hicimos cosas peores en el terreno de la experimentación química. Si no seguimos el consejo de las amigas, nos esperan más de 36 semanas de torturar la mente. El más común de los miedos al castigo ataca a las que concebimos en estado de ebriedad o de exaltación artificial. ¡Vaya con la doble pena! Primero pierdes el control hasta el punto de arriesgarte a quedar embarazada; luego te pasas todo el embarazo lamentando no haber estado bien en tus cabales aquella noche.

A su debido tiempo, si Dios así lo quiere, el bebé nace sano y robusto. Pero después de ese último esfuerzo, o cuando el médico hunda las manos en la herida de la cesárea, si no estás totalmente concentrada en la absurda tarea de echar al mundo un bebé de tamaño natural, te prepararás para una horrible posibilidad: que te entreguen a una criatura más parecida a un renacuajo que al protagonista de una propaganda de pañales. Haz caso a las amigas: en el momento en que oigas llorar a tu bebé y veas su carita arrugada, sentirás que todos los ángeles del cielo te han sonreído.

Pero ahora sujétate al asiento, porque vas a entrar en la Liga Nacional de Preocupadas. Si antes te obsesionabas por esa criatura que llevabas en el vientre, espera a tenerla en los brazos, convertida inmediatamente en la persona más importante de la casa. ¿Recuerdas cómo rondaba Shirley MacLaine la cuna de su hija en *La fuerza del cariño* para ver si respiraba? Y si no estaba segura, le daba un buen pellizco que la hacía despertar chillando.

Puedes pensar que eso es pura hipérbole teatral, pero estás en un gravísimo error. Todas las amigas estábamos convencidas (sobre todo al nacer nuestros respectivos primogénitos) de que ese bebé se mantenía vivo sólo por la fuerza de nuestra voluntad, como si pudiera dejar de respirar si no nos concentrábamos en él. Todas acercábamos un pequeño espejo a la nariz del bebé, para tranquilizarnos al verlo empañado por su respiración. ¿Y esos interfonos, sin los que ninguna madre puede vivir? En los primeros meses, casi todas manteníamos el volumen tan alto que, además de percibir cada gorgorito, cada suspiro, llegábamos a oír el ruido de las uñas al crecer.

Miedo de ponerse fea

A algunas mujeres, como mi amiga Shirley, el embarazo las pone más bellas y felices que nunca. Se sienten plenas, rebosantes de salud, y disfrutan con su silueta madura y redonda. Como he dicho muchas veces: «Mejor para ellas.» Puedes pensar que me desentiendo de mi papel de mujer y ser reproductor, pero los cambios de aspecto me afligen a veces un poco; otras veces me horripilan. No puedo decir que, cuando miro a una embarazada, la encuentre desagradable; por el contrario: las otras embarazadas siempre me parecen encantadoras. Sólo me cuesta reconciliar mis propias dimensiones gestacionales con la talla 44 de mi armario.

También me preguntaba si mi esposo seguiría encontrándome atractiva o si yo misma me sentiría sexy, lo cual tiene la misma importancia. Francamente, la respuesta siempre era «no». Pero entre mis amigas y sus esposos, algunos dicen que toda la experiencia les resultaba muy erótica, mientras que un número igual asegura lo contrario. (Hablaremos más de esto en el capítulo «Sexo y embarazo».)

Ya sé que es trillado y aburrido condenar a nuestra sociedad por inducirnos a pensar que la delgadez se parece a la divinidad, pero no puede negarse que, en una sociedad semejante, la mujer embarazada puede sufrir un conflicto de identidad. Puede preguntarse si perderá su condición de «niña» por el hecho de estar gestando un «niño». Para empeorar las cosas, la mayoría de las ropas para maternidad parecen adecuadas para payasos o azafatas.

Todas las embarazadas rezan fervorosamente por recuperar su yo anterior después del parto. Pero debo advertirte que, en este sentido, la sociedad emite mensajes confusos. Por una parte, cuando ves que ciertas modelos recuperan su habitual belleza minutos después de parir, supones que lo mismo se espera de ti. Por otra, existe un comentario universal: «Está muy bien... para haber tenido cuatro hijos», como si el hecho de tener hijos justificara algo claramente distinto de la perfección. Con todo, debo confesar que siempre acepto los cumplidos, por muy retorcidos que sean.

Miedo de convertirte en tu madre

Bastante atemorizante es ya efectuar la transición entre dulce jovencita a ¡madre!, pero asusta más aún imaginarte convertida en tu propia madre. A todas nos pasa; de pronto nos miramos en el espejo y notamos que empezamos a parecernos a nuestra madre. Ya sea el corte de la mandíbula, ya el modo en que se nos arrugan los ojos al sonreír, reconocemos en esa cara a alguien que no es una misma.

En muchas embarazadas, esta transformación puede ocasionar un verdadero ataque de pánico. ¿Te convertirás en una persona autoritaria, criticona, rígida y propensa a atribularse, como siempre viste a tu madre? Estás convencida de que ella, tal como la conoces, nunca se dejó llevar por un ímpetu alocado, nunca hizo el amor en la bañera ni soñó con tener una aventura con Mel Gibson. (Y si acaso lo hizo, no quieres saber una palabra del asunto.) El miedo a pasar de Juanita la Despreocupada a María la Severa es demasiado horripilante.

Cuando empieces a amar a ese bebé que llevas dentro de ti, comenzarás a comprender lo mucho que debió de amarte tu madre. Comenzarás a entender por qué no puede dejar de irrumpir en tu vida, por qué es tan hipervigilante en lo que concierne a tu bienestar. Espera a que tu hijo tenga dos o tres años; entonces te oirás chillar, exactamente como lo hacía tu madre: «¡Bájate de ahí! ¡Te vas a romper la crisma!» Mi propia epifanía se produjo cuando me sorprendí mojando con saliva un pañuelo de papel para limpiarle la cara a mi hija, antes de dejarla en una fiesta de cumpleaños.

Miedo de convertirte en la madre de tu marido

No me refiero a convertirte literalmente en una réplica física de tu suegra, sino en dejar de ser la amante y amiga de tu esposo para transformarte en su alimentadora asexuada. A veces, al intentar aprender a ser madres antes de que nos arrojen el bebé en la falda, comenzamos a comportarnos como la madre que nos crió o, peor aún, como la madre que crió a nuestro marido. Si un día indicas a tu esposo que lleve un abrigo porque hace frío, si empiezas a encargarte de pedir turno para el dentista, ten la seguridad de que has sucumbido a este problema.

Este cambio no suele producirse de manera unilateral, sino con la colaboración de tu marido. Después de todo, ¿a quién no le gusta que lo mimen? Aunque casi todos los hombres aseguran que la madre los vuelve locos, también les encanta la devota atención que ella les dedicaba. Ya sabes cómo son las cosas: quieren el pollo relleno como «lo hacía mamá», desean las camisas colgadas con los botones hacia la izquierda, como en casa de su madre, y si se enferman quieren que los arropes con una manta en el sofá, como lo hacía siempre la que te dije.

Los maridos fomentan esa actitud maternal de la esposa embarazada, no sólo porque les gusta ser mimados, sino porque también a ellos los intimida su inminente paternidad. Y su único modelo de lo que debe ser una madre es su propia progenitora. Es asombroso, pero en cuanto se enteran de que hay un bebé en camino, muchos comienzan a opinar que la esposa no es lo bastante pulcra u organizada.

Sólo existe una cosa más molesta que ser comparada con esa idea romántica de la maternidad que tu marido viene gestando desde hace veinte años: que te compare con su primera esposa. Es ahí donde debes ponerte firme. No debe importarte si ella tenía todas las tarjetas de Navidad listas a principios de noviembre o si nunca usaba tomates de lata para hacer la salsa: ella no es el modelo que debes imitar. De lo contrario, aún estaría su nombre en las tarjetas de crédito. ¿No es así?

Miedo de no llevar bien el embarazo

Por nuestro abrumador deseo de ser perfectas, por el imperativo biológico de proteger en lo posible a nuestro futuro hijo de todos los males antes descritos, hemos establecido ciertas normas que rigen la conducta adecuada durante el embarazo. Si esas normas fueron establecidas individualmente, entre tú y tu médico, las aplaudo. Por desgracia, debido a nuestra inexperiencia e inseguridad, muchas aceptamos una letanía de reglas que, además de ser molestas e innecesarias, parecen ideadas a propósito para que cualquiera se sienta inservible.

Si no bastan tu culpa y tu autocontrol para mantenerte en la vía de la maternidad perfecta, pronto descubrirás que el mundo está lleno de gente que se arroga la responsabilidad de vigilar tu comportamiento. Las amigas hemos apodado «policía del embarazo» a esas personas tan pero tan «colaboradoras». Dentro de esa policía del embarazo, los miembros más odiosos son los masculinos. ¡Como si una persona sin útero ni diploma de médico tuviera algún derecho, en este universo, a criticar lo que haga una embarazada!

Los policías del embarazo provienen de la misma escuela que esos perfectos desconocidos que se toman la libertad de palparte el vientre en la verdulería. Puedes estar segura de que te proporcionarán todo tipo de informaciones absurdas. Siempre conocen a una mujer a la que, después de cincuenta horas en trabajo de parto, tuvieron que realizarle una cesárea porque el cordón umbilical estaba enroscado en el cuello del bebé o algún horror parecido. Naturalmente, los policías del embarazo siempre tienen una explicación para estas situaciones cuya culpable es casi siempre la madre: por haber dormido de espaldas y no sobre el costado izquierdo, porque se hizo aplicar la inyección demasiado pronto o cualquier otra tontería similar.

Para la policía del embarazo es una enorme satisfacción advertir a las desprevenidas embarazadas que deben arrojar a la calle el microondas; que el formaldehído oculto en el colchón las está envenenando; que si comen crema de cacahuetes, el bebé corre el peligro de contraer un cáncer; que beber gaseosas dietéticas es como inyectarse heroína. Cuanto más se inquieta la futura madre, más satisfecha queda la policía del embarazo. Cualquiera diría que, para obtener la credencial que les permite criticarte, sus miembros han tenido partos perfectos y niños intachables. Nunca es así. Me recuerdan al psicólogo pediátrico que tuve como vecino cuando era niña: mientras él estaba en su estudio, dando consejos sobre educación infantil por teléfono, sus mellizos prendían fuego a las cortinas de la sala.

Una amiga mía recuerda que, mientras estaba en la peluquería tiñéndose las raíces, una perfecta desconocida se le aproximó con expresión muy afligida para preguntarle: «¿No sabe, señora, que no debe usar productos químicos en el pelo estando embarazada?» Mi amiga, que ya tenía media cabeza envuelta en papel de aluminio lleno de tintura, cayó en estado de pánico. Siguió adelante con la coloración, pero salió de la peluquería al borde del llanto, temerosa de haber dañado a su bebé por pura ignorancia.

Este asunto de la tintura es algo que debes aclarar con tu médico y decidir por ti misma, pero todos mis bebés estuvieron sometidos a esas coloraciones durante su estadía en el útero y no les encuentro nada malo. Mi teoría es ésta: si yo hubiera dejado que, durante cada embarazo, mi pelo volviera a su estado natural de castaño y gris, habría protegido a mis hijos del contacto indirecto con productos químicos, pero a costa de que nacieran sin padre, pues mi marido me habría abandonado ante la aparición de los dos primeros centímetros de mi «verdadero yo». Por lo tanto, se trataba de elegir entre el riesgo de una imperfección biológica y el riesgo de una imperfección social, junto con el de una madre demente.

Si esta anécdota de la peluquería te parece exagerada, ya verás cuando te topes con un policía del embarazo en una fiesta o en un restaurante. ¡Dios no permita que te encuentre con una copa de vino en la mano o brindando con champán, aunque tengas autorización de tu médico certificada por un notario público! El policía del embarazo te fulminará con la mirada o, peor aún, se acercará para darte un sermón sobre el «síndrome alcohólico fetal». Casi todas mis amigas (y me apresuro a aclarar que ninguna bebió más de cuatro o cinco copas de vino o champán durante todo el embarazo) se vieron obligadas, más de una vez, a defender tímidamente su consumo de alcohol ante un perfecto desconocido.

Naturalmente, los médicos tienen su opinión al respecto. No pretendo condenar ni defender la bebida. Sólo digo que el embarazo es, por sí solo, bastante duro; si le agregamos los estigmas sociales contra los baños calientes, las aspirinas, el café y los edulcorantes artificiales, por no mencionar la disminuida vida sexual y las proporciones físicas casi cómicas, una copa de vez en cuando parece permisible, si no directamente merecida. Pero no soy médica. La vida es una suma de riesgos calculados; debes elaborar con tu médico una conducta que sea sana para tu bebé y soportable para ti.

Uno de los reductos de la policía del embarazo es el aeropuerto. Sus miembros se congregan cerca de las zonas de seguridad y, cuando pasas por el detector de metales, comentan que estás bombardeando a tu bebé con rayos X. Por mi parte, no pienso quejarme por esa muestra de interés, pero eso es por razones personales, no porque tenga pruebas de que esa clase de exposición sea dañina para el bebé. Siempre he armado mucho alboroto sobre el peligro de los rayos X, a fin de que no me obligaran a pasar por esos detectores. La alternativa era que un agente de seguridad femenino me palpara en busca de armas; eso no me gustaba demasiado, pero al menos me permitía pasar al frente de la cola. Como padezco del mal crónico de llegar siempre tarde cuando vuelo, bastaba eso para arruinar o salvar un viaje.

Ya que estamos en el tema de los viajes aéreos: averigua siempre qué política tiene la línea aérea, por si te considera «demasiado embarazada» para permitirte subir al avión. Ya sabes que las azafatas suelen ser muy pesadas cuando deben atender un parto en pleno vuelo. (Además, tendrías que hacer algo ridículo, como poner a tu hijo el nombre del aeropuerto.)

Miedo de ser una mala madre

Este miedo puede deberse a una de dos causas: o bien tu madre era tan extraordinaria, cariñosa, paciente y altruista que ni en un millón de años podrías parecértele, o era tan egoísta, despreocupada y poco demostrativa que te aterroriza la posibilidad de tener una predisposición genética en ese sentido. Como en casi todos los aspectos del embarazo, el término medio parece no existir.

Por mucho que lo deseáramos, las amigas no podemos adivinar qué clase de madre vas a ser (aunque tenemos toda la fe del mundo en tu instinto maternal). Pero sí hemos notado que el embarazo es el mejor momento para resolver los problemas con tu propia madre. Ha llegado la hora de que analices a tu madre con ojos de adulta, viéndola como a una mujer con las mismas exigencias, dudas y esperanzas que tú sientes ahora. Tal vez la emules, pero no eres ella. Ahora tienes la oportunidad de evaluar tu niñez y decidir qué partes quieres compartir con tu hijo y qué partes prefieres evitarle. La maternidad es una obra en marcha. Tienes nueve largos meses para prepararte en algunos aspectos, pero no entenderás qué significa ser madre hasta que hayas vuelto a tu casa con el recién nacido. Será una relación amorosa, pero nadie puede predecir si será amor a primera vista o gradual, porque eso varía de una madre a otra. Sólo sabrás qué clase de madre has sido cuando tu hijo te envíe cultas y apasionantes cartas desde su puesto en el Ejército de Paz o postales desde su casa rodante aparcada en medio del desierto, donde recoge los animales muertos por los camiones para almacenarlos en la congeladora. Sólo cabe amar y esperar lo mejor... mientras comprendes bruscamente que este increíble amor que tienes por tu bebé puede haber sido el mismo que tu madre sintió por ti.

Miedo al parto

Como ves, he reservado el más grande para el final. Éste es el padre de todos los miedos durante el primer embarazo. Al principio, el miedo al parto es, en realidad, simple miedo al dolor. No tienes duda de que dolerá; basta un rudimentario conocimiento de la física más elemental para saberlo: es natural que esa vagina, que nunca ha debido medirse con nada más grande que un tampón o un tío muy bien dotado, se acobarde ante el paso de una sandía por sus primorosos corredores. Pero no tienes idea de cuánto dolerá. ¿Más que una depilación de la entrepierna con cera negra? ¿Más que una pierna fracturada? ¿Más que una caries?

Cuando todas las mujeres a las que conoces te hayan

contado sus partos con pelos y señales (o sea, unas dos semanas después de confirmar tu embarazo), tu terror se expandirá para incluir el miedo de resultar una llorona; el miedo de hacerte caca en lugar de empujar el bebé hacia fuera; el miedo de desmayarte o gritar cuando te claven la aguja intravenosa; el miedo de desmayarte o gritar y punto; el miedo a que la peridural duela más que el trabajo de parto o el miedo a que el anestesiólogo calcule mal y te deje paralítica de por vida. No entraremos en los detalles del trabajo de parto y el alumbramiento (porque más adelante hay un capítulo entero sobre el tema), pero sí debemos analizar la esencia de este miedo, como lo vemos nosotras, las amigas.

El terror, en su forma fundamental, se debe a encontrarte en una posición vulnerable, sufriendo y con las piernas abiertas, asustada de la criatura que insiste en salir... ¡y que nadie haga nada por salvarte! ¿Te imaginas entrando penosamente en el hospital, con la acuciante sospecha de que te enfrentas a tu prueba suprema, con la sola ayuda de tu indefenso marido y un patético arsenal de consejos profesionales? Si no tienes en cuenta las otras alternativas es porque la policía del embarazo (sobre todo esos nazis del curso de preparto) te ha dicho que, si te apartas de esta receta, lo estás haciendo mal. Con el debido respeto, ¡que se vayan al diablo! El único objetivo del parto es que haya una madre y un bebé en perfectas condiciones de salud, cualesquiera sean los recursos necesarios para lograrlo.

Las amigas queremos revelarte un gran secreto: después del parto no hay ceremonia de entrega de premios para las madres. No hay anuncios por los altavoces ni medallas para las que han dado a luz sin calmantes, sin llorar y sin convertir la mesa de partos en un asco. En primer lugar, porque muy pocas saldrían victoriosas. En segundo lugar, las otras madres presentes en el auditorio bombardearían a las condecoradas con sus almohadillas para hemorroides.

He aquí la verdad, amiga: la peridural es estupenda. La cesárea puede salvar vidas y ahorrar sufrimientos innecesarios. Esa voluntad de sufrir, de poner en peligro al bebé o a una misma, sobre todo cuando se está asustada y exhausta, no es heroísmo sino poco seso.

Puedes elegir entre dar a luz en un lecho de clavos o en un tálamo de suaves plumones. Cualquiera que sea tu decisión, ni el médico ni la enfermera ni el bebé tendrán mejor opinión de ti por haber sufrido, en aras de una mala interpretación de lo que conviene a tu hijo. Y puedes creernos: con medicación o sin ella, tu marido te verá como a una diosa durante cuarenta y ocho horas, por lo menos, por haber soportado todo eso para darle un hijo.

Retén esto en la memoria: las que tomamos un sorbito de la copa peridural somos el alma de la fiesta que se organiza en la habitación una vez que ha nacido el bebé; en cambio, nuestras heroicas y anticuadas colegas están en esos momentos profundamente dormidas, con las mejillas repletas de capilares rotos.

Un último consejo en cuanto a miedos y preocupaciones: aprende a vivir con ellos, porque no tendrán fin. Hasta el alivio de recibir en los brazos a un bebé perfectamente sano tras nueve meses de inquietud, no es sino el precalentamiento de las tribulaciones más graves. Te preguntarás: «¿Estará comiendo lo suficiente?», «¿No estará engordando demasiado?» Después pasarás a preguntarte por qué tu niño es el único de la guardería que todavía usa pañales o si tu adorada niña tiene problemas para hacer amigos. Más adelante, cuando ya tienen amigos de sobra (y ya han aprendido a usar el orinal con toda desenvoltura), empiezas a preguntarte si esos amigos no serán malas compañías para la criaturita, si tal vez consumen drogas o son una pandilla peligrosa. Agrega a todo eso el terror abyecto que domina a todo padre cuando su hijo obtiene el carnet de conducir y sale a rienda suelta por las autopistas del mundo. Entonces comenzarás a entender por qué tus padres tenían casi siempre esa expresión de preocupación cuando eras una niña. Pero me estoy yendo por las ramas.

6

Tú y el médico

Como ya habrás deducido, la persona a la que conoces desde hace años como «ginecólogo» se transforma en «obstetra» en cuanto descubres que estás embarazada. El obstetra es el médico que se ocupa de atender a la embarazada durante la gestación, el parto y la recuperación puerperal. Supongo que, cuando empiezan a administrar píldoras de estrógenos para la menopausia, vuelven a transformarse en ginecólogos por arte de magia.

¿Médico o partera?

No hay escritura sagrada alguna que indique que las parturientas necesitan un médico. Existen muchas parteras diplomadas que pueden ser la principal ayuda de la parturienta ya sea en casa o en un centro especializado, el cual generalmente trabaja con un médico y está cerca de un hospital por si surge una emergencia. Puesto que la gran mayoría de las parteras son mujeres, con ellas estableces una relación que incluye el factor «amiga»; además, una se siente más cómoda cuando llega el momento de plantear ciertas preguntas, que jamás haría al médico (la mayoría de los cuales son todavía hombres, al menos al escribirse este libro). También existe la creencia de que las parteras son menos proclives que los librescos obstetras a apresurar un parto mediante el uso de remedios o de una cesárea.

Mi amiga Kathy optó por un alumbramiento en casa, con la ayuda de una partera, y esta profesional lo hizo todo: desde prepararle tisanas hasta caminar con ella por las colinas, para facilitar la aparición de contracciones regulares. Su actitud solidaria y tranquilizante fue extraordinaria. Por desgracia, el trabajo de parto resultó más largo, doloroso y atemorizante de lo que Kathy esperaba, por lo que terminó dejándose caer en el diminuto asiento trasero de su coche deportivo para ser trasladada precipitadamente al hospital para que naciera su hijo. Su mayor desilusión fue que, como había esperado tanto, los médicos decidieron no administrarle calmantes, pues ya era hora de pujar.

El caso de Kathy me enseñó tres lecciones. Primero: nunca es demasiado temprano para ir al hospital, aunque debas pasar las siguientes veinticuatro horas paseándote por los pasillos. Segundo: deja las parteras y los alumbramientos en casa o debajo del agua para un embarazo posterior. No tienes manera de saber cómo te conviene orientar tu parto mientras no tengas una idea realista de lo que cabe esperar. Las amigas te aseguramos que te llevarás una sorpresa; puede que sea grata, puede que no tanto, pero será una sorpresa siempre, aun después de haber leído este libro. Tercero: nunca decidas tener a tu hijo en un sitio donde no tengas acceso a medicación ni (Dios no lo permita) a médicos de verdad.

Desde ahora y hasta que se inicie el trabajo de parto, puedes proponerte intentarlo sin peridural, pero no tengo una sola amiga que no la haya aceptado cuando se la propusieron. No, retiro lo dicho. Mi amiga Jillian no tomó calmantes, pero tal vez lo habría hecho, si no hubiera sido por su marido, quien le prometió una joya si se las arreglaba sin anestésicos. (Quisiera saber cómo habrían sido las cosas si ella le hubiera mostrado unos gemelos de diamantes mientras le hacían una vasectomía.) Tampoco recibió medicación Corki, pues su bebé tenía un problema cardíaco que habría podido agravarse, ni tampoco Amy, cuyo trabajo de parto fue tan rápido que los médicos no habrían demorado el proceso si hubieran intentado aplicarle la peridural. Pero tanto Corki como Amy aseguran que habrían agradecido mucho esa intervención profesional.

Una posdata al parto en casa: un nacimiento ensucia tanto como una matanza de cerdos. ¿Qué necesidad tienes de sacrificar un buen juego de sábanas? Por no hablar del colchón. Si no soportas la idea de ir a un hospital, te propongo que des a luz en un hotel de cuatro estrellas; sigue siendo más barato que una clínica privada y tiene mucho mejor servicio de comedor y de habitaciones. (¿No te encantaría estar en la habitación vecina?)

Cómo elegir al obstetra

¿Has visto con qué prontitud decidimos que te conviene ser asistida por un médico? Disculpa si te parece que nos estamos tomando demasiadas atribuciones, pero así somos las amigas. Si querías algo más estadístico o analítico, deberías haber leído cualquier otro libro; hay infinidad de ellos sobre el tema. Nuestra misión es darte el punto de vista interno, fundado en lo que nos comentamos mutuamente, y nuestro voto unánime es que, para tu primer paseo en esta carroza, debes acudir a una clínica tradicional y ser atendida por un buen médico que se crea Dios. Recuerda que somos hijas de la cultura popular: reverenciamos a los doctores como si fueran los héroes y las heroínas que hemos visto por televisión. Siempre son los médicos los que protagonizan honorablemente todas las series. Las pobres parteras nunca tuvieron un programa propio. Es más: ¡en Salem se las juzgaba por brujas!

Bien, ¿y cómo se encuentra a esa persona perfecta? Tienes dos alternativas. Puedes continuar con el mismo ginecólogo, el que te puso el DIU y te atendió esa infección vaginal por hongos, o puedes escoger a otro médico, dado que ahora tienes otras necesidades y tal vez tu ginecólogo no sea la persona adecuada para atender tu embarazo.

En realidad, puede ser un error pensar que tu ginecólogo de los últimos diez años es automáticamente el más adecuado para el nacimiento de tu hijo. Los criterios para elegir a la persona que te asistirá en el parto son diferentes a los que motivan la elección del que te realizará los Papanicolau. Hay muchos motivos para reconsiderarlo.

En primer término, deberías preguntar a tus amigas qué opinan de sus propios médicos. En materia de obstetricia existe toda una red de información confidencial; en casi todas las comunidades surgen algunos nombres que se repiten una y otra vez. Yo encontré a mi médico mientras estaba en la peluquería, sentada junto a la amiga de una amiga. Había tenido cuatro hijos y le refulgía la cara cuando hablaba de su médico. Más tarde, como otra amiga me habló de la misma persona con la misma afectuosa reverencia, comprendí que ése era mi hombre. Y sigo siendo una paciente satisfecha.

También es importante que te estudies seriamente para saber qué clase de paciente serás. Si eres resuelta y te gusta hacer preguntas, necesitas a un médico que no se niegue a concederte mucho tiempo. Si todo este asunto te da miedo, es preciso elegir a un médico que sea protector y comprensivo. Y las que deseen intentar un embarazo «natural» y «orgánico» harían muy bien en buscar a un profesional que, además de apoyar esa decisión, sepa mucho de nutrición, de riesgos ambientales y de tratar resfriados con limón y agua caliente.

Reviste especial importancia que tú y tu médico compartan las mismas expectativas en cuanto al nacimiento. Si tienes razones particulares para querer una cesárea en una fecha fija, cualesquiera sean las circunstancias, será mejor que lleguen a un acuerdo desde el primer saludo. Tampoco vendría mal exponer desde el principio la opinión de ambos sobre la medicación contra el dolor: no sólo si la recibirás, sino cuándo y cuánto.

Cuando mi primera ecografía mostró con toda claridad que tendría un varón, pregunté a mis amigas con hijos varones qué pensaban sus médicos de la circuncisión. Si quieres practicar esta operación a tu hijo en el hospital, quizá te sorprenda tanto como a mí enterarte de que no es el pediatra quien la realiza sino el obstetra. Si no te parece que eso requiera una habilidad especial, pide opinión a tu marido. Al parecer algunos médicos dejan demasiado prepucio, mientras que otros cortan demasiado, y todavía queda por decidir si se usa o no un anestésico tópico para aliviar el dolor. Claro que no todo el mundo circuncida en estos tiempos, y casi todos los padres judíos aprovechan la ocasión para una fiesta.

¿Debes consultar con tu esposo?

Creo que no tengo una sola amiga que haya consultado con su esposo la elección de un ginecólogo (a menos que esté casada con un obstetra, como mi amiga Kelly). Muchas hemos conocido a nuestro ginecólogo bastante tiempo antes que al marido y nunca le preguntamos qué opinaba del que entonces era nuestro novio.

Las amigas creemos que, al escoger a quien va a acompañarte en este embarazo, deberías incluir a tu marido en el proceso de decisión. Después de todo, es probable que participe mucho más del embarazo y el parto que de tus Papanicolau. Y, por muchos motivos, es muy importante que se sienta seguro y a gusto con tu médico, casi tanto como tú. Primero, porque la llegada al mundo de su hijo estará en manos de ese médico. Segundo, porque es probable que esté a tu lado durante todo el trabajo de parto, o casi, y sería preferible que tuviera una buena relación con la persona que tiene el brazo metido hasta el codo en tu cuerpo. Y tercero, porque debe tener tanto derecho como tú a llamarlo durante el embarazo, para hacerle todas las preguntas que se le ocurran o para informar secretamente de cualquier ejemplo de tu estado demencial. Cuando yo tenía algún síntoma sospechoso o alarmante, lo que hacía era decírselo a mi marido, bañada en lágrimas, para que él se comunicara con el médico. Cuando tuve las primeras pérdidas, mi pánico era tal que no habría podido hablar por teléfono; fue mi dulce marido quien le telefoneó para describir mi estado. También suele ser el marido el que comunica al médico que se han iniciado las contracciones; por lo general una está demasiado ocupada como para mantener una conversación (una señal evidente de que la mujer está en trabajo de parto es su incapacidad para pronunciar una frase completa y comprensible en medio de una contracción); o también es posible que no crea que ya ha comenzado el trabajo de parto. En un momento como ése, todo buen esposo debe entrar en acción para recordarte que tienes derecho a llamar al médico a cualquier hora, sin esperar a que el bebé te cuelgue hasta las rodillas.

Si te decimos esto no es para alarmarte, pero tu marido perderá la cabeza aún más que tú cuando el bebé emerja de tus entrañas, ya sea por la vagina o por una cesárea, y bien puede necesitar de alguien que le sirva de apoyo en ese momento. No olvidemos que tu marido te ama y no quiere que te ocurra nada malo. Para ser más exactas: no quiere que mueras en el parto, dejándolo con un bebé al que aún no conoce siquiera. Insistirá en que el médico sea una garantía de que saldrás sana y salva de esa dura prueba. No obstante, en última instancia, tus necesidades están por encima de todo y debes ser tú quien tome la decisión final.

¿Hombre o mujer?

¿Conviene que tu obstetra sea hombre o mujer? No necesito decir que las amigas no vemos absolutamente ninguna diferencia entre uno y otra en cuanto a capacidad profesional. Por lo tanto, prácticamente cualquier obstetra de tu comunidad que se te haya recomendado (además de estar en buenos términos con el círculo médico y de no haber sido investigado por el periodismo) será competente para atenderte durante el embarazo y el parto. El hecho de que prefieras a un hombre o una mujer es una cuestión puramente personal. Sin embargo, eso no significa que no sea una decisión crucial. Las amigas creemos, sin excepción, que tu seguridad y bienestar espirituales son tan importantes para un nacimiento sin problemas como el apoyo médico.

Éste es un buen momento, por cierto, para dejar a un lado la corrección política y elucidar, con toda sinceridad, qué clase de persona te merece respeto y confianza y a la vez te respeta y confía en ti. Probablemente esto exigirá una evaluación de tus preferencias en la intimidad, donde no te afecten las convicciones de tu madre, según la cual los buenos médicos son todos hombres, ni de tu hermana, quien asegura no haber conocido nunca a un hombre que la tratara como si su cerebro y su médula espinal estuvieran conectados. ¿Eres de las que prefieren un médico varón porque te resulta una figura paternal, físicamente capaz de protegerte de todo daño? ¿O tal vez te inclinas por una mujer, a quien le será más fácil identificarse contigo? Tal como preguntó una amiga: «¿Recurrirías a un mecánico que nunca hubiera conducido un auto?»

Además, hay que tener en cuenta el tema de la sexualidad. Muchas amigas, entre ellas Mindy y Maryann, se alegraron mucho de haber escogido a obstetras mujeres, pues se sentían menos inhibidas durante los exámenes físicos así como en el parto; además, podían expresar sus preocupaciones emotivas con más facilidad. Estas amigas también mencionan un aspecto en absoluto despreciable: a sus maridos les tranquilizaba saber que esa relación tan íntima estaba a cargo de otra mujer. Por otra parte, al estar entre hombres, una suele sentirse realmente obligada a mantener su atractivo, puesto que muchas aprendimos esta lección desde los primeros años, y en todo embarazo hay ciertos aspectos que pueden hacerte sentir muy poco atractiva ante los ojos de un médico varón. Esto puede provocar dolores de cabeza adicionales, lo último que necesita una embarazada.

Por otra parte, quizá suscribas mi filosofía, según la cual una debe aprovechar todo inocente placer que se le ofrezca, pues el embarazo suele ser un largo período de sequía. El obstetra que me atendió en tres de mis cuatro embarazos era hombre: lo pasé estupendamente coqueteando con él y esmerándome al arreglarme para mis consultas mensuales. Claro que, como este médico se parece a Clark Kent, yo no era la única embarazada que hacía el ridículo. Sobre todo en los últimos dos meses, el médico puede ser el único hombre de la tierra que siga preguntándote con verdadero interés cómo te sientes. A esas alturas son muchos los buenos esposos que han quedado por el camino. Recuerda que en nueve meses de embarazo, harás unas doce visitas al consultorio; después, el trabajo de parto agregará horas enteras de intensa vinculación entre tu médico y tú. Por eso te conviene escogerlo con cuidado.

¿Atención unipersonal o en equipo?

Ayudar en el nacimiento de los bebés proporciona buen dinero y es, por cierto, la más alegre de las especialidades médicas, pero los horarios son espantosos. Con excepción de los partos inducidos y las cesáreas programadas, los alumbramientos son imprevisibles, con frecuencia tediosos y siempre obligan a llamar al médico en medio de la noche. Sobre todo por este motivo, a veces se asocian dos o tres médicos a fin de repartirse las noches sin dormir y poder salir de vacaciones una o dos veces al año.

En estas asociaciones, cada vez que acudes a tu control mensual te examina un miembro diferente del equipo. Así se aseguran de que todos te hayan estrechado la mano, por lo menos, antes de que uno de ellos deba ayudarte a dar a luz. Cuando se inicia el trabajo de parto y llamas al consultorio, el miembro que está de turno en ese momento te esperará en el hospital. De este modo, además de la expectativa por saber si darás a luz un varón o una mujer, tendrás una sorpresa adicional cuando sepas cuál de los médicos te atenderá durante el parto.

En mi primer embarazo escogí a un médico que trabajaba en equipo. Mi favorito era el de mayor edad y experiencia, que nunca abandonaba su abrigado lecho para atender un parto. Esa tarea correspondía siempre al miembro más joven, que aún debía pagar el derecho de piso. Como mi primer hijo nació por cesárea programada, no sólo tuve a mi médico favorito a mano, sino también a otro del equipo, puesto que en este tipo de cirugía siempre son dos los que participan. El segundo profesional era una mujer, por aquel entonces unida sentimentalmente a «mi favorito». En verdad, verlos trabajar juntos fue una dulce experiencia. Operaban con gran habilidad profesional, pero no dejaban de mirarse con ojos embelesados por encima de mi carneado abdomen.

Mis otros tres hijos nacieron con ayuda de un médico que ejercía la profesión de forma particular. Hacia mi tercer embarazo se añadió una partera para aliviarlo con la carga de los exámenes rutinarios, pero él mismo se ocupaba de los partos. En las raras ocasiones en que no estaba disponible, mantenía un acuerdo con otro médico para que lo reemplazara. Era una verdadera bendición saber qué me esperaba, al menos en este aspecto.

Cuando las pacientes de mi médico se enteran de que están embarazadas, todas hacen las mismas preguntas: «¿Cuándo va a nacer?» y «¿Estará usted en la ciudad para atender mi parto?» A una de mis amigas la aterraba la posibilidad de que la esposa del médico insistiera en salir de vacaciones cuando se acercara su parto; para mantenerlo cerca, ofreció al médico y a su familia una lujosa vivienda que sus padres tenían en la playa, a poca distancia del hospital.

No corresponde aquí mencionar el esfuerzo personal que la práctica solitaria exige al médico, pues no hablamos del hombre que va a casarse contigo, sino del que va a atenderte durante el parto. Pero es importante decidir si prefieres que te atienda un equipo o un solo profesional. Las cosas se reducen a esto: en el caso del grupo, no sabes con certeza quién te esperará en la sala de partos cuando llegue el momento; por otra parte, tal vez tu médico solitario esté ese día con diarrea (o peor aún, esquiando con su familia en la otra punta del país) y te encuentres con un desconocido metiendo la mano en tu útero cuando menos lo deseas. Si escoges un equipo, ésa será al menos una mano que hayas estrechado antes.

¡No tengas miedo al médico!

Es posible que no nos atrevamos a molestar al médico con nuestras preguntas y preocupaciones, porque lo vemos demasiado importante, demasiado atareado o demasiado intimidante. Tal vez deseamos consultarle algo de gran interés para nosotras, pero no queremos hacerle perder tiempo o (peor aún) tenemos miedo de quedar como estúpidas. Esto vale en cualquier caso, tanto si te está atendiendo por una deficiencia cardíaca crónica como por juanetes, pero nunca resulta tan problemático como cuando se trata de un embarazo.

La relación de la embarazada con su médico es de una complejidad inigualable porque, en la gran mayoría de los casos, ella no está enferma. Aparte de supervisar su estado general y el desarrollo del embarazo, no hay mucho que tratar desde el punto de vista médico. La única cura para su estado es el parto; mientras llega ese apasionante momento, ella y el médico no hacen sino esperar a que hierva la olla. Este estado básico de buena salud suele ser causa de gratitud por parte de la embarazada, pero puede inspirarle timidez cuando necesita de su médico apoyo o consuelo. Como estamos convencidas de que la tarea del médico consiste en salvar vidas, con frecuencia no nos atrevemos a estorbar esa misión, a menos que creamos estar a las puertas de la muerte.

Mi amiga Whitney se pasó casi veinte horas acompañando a otra amiga que estaba sufriendo un aborto. La amiga en cuestión ya había tenido una experiencia similar y, como estaba segura de lo que le sucedía, prefirió no molestar a su médico hasta que todo hubiera pasado. Lo que necesitaba era que alguien la reconfortara (un buen calmante no le habría venido mal, tampoco), pero se resistía a ocupar sin verdadera necesidad el valioso tiempo de su médico.

Sin duda, el médico habría estado de acuerdo conmigo: ése fue un gran error. Todo buen obstetra sabe perfectamente que la embarazada requiere mucho apoyo espiritual; si no es así, deberías soltarlo como a una patata caliente. Cuando me hallaba en tratamiento con un ginecólogo por infertilidad (¡quién lo creería, cuatro hijos después!), cierto día, al entrar en el consultorio, me preguntó: «¿Cómo está?» Me eché a llorar y le expliqué, entre lágrimas, que me sentía muy triste y frustrada. De inmediato él se giró hacia la puerta y, por encima del hombro, me dijo: «Haré que venga una enfermera para que hable con usted.» No sólo dejé inmediatamente de atenderme con él, sino que además le escribí una carta poniendo los puntos sobre las íes. Lo más gratificante fue hacerle mala fama a través de la red informática de las amigas. La venganza es el placer de los dioses...

Aunque este libro no sirva para otra cosa, quedaré satisfecha si te convenzo de que debes obtener el máximo provecho del dinero que pagas a tu médico. Créeme que lleva mucho tiempo superar el recuerdo de un embarazo insatisfactorio. Si te sientes mal preparada, con miedo o atendida con desinterés, dentro de veinte años seguirás hablando de eso. Tengo una amiga que aún recuerda lo inepta que se sintió durante el trabajo de parto, cuando a su médico le habría correspondido fomentar su confianza. Las mujeres que acaban sometidas a una cesárea cuando deseaban un nacimiento «natural», pueden quedar muy apenadas si no tienen la seguridad de que la decisión fue mutua y de que fue la mejor. Así pues, anímate: llama a tu médico o visítalo cada vez que surja la necesidad, pues te aseguro que no eres más neurótica ni menos segura que todas las demás.

¿Te parece que te estás enamorando del médico?

A veces, la combinación de dependencia y admiración que te inspira tu médico puede hacerte pensar que estás enamorándote de él. Quédate tranquila: es habitual que una embarazada se enamore de su obstetra, sobre todo si es varón. Quizá sea una variante del síndrome conocido como Identificación del Rehén. Según una teoría, las víctimas totalmente indefensas se identifican con su captor y establecen un vínculo con él, ya que esa persona es lo único que se interpone entre ellas y la muerte segura. Viene muy al caso para la mujer embarazada de su primer hijo y el médico, ¿no te parece?

Hay otro motivo por el que puedes enamoriscarte del doctor, y es que necesitas desesperadamente cualquier tipo de atención y tu obstetra participa de tu obsesión al menos una vez cada cuatro semanas. (Por inigualable y especial que sea tu embarazo, hacia la mitad tiende a perder sus aspectos fascinantes, salvo para ti y para tu madre. Y por desgracia, la necesidad de atención de toda embarazada es más profunda que el océano Pacífico.) Lamento ser tan directa, pero es importante que recuerdes esto: tú no inventaste el embarazo. Tarde o temprano tendrás que pagar si quieres seguir cautivando con tu estado. Tus amigos tienen una vida propia que de vez en cuando los distrae de tu crucial proyecto. En cuanto a tu marido, si es como el mío acabará por cansarse de que lo despiertes para que apoye su mano sobre tu vientre cada vez que el bebé se mueve. Tu médico, en cambio, seguirá mostrándose solícito y haciéndote preguntas hasta el último instante... siempre que lo hayas elegido según los criterios de este libro. Por añadidura, terminará siendo la única persona que no te pregunte, irritado: «¡Pero cómo! ¿Todavía no ha nacido ese bebé?»

7

Pruebas prenatales

Hubo una época en que la única prueba a la que se sometía rutinariamente la embarazada terminaba con un conejo muerto. Es cierto: la antigua manera de diagnosticar un embarazo en sus primeros días era aplicar suero proveniente de la sangre de la paciente a un conejo; si el conejo moría, se la declaraba embarazada. (A la Asociación Protectora de Animales no le gustaría nada; gracias a Dios, ya no es el método que aplican los médicos del mundo libre.) Pues bien, la prueba de embarazo ya no es el único examen que se realiza a las embarazadas. Existe una variedad de procedimientos médicos que pueden recomendarte y hasta exigirte en los próximos meses, según tu edad y otros factores.

Una vez más, quiero dejar claro que éste no es un libro de medicina. Mi objetivo es, simplemente, presentarte los elementos básicos del embarazo. Considera este capítulo como un curso introductorio de un idioma extranjero, en que se te enseña a preguntar dónde está el baño y a pedir la cena, para que no parezcas una perfecta idiota. Una vez que conozcas la jerga, sabrás cómo pedir al médico la información que necesitas.

La lista siguiente no está completa, de ningún modo; es sólo la suma de las pruebas y los procedimientos que con mayor frecuencia se efectuaron a las amigas.

Prueba de embarazo

Probablemente ya pasaste por ella pero, por si acaso, existen fundamentalmente dos tipos de pruebas de embarazo: las que se efectúan en una muestra de orina y las que se llevan a cabo en una muestra de sangre. Como cabe suponer, las pruebas caseras se hacen con orina, no con sangre, gracias a Dios. Para mí, las caseras son como las que el médico te hace en su consultorio. Antes había que mezclar cosas y esperar mucho, pero ahora los resultados están listos en cuestión de minutos. Muchas de estas pruebas, tanto en casa como en el consultorio, requieren que orines en una pequeña botella. Hasta hace poco, los médicos querían que esa orina estuviera lo más embarazada posible; por eso te recomendaban que recogieras el primer pipí de la mañana. Por lo visto, ahora en las pruebas se utilizan productos químicos más sensibles, porque tanto en casa como en el consultorio sirve cualquier pipí.

Si éste es tu primer embarazo o si nunca has pasado por un parto vaginal, la tarea de orinar dentro de una botellita puede ser fácil. Sin embargo, después de unos cuantos partos la cosa se torna más complicada. En primer lugar, es posible que ya no puedas apuntar el chorro de pis. Segundo, resulta más difícil cortar el chorro cuando se ha comenzado; así, corres el peligro de llenar la botella hasta desbordar, con la consecuencia de que todo va a parar al váter. Sea tu primera prueba o la décima, esta norma de buena educación se aplica siempre: una vez que hayas llenado 3 o 4 centímetros de orina en la botella, límpiala por fuera. Un recipiente mojado, además de ser repugnante para la enfermera, puede escurrírsele de los dedos, con lo que podrías dejarlo caer.

Mi amiga Lili, que descubrió que estaba embarazada mientras yo escribía este libro, compró la prueba casera más bonita que yo conozca: si el resultado es positivo, aparece un pequeño corazón. ¿No se te caen las lágrimas? En mi caso, mi prueba favorita era la de los palillos (claro que no conocía la del corazón). Basta con retirar la cubierta de un extremo del palillo y orinar sobre él. No hace falta tener una puntería perfecta ni interrumpir el chorro justo cuando empiezas a sentir alivio. Si quieres detalles sobre los porcentajes de exactitud y fallo, se puede leer la información que trae el equipo. La regla básica es: el positivo siempre es positivo. El negativo es quizá-pero-probablemente-no. Según las amigas, los problemas surgen cuando una piensa que el palillo se ha puesto «un poco rosado, pero no del todo» o cuando se ve «una línea vaga, pero no una nítida línea azul». A veces esta incertidumbre surge porque todavía no estás produciendo suficientes hormonas del embarazo como para activar la prueba. Otras veces (hablo como quien pasó tres años y medio sin poder concebir) basta la esperanza para ver un resultado que en realidad no existe. Si no estás segura del resultado, ve al médico para que te practique un análisis de sangre. Saber si estás embarazada, o no, es lo mismo que saber si serás o no elegida para integrar un jurado: si es posible averiguarlo enseguida, ¿por qué no hacerlo? Nunca pude entender a esas mujeres que prefieren esperar la segunda falta u obtener un resultado seguro con la prueba casera antes de llamar al médico. Si estás embarazada, averígualo ahora mismo, a fin de poder actuar según convenga.

Si tu médico está dispuesto a colaborar, el análisis de sangre que determina el embarazo también sirve para medir los niveles de hormonas y la presencia del VIH. Generalmente se practica en la consulta del médico y requiere, como cualquier análisis de sangre, esa vieja banda de goma en el brazo y hurgar en busca de una vena. ¿Que si duele? Bueno, habitualmente depende de tres cosas: de la habilidad del médico o su enfermera, de la accesibilidad de tus venas y de lo que tú consideres dolor. Digamos que es como para decir «¡Ay!», pero no para echarse a llorar, por si esto te sirve de medida. Tienes todo el derecho a no mirar cuando claven la aguja y a pedir permiso para acostarte, si tienes alguna premonición de que el procedimiento puede marearte. Nadie te creerá cobarde por eso. ¿Que si es peligroso? No, mientras se use una aguja limpia y una no sea alérgica a la tela adhesiva.

Cultivos vaginales

Una vez que tú y el médico estáis razonablemente convencidos de que estás embarazada, tu obstetra querrá tomar una muestra de la secreción que una tiene en la vagina y el cuello del útero, a fin de comprobar una serie de cosas. Se parece mucho a un Papanicolau. El médico inserta el temido espéculo en la vagina, lo abre y echa un vistazo para ver si tienes el cuello bien cerrado, como debe estar (y si va tomando los nuevos tonos rosados del embarazo). Luego introduce un hisopo y extrae una muestra de las secreciones, las aplica en varias placas de vidrio y las envía a un laboratorio, donde comprobarán si sufres de cáncer cervical o de alguna enfermedad venérea.

Análisis de orina

Desde la primera hasta la última visita al médico, lo primero que harás será orinar en una botella. Poco a poco irás perdiendo las inhibiciones que puedan impedirte andar por allí portando tus desechos corporales en un recipiente. Mientras la enfermera o la asistente sumerge una banda de papel en la muestra, tú pasarás al consultorio sin acordarte más del asunto. Lo que hará la enfermera será verificar si el papel cambia de color, indicando niveles anormales de proteínas. Lo más probable es que no sea así, porque si los presenta te enteras inmediatamente. Si al médico le interesa la presencia de proteína en tu orina es porque puede indicar que te encaminas hacia la toxemia, o sea, la presencia de sustancias tóxicas en la sangre, situación que debe resolverse desde un principio.

Presión arterial

Un pequeño y agradable rito del que participarás cada vez que visites al obstetra es la medición de la presión arterial. Lo más importante es que permanezcas callada, para que la enfermera pueda contar sin distraerse. Por lo demás, es sólo cuestión de estar tranquilamente sentada, ya que no causa dolor ni molestias. El motivo de esta prueba es que las embarazadas corren mayor riesgo de sufrir hipertensión (cosa completamente justificada, dadas las circunstancias). A mí siempre me gustó, porque nunca tuve problemas con la presión y porque no es un examen que se apruebe o se repruebe, como la cuestión del peso. Pero es necesario controlar la presión con frecuencia, pues, al igual que las proteínas, advierte sobre cualquier predisposición a la toxemia.

Ecografías

También se denominan pruebas con ultrasonidos. Aun cuando el embarazo no es todavía visible desde fuera, la tecnología te permite ver en el interior del útero una forma identificable como humana, que se prepara para convertirse en el núcleo de tu ser, el amor de tu vida y el incordio de tus días.

Para realizar una ecografía debes tumbarte de espaldas en una camilla; el médico utiliza uno de dos instrumentos para enviar ondas de sonido a tu vientre. Un ordenador interpreta los ecos que producen esas ondas y los traduce en una imagen que se refleja en un monitor parecido a un televisor. Al principio la imagen de la pantalla es casi imposible de interpretar, pero con ayuda del médico puedes distinguir los huesos principales, la cabeza, el cerebro y, a veces, los genitales de tu hijo. También es posible ver cuántos hay allí dentro, pequeña sorpresa que es preferible recibir con tiempo y no en la sala de partos. El médico puede apreciar asimismo el estado de tu placenta, la posición del útero y la cantidad de líquido presente para que el niño nade.

Es un examen realmente maravilloso; el único motivo para no utilizarlo es su coste. Las empresas de medicina privada y la Seguridad Social suelen considerar que las ecografías deben utilizarse sólo para diagnósticos «serios» y no simplemente para ver si hay un pene entre esas patitas huesudas o si el corazón ya late a las seis semanas. Probablemente te realicen una o dos ecografías durante el embarazo (siempre que no haya algo extraordinario escondido allí dentro, como gemelos), y esta experiencia puede proporcionarte la primera noción real de que hay un ser humano creciendo dentro de ti. Lo más importante es que será la primera verificación real para tu marido; hasta ahora se habrá limitado a aceptar tu palabra de que estás embarazada y tal vez albergue secretas dudas sobre la fiabilidad de las pruebas caseras. En esta ocasión quizá tengas que ofrecerle una silla o un pañuelo, por lo abrumadora que suele ser esta presentación entre padre e hijo.

Uno de los grandes momentos del embarazo se produce cuando el bebé se mueve durante la ecografía o, mejor aún, se chupa el pulgar, como un bebé «de verdad». De hecho, la ecografía es tan apasionante que las amigas te recomendamos hacerla filmar en vídeo. Si esto no es posible, no te preocupes, que la posteridad no se quedará con las manos vacías, pues el médico o el técnico te darán algunas fotografías instantáneas de tu pequeño E.T.; podrás llevarlas a casa y confundir a amigos y parientes, que en esa imagen borrosa no podrán distinguir al bebé de tus tripas.

Para funcionar, la ecografía depende del agua. Al principio del embarazo, cuando todavía no hay mucho líquido amniótico en el útero, el transductor («micrófono», lo llamo yo) que el médico te pasa por el vientre no obtendrá una buena lectura si no tienes la vejiga llena. Ellos te lo dicen así sin más, pero te advierto que una vejiga llena, cuando estás embarazada y tendida de espaldas, es sumamente incómoda: una verdadera desesperación. ¿Tienes idea de la cantidad de agua que hace falta para llenar la vejiga en proporción suficiente? A juzgar por mi propia experiencia, se requiere más agua de la que una persona normal puede beber de una sola vez. Nunca pensé que el agua podía llegar a provocar náuseas, pero durante la ecografía me sucedió. Si tu médico no menciona el tema, pregúntale si no puede utilizar un «micrófono» vaginal. Éste resulta más eficaz cuando no hay mucho líquido, porque puede acercarse más al útero; de ese modo no tendrás que llenarte de agua a reventar. Créeme que es mucho más fácil disfrutar del espectáculo si no estás petrificada por el miedo de orinarte en la camilla.

¿Que si duele? No, pero si eres una de esas mujeres que detestan cualquier examen vaginal, éste tampoco te hará feliz. El médico, además de introducir en tu persona un instrumento parecido a un consolador, lo apunta en varias direcciones para «ver» todo lo que quiere ver. Si sabes respirar según el método Lamaze, aprovecha y utilízalo para relajarte durante la ecografía vaginal, porque durante el parto te resultará virtualmente inútil. Puedes jadear todo lo que quieras, pero no vengas llorando a decirme que no te calmó en absoluto; en mi opinión, para eso está la peridural. Pero me estoy yendo por las ramas.

En una etapa más avanzada del embarazo, cuando retengas en el útero agua suficiente para botar un barco, el médico o el técnico podrán obtener una buena imagen utilizando un «micrófono» más plano y rectangular, que deslizarán por tu vientre. Antes te untarán el abdomen con una especie de gelatina, que ayuda a transmitir el sonido. En los últimos tiempos los médicos se han vuelto más humanos y guardan esa gelatina en un recipiente que la mantiene templada. Pero si el tuyo aún no ha invertido capital en ese maravilloso invento, prepárate para una desagradable impresión cuando te pongan esa cosa helada en tu pobre barriga expuesta al aire.

Prueba de diabetes gestacional (prueba de tolerancia a la glucosa)

Aunque normalmente no seas diabética, podrías desarrollar la enfermedad durante el embarazo. Se denomina diabetes gestacional y generalmente desaparece después del parto. Mientras comas con prudencia y cumplas las indicaciones del médico, no habrá peligro para ti ni para el bebé. La prueba que detecta la existencia de diabetes gestacional se llama «prueba de tolerancia a la glucosa». Algunos médicos prefieren que sus pacientes acudan al laboratorio para practicársela; otros lo hacen en su propio consultorio. Se te pedirá que bebas el contenido de una botella pequeña, como las de gaseosa; el líquido también parece gaseosa, pero con media taza más de azúcar. Es tan empalagoso que, si no sigues un par de instrucciones, puede revolverte el estómago. Ante todo, debes enfriar bien el líquido antes de beberlo; el frío parece aturdir un poco a las papilas gustativas. (El médico te dará la botella para que bebas su contenido antes de ir a su consulta, con lo cual tendrás tiempo de sobra para enfriarlo; si vas a un laboratorio, te lo darán ya frío.) Entonces no debes tragarlo demasiado deprisa. Comprendo que quieras acabar con el asunto lo antes posible, pero tu desprevenido estómago puede rebelarse y vomitarlo tan súbitamente como lo recibió, con lo cual tendrás que tragarte el brebaje de nuevo.

Si el médico te dio el líquido para que lo bebas en tu casa, tendrás que hacer los cálculos convenientes para estar en la consulta del médico una hora después de ingerido. Si lo haces en un laboratorio, tendrás una hora muerta antes de que te hagan la prueba.

El consejo más importante que las amigas podemos ofrecerte en cuanto a la prueba de tolerancia a la glucosa es éste: lleva algo sano y sustancioso para comer después de la prueba, por ejemplo un bocadillo, una fruta o una bolsita con cereales, porque tendrás que ir en ayunas y las embarazadas se ponen muy nerviosas cuando saltean una comida.

Amniocentesis

La amniocentesis es un procedimiento para analizar la salud genética del bebé en gestación. Generalmente se realiza hacia el final del cuarto mes y los resultados tardan alrededor de dos semanas. Por lo habitual, se practica para saber si el niño puede nacer con síndrome de Down, pero también detecta la existencia de varios otros problemas genéticos. Lo divertido de la «amnio» es que determina, con certeza casi absoluta, si tendrás un varón o una niña.

No sólo es costosa, sino que entraña un leve riesgo para el embarazo: en pocas palabras, peligro de aborto. Por eso no se realiza por frivolidad sino cuando se sospecha que las probabilidades de que el feto nazca con problemas genéticos son superiores a las normales. Por tradición y por política de las organizaciones médicas, esta prueba sólo se lleva a cabo en embarazadas mayores de 34 años o con antecedentes familiares de anomalías genéticas. Pedir que te practiquen una amnio sólo para averiguar el sexo de tu hijo puede ser una curiosidad excesiva, perjudicial para ti y para el niño. En esta prueba, el médico introduce una aguja en el vientre y a través del útero, a fin de retirar un poco de líquido de la placenta. Luego se envía esa muestra de líquido al laboratorio, donde se efectúa un cultivo durante un período de 10 a 14 días. Es fácil imaginar la longitud que ha de tener la aguja para llegar a su meta. Si a estas alturas te has desmayado, no te preocupes; cuando reacciones te daremos aliento y consejos para superar este trance. Te aseguramos que la amniocentesis no será tan desagradable como imaginas.

Casi todas las embarazadas se aterrorizan cuando se les aconseja la práctica de una amnio. Lo sé mejor que nadie, porque durante mi primer embarazo, cuando ya estaba tendida en la camilla, con la barriga envuelta y pintada con desinfectante, me acobardé. Como lo oyes; me levanté bañada en lágrimas, me vestí y volví a casa sin someterme a la prueba. ¿Es que te estoy aconsejando que te dejes ganar por el miedo, prescindiendo de la información que tu médico cree necesaria? No, en absoluto. No hago más que ilustrar hasta qué punto te comprendo y conozco la inseguridad con que esperas este momento.

Hay tres motivos por los que la amniocentesis nos aterroriza. Primero: pensamos que dolerá como todos los diablos. Segundo: el médico nos ha dicho que existe una mínima probabilidad de que la prueba provoque el aborto de un feto sano. Tercero y peor: si la amnio revelara (Dios no lo permita) que nuestro hijo es genéticamente anormal, deberíamos decidir entre seguir adelante con el embarazo o no. Ésta es una de las decisiones más difíciles que pueda enfrentar una pareja y la perspectiva aturde. Pero si te opones por completo al aborto, ¿de qué te sirve la amniocentesis como no sea por aquello de que madre prevenida vale por dos?

Bueno, ahora que ya estás dispuesta a cortarte las venas, me apresuro a asegurarte que tienes enormes probabilidades de dar a luz un bebé perfectamente normal, sobre todo si tienes menos de cuarenta años. Incluso después de los cuarenta, las probabilidades siguen estando abrumadoramente a tu favor. Tal como mi padre me dijo durante mi cuarto embarazo, al verme atormentada porque ya tenía treinta y nueve años: «Ojalá tuviera tantas probabilidades como tú a mi favor cuando apuesto a las carreras.» Lo más probable es que la amnio sirva sólo para aliviarte algunos miedos relativos a la salud de tu bebé. Me gustaría decirte que una vez que la amnio da buenos resultados, puedes pasar el resto del embarazo libre de preocupaciones, pero no es así. Cuando hayas eliminado de tu lista el síndrome de Down y otras anomalías genéticas detectables, con toda seguridad pasarás a penar pensando en el labio leporino y las «marcas de antojos», así que puedes ir acostumbrándote. Recuerda que el embarazo es el punto de partida para la resbaladiza cuesta de preocupaciones en que circularás por el resto de tu vida.

Bien, pasemos a la cuestión del dolor. Lo cierto es que sí, duele un poco. (Me gustaría acotar que, después de haber dado a luz, me río cuando me hablan de los dolores, así que esto va para las «vírgenes». Después del parto verás que el dolor adquiere una dimensión diferente.) Pero la amnio obtiene su mayor puntuación en el factor escalofrío. Algunos médicos te aplican una inyección de anestésico local en la barriga antes de clavar la aguja. Otros opinan: «¿Por qué quiere dos pinchazos, si con uno basta?» He aquí por qué: la aguja del anestésico mide unos cinco centímetros y tiene el grosor de un pelo. La de la amnio mide más de treinta y es considerablemente más gruesa. No puedo hablar por todas, pero a mí me agradó la sensación de seguridad que me infundió el anestésico. Cuando mi amiga Amy tuvo que hacerse una amnio, yo estaba con ella, sosteniéndole la mano; Amy prescindió del anestésico local y recibió directamente la aguja grande, sin una mueca. Esto confirma lo que me han dicho muchas amigas: tras el pinchazo inicial no pasa nada, pues dentro no se siente. Desde un punto de vista anatómico, tiene su explicación, pues esos órganos no tienen nervios. Aun así, si alguien ofreciera un escudo protector contra cualquier tipo de molestia, real o imaginaria, me encontrarías a la cabeza de la fila.

Después de la amnio, es probable que te sientas más o menos como cuando entraste, aunque mucho más aliviada y muy cansada por el desgaste nervioso. Las amigas y yo, por no mencionar al médico, te recomendamos que vayas directamente a tu casa y te acuestes. No sé si esto conviene a la salud del bebé, pero te aseguro que, después de pasar por este trance, mereces tomarte el día libre para ver culebrones. Aprovecha, porque éste es uno de los pocos días de tu embarazo en que todo el mundo reconocerá tu derecho a descansar.

Examen de las vellosidades coriónicas (MVC)

Ésta fue la prueba que elegí. En tres embarazos opté por este procedimiento, relativamente nuevo, que detecta las mismas anomalías genéticas que la amnio, con excepción de la espina bífida, y también determina el sexo del bebé. Uno de los motivos por los que me pareció preferible es que se puede realizar con sólo once o doce semanas de embarazo y su resultado se obtiene sólo en veinticuatro horas. Uno de los grandes inconvenientes de la amnio es que, cuando te enteras de los resultados, ya estás en el quinto mes, cuando el bebé ya patea, de modo que la decisión de interrumpir la gestación puede ser horrible. Este examen, en cambio, puede realizarse antes de que nadie se entere siquiera de que estás embarazada. De ese modo puedes tomar tu decisión sin que cuente la opinión de amigos y familiares.

El examen de las vellosidades coriónicas se lleva a cabo junto con una ecografía. Puesto que se practica en los inicios del embarazo, te indicarán que bebas muchísima agua antes del procedimiento; el técnico hará una ecografía para ver si tu vejiga, aparte de hacerte sentir como un globo de agua, está demasiado llena y dificulta la imagen. Primero el técnico debe determinar si el feto está vivo y aparentemente sano y cuál es su edad; luego interviene la persona que realiza el examen coriónico. Te colocan los pies en unos estribos —igual que para el Papanicolau— y, mediante un hisopo gigantesco, empapado en un desinfectante de color marrón, el médico te limpia el conducto vaginal y el cuello del útero. Por lo general, ésta es la parte más molesta; sientes como si te estuvieran limpiando las entrañas con una toalla turca.

Una vez que estás escrupulosamente limpia por dentro, un ayudante utiliza un «micrófono» externo de ultrasonidos para localizar al bebé y las vellosidades coriónicas, que son prolongaciones de la placenta. Guiándose por la imagen de la ecografía, el médico inserta un tubo de plástico muy fino por la diminuta abertura cervical del útero. Cuando el monitor indica que el médico ha llegado al corion, desliza una aguja por el tubo de plástico para retirar una diminuta porción de él. Según mi experiencia, el procedimiento es completamente indoloro; tampoco produce un gran malestar, porque al observar con tanto entusiasmo la imagen del bebé en el monitor te olvidas de lo que te están haciendo.

Después de mi tercer examen de las vellosidades coriónicas tuve una abundante pérdida de sangre. Deseaba matarme y matar al médico; nunca antes había tenido una pérdida tan copiosa y estaba convencida de haber abusado de mi suerte. Llamé al consultorio tan paralizada por el miedo que me costaba hablar, pero ellos se mantuvieron en contacto conmigo, asegurándome que era bastante común y que todo saldría bien. Así fue, por cierto. Al día siguiente, cuando me telefonearon para informarme que, a los 39 años, estaba gestando a una saludable mujercita estuve a punto de hacer cabriolas de la alegría.

Este procedimiento sigue provocando controversias entre los obstetras. Puesto que es relativamente nuevo, no hay muchos médicos que lo hayan practicado lo suficiente para considerar que los riesgos son aceptablemente bajos. Por este motivo, yo analizaría con mi obstetra las distintas pruebas genéticas para tomar la decisión junto con él. Este examen tiene enormes ventajas, pero persisten algunas dudas, sobre todo fuera de las grandes instituciones dedicadas a la investigación y la docencia. Hace algunos años, por ejemplo, se dijo que los bebés que habían sido sometidos a un examen coriónico durante la gestación nacían con un número menor de dedos en las manos o en los pies. No puedo dar una opinión profesional sobre esto, pero sí te diré lo que me informaron hace poco. Ahora se aconseja no efectuar la prueba tan pronto como antes, sino en una etapa más avanzada del embarazo, digamos, a las doce semanas y no a las nueve. Se ha demostrado que esto elimina efectivamente el peligro para las extremidades del bebé. Aun así, como he dicho, se trata de una decisión que debes tomar con tu esposo y tu médico (y con cualquier amiga que tenga la paciencia de analizarla contigo por billonésima vez). Debo agregar que, si consideré más seguro someterme a este procedimiento antes que a una amnio fue porque el médico que finalmente la realizó era quien enseñaba la técnica en dos hospitales muy importantes y la había practicado miles de veces. Se dedicaba exclusivamente al examen de vellosidades coriónicas y a la amniocentesis. Creo que no me habría mostrado tan dispuesta si se hubiera tratado de un simple ginecólogo que lo hiciera como actividad secundaria. Si te decides por este procedimiento, busca en tu comunidad al médico que lo haya practicado más veces y con mayor número de éxitos.

Igual que la amnio, el examen coriónico termina con una autorización para ir directamente a tu casa y pasarte el día en la cama, leyendo revistas o viendo televisión. Tú y tu cuello uterino han pasado por una experiencia dura y, dado que tu psique debe de estar más traumatizada aún, los tres necesitan un buen descanso.

Prueba de la alfa-fetoproteína

Esta prueba se realiza sobre todo para detectar anomalías relacionadas con la médula espinal; muestra si ésta y el cerebro se están desarrollando en forma normal. Para realizarla se requiere una muestra de sangre, tomada en el cuarto o quinto mes de embarazo. A veces, cuando el nivel de alfa-fetoproteína es sospechoso, se aconseja a la embarazada someterse también a una amnio, aunque tenga menos de 35 años y no presente otros riesgos conocidos de problemas genéticos. Según los estudios, esta nueva prueba muestra una relación estadística entre ciertos niveles de alfa-fetoproteína y un posible síndrome de Down. Mi amiga Mindy obtuvo un nivel bajo y todos transcurrimos las dos semanas siguientes sufriendo por ella mientras aguardábamos los resultados de la amniocentesis. Tuvo una niña genéticamente perfecta que, además, es una de las más hermosas que se hayan visto en el mundo. Aun así, esa preocupante espera nos acortó la vida a todos.

¿Que si este procedimiento causa dolor? No más que cualquier otro análisis de sangre, pero puede obligar a realizar otras pruebas, como la amnio, que si bien no son dolorosas, provocan escalofríos. Un resultado sospechoso en esta prueba no significa que tu hijo tenga nada malo. En realidad, por lo general no ocurre nada, así que no te tires por la ventana si el médico te dice que necesita otra prueba. Con todo, es una valiosa señal de alarma que debes aceptar.

Prueba de ausencia de estrés

El nombre de esta prueba no tiene nada que ver con el estado en que te sientes *tú* en el momento en que te la efectúan. Se refiere a la monitorización electrónica a la que es sometido tu bebé mientras flota feliz por tu enorme barriga. Sí, será enorme porque esta prueba suele efectuarse cuando se aproxima la fecha del parto o cuando éste se retrasa, para asegurarse de que el bebé sigue bien.

En general la lleva a cabo un técnico especializado, puesto que son pocos los médicos dispuestos a pasar una hora sentados, observando interminables tiras de papel en las que se van graficando los latidos cardíacos de tu bebé, por apasionante que a ti pueda parecerte. La enfermera o el técnico te pondrán un cinturón para monitorización fetal alrededor de la barriga, con la parte del micrófono tan cerca del corazón del bebé como sea posible. Luego te dejarán completamente sola. (Esto es una buena preparación para lo que suele pasarnos durante el trabajo de parto.) La finalidad de la prueba es ver si el ritmo cardíaco del bebé responde correctamente a sus propios movimientos y a cualquier contracción que tu útero pueda efectuar a manera de práctica. Al acercarse la fecha del parto, o cuando ésta ya ha pasado, los médicos prefieren asegurarse de que el bebé no esté prolongando demasiado su estadía, pues podría necesitar ayuda para salir. Es muy probable que no necesites esta prueba, pero la menciono para que no te preocupes si el médico te sugiere su realización. A propósito: mientras tanto tendrás tiempo para ponerte al día con la lectura.

Según mis experiencias, el bebé siempre se quedaba dormido durante la prueba; entonces me daban zumo de fruta, con la esperanza de que el azúcar lo pusiera en actividad, o me sacudían el vientre para despertarlo. Pero no me quejo, porque los niños perezosos son tranquilos y, cuando tienes cuatro hijos, esa tranquilidad empieza a parecerte una característica muy deseable.

Peso

Sí, ya sé que subir a la báscula del médico no parece muy técnico. Pero tendrás que hacerlo cada vez que vayas al consultorio del obstetra; se considera que pesarte es una buena herramienta para vigilar tanto tu salud como la de tu hijo. Por eso sostengo que el procedimiento debe estar aquí, en el capítulo de pruebas prenatales.

Si en tu embarazo no presentas ninguna crisis, ese paso mensual por la balanza puede ser el más doloroso de los procedimientos médicos que te realicen. A mí, las visitas al obstetra me resultaban encantadoras salvo por esa temible parte, pues siempre había aumentado más de lo que parecía conveniente. Cuando sólo aumentaba un kilo o menos entre una visita y otra, salía orgullosa y feliz; en cambio, cuando me detectaban tres kilos más me acusaba de no saber dominar decorosamente mis antojos de embarazada. Después de dos o tres embarazos acabé por comprobar algo que las amigas ya me habían señalado: cada mujer tiende a aumentar la misma cantidad en todos sus embarazos, kilo más, kilo menos, sin que influyan mucho los hábitos alimentarios ni los diferentes grados de actividad. En otras palabras: aumenté tanto con Jeremy como con Jamie, aunque en un caso estaba criando a dos niñitos, trabajaba todo el día y comía de vez en cuando, mientras que en el otro pasé más de cuatro meses en la cama e ingerí todas las proteínas, los hidratos de carbono y el calcio que recomendaban los textos especializados. Nuestra conclusión es que el cuerpo de cada mujer tiene su propio estilo de embarazo. Ya te pongas enorme, ya aumentes sólo cinco kilos, lo más probable es que ése sea tu estilo en todos los embarazos.

Éste me parece un buen motivo para que te tomes las cosas con calma en lo que respecta al peso. Claro que, si te pasas los nueve meses comiendo pasteles con nata, es lógico que te pongas como una tienda de campaña. Pero si comes sólo cuando tienes hambre y te limitas, en lo posible, a alimentos nutritivos (sin contar algún antojo de chocolate o pasteles de vez en cuando), lo más probable es que aumentes un peso casi predeterminado, que será constante con cada bebé.

8

Ejercicio y embarazo

Siempre pensé que el embarazo es el permiso divino para no hacer ejercicio. Por tal motivo, este capítulo, más porfiado aún que los otros, se centrará en algunos ejercicios que nunca has soñado e irá contra todas las ideas en boga, según las cuales una debe ser capaz de gestar un bebé al mismo tiempo que corre una maratón.

Entendámonos bien: no me opongo a los ejercicios. Por el contrario, soy muy partidaria de la actividad física para mantener el buen estado general. Cuando no estoy embarazada hago *footing*, levanto pesas y me dedico a cualquier otra gimnasia que se haya puesto de moda en mi barrio, desde el boxeo hasta la bicicleta estática. Pero soy una firme partidaria de esta máxima: si quieres hacer algo bien, dedícale toda la atención que puedas. En otras palabras: estás tratando de crear un bebé sano sin perjudicarte demasiado en el intento, y eso merece toda la atención que puedas dedicarle. Ya tendrás suficientes distracciones con trabajar, cuidar de tus otros hijos y hacer todo lo que constituye la vida cotidiana (sobre todo si andas cargada con quince kilos de más). Si tienes tiempo libre entre manos (como mi amiga Shannon, quien por ser actriz tuvo que dejar de trabajar en cuanto el embarazo se hizo evidente), dedícalo a tejer una bufanda, a organizar el álbum de fotos o a ordenar alfabéticamente tu colección de discos. Te aseguro que, una vez nacido el bebé, nunca más tendrás tiempo para ninguna de esas cosas.

He aquí los principales motivos por los que las amigas no te aconsejamos seguir con los ejercicios aeróbicos durante el embarazo.

1 Estarás demasiado cansada.

2 Las mallas de gimnasia no te quedarán bien.

3 De cualquier modo vas a engordar.

4 El ejercicio no te será útil en absoluto durante el trabajo de parto ni para el alumbramiento.

5 Puedes poner en peligro el embarazo.

6 Aunque el embarazo no corra peligro, si ocurre algo malo (Dios no lo permita) te pasarás la vida preguntándote si el ejercicio ha sido el culpable.

7 En lo referente al peso, son nueve meses para aumentarlo y nueve meses (o más o menos) para reducirlo, hagas lo que hicieres.

8 Nuestra necesidad compulsiva de practicar ejercicio durante el embarazo refleja nuestra incapacidad de rendirnos y dejar que la naturaleza siga su curso.

Ya imagino la controversia que provocarán estas aseveraciones. Médicos, gurúes del buen estado físico y mujeres que se ejercitaron victoriosamente durante todos sus embarazos vendrán por mí, con las cantimploras preparadas para el combate. Pero estoy tan convencida de lo que digo que estoy dispuesta a enfrentarme a todos ellos. Comprendo que muchas lectoras querrán desoírme de inmediato, sobre todo si están en la etapa inicial del embarazo. Tienen todo el derecho del mundo, pero les pido que lean este capítulo de cualquier modo, aunque sólo sea por el placer de despellejarme después. Al final, es posible que compartan mi punto de vista.

PUNTO 1 *Estarás demasiado cansada.*

Si ya te atacó la estupidizante fatiga de las primeras semanas, no necesito decir más. Ya sabes lo que es sentarte en el borde de la cama para atarte los zapatos y despertar dos horas después. Ya te has resignado a perderte la película de la noche, con la esperanza de que la repongan durante el verano. Ya has sufrido la humillación de quedarte dormida durante una reunión de trabajo y despertar con tal sobresalto que estuviste a punto de caerte de la silla.

Si eres como cualquier embarazada primeriza, te dirás que, en cuanto pasen los tres primeros meses, volverás a ser capaz de practicar esa clase de aerobismo. Como cualquier embarazada primeriza, te reprocharás en secreto ser tan debilucha como para que un simple embarazo te impida mantener un estupendo estado físico. Tendrás la certeza de que otras mujeres, «mejores» embarazadas que tú, se levantan al amanecer para correr cinco kilómetros, en lugar de vomitar primero hasta las tripas y luego comerse media docena de pastas con el desayuno. Comienza a enterarte, amiga: hasta esas muchachas deportivas, que nacieron con piernas musculosas y pulmones como globos aerostáticos, tienden a volverse blandas y gordas durante el embarazo. Si no es así, forman parte de una ínfima minoría o se están privando de la nutrición y el descanso tan valiosos para ellas y sus bebés.

He aquí un concepto muy novedoso en los años noventa: si tu cuerpo está cansado, debes hacerle caso y descansar. Seré la última en criticarte por ser adicta a la actividad física fuera del embarazo, pero si estás gestando hago sonar la alarma. Piénsalo bien: con un óvulo pequeñito que tenías en tu cuerpo desde que naciste y unas gotas de esperma, elaborado por tu marido en la prisa del momento, se supone que debes fabricar una persona completa, con brazos, piernas, corazón, pulmones, pestañas, y las orejotas de tu tío Pepe. Si crees que eso no es cansado, eres una mujer invencible, con la que no me gustaría pasar mucho tiempo.

La recomendación de las amigas es que aproveches el embarazo para dormir cuanto puedas. Pasarán varios años antes de que vuelvas a disfrutar de ese lujo.

PUNTO 2 *Las mallas de gimnasia no te quedarán bien.*

En algún momento, ya a finales del tercer mes, comenzarás a recobrar tus energías. No sólo tendrás toda la de antes: es probable que te sientas aún más vital que antes del embarazo. Yo lo llamo el Trimestre de la Mujer Maravilla. Casi con seguridad ya no sientes náuseas. Puedes haber recobrado el interés por el sexo (y con creces, según informes de algunas amigas). Y entonces piensas que debes retomar tus ejercicios acostumbrados.

Así, revuelves tus cajones en busca de tus viejas mallas y partes para una visita de prueba al gimnasio. Cuando estás por salir del dormitorio te ves casualmente en el espejo y das un respingo: «¿Y esa gorda de dónde salió?» De inmediato te das cuenta de que «esa gorda» eres tú; entonces corres frenéticamente a acostarte para no caer desmayada.

Seamos francas hasta la crueldad. Todo el mundo sabe que esas ceñidas ropas de gimnasia están diseñadas especialmente para exhibir el cuerpo. Los fabricantes afirman que esa adherente Lycra es la más aerodinámica de las telas; quizá tengan razón, pero para la vasta mayoría, que no participa en ninguna carrera de velocidad, la aerodinámica no es un asunto crucial. Si nos ponemos esas prendas ceñidas y elásticas es para lucirnos.

Pero esas prendas ceñidas y elásticas adquieren una identidad muy distinta cuando se las rellena con pechos, vientre, muslos y rodillas de embarazada, todo ello coronado con brazos de embarazada. Si no me crees, alquila un vídeo con ejercicios para el período de gestación. No quiero ser antipática, pero las mujeres que allí se muestran parecen hinchadas e incómodas. ¡Y ésas son las que se atrevieron a ofrecerse como voluntarias, porque las mallas no les quedaban tan mal! Las que optamos por vestirnos en la más absoluta oscuridad para no tener que inspeccionar nuestros volúmenes, preferiríamos pasar por un parto natural antes que exhibirnos enfundadas en Lycra a rayas.

He visto en el gimnasio a algunas empecinadas que llevaban la camiseta del marido sobre la ropa de gimnasia, a modo de camuflaje. Por mi parte, soy de las que prefieren poner cara mohína y abandonar los ejercicios.

PUNTO 3 *De cualquier modo vas a engordar.*

No puedo hablar de ti, pero si yo me ejercito regularmente es para bajar esos últimos tres kilos o para impedir que mi trasero se siente a descansar sobre la parte superior de los muslos. Puedes decirme todo lo que quieras sobre las endorfinas, la restauración de la energía y el buen estado cardiovascular. Yo sostengo que, si viviendo a base de chocolates y cigarrillos una pudiera parecerse a Naomi Campbell, casi todos los gimnasios cerrarían de la noche a la mañana, para ser reemplazados por tiendas de golosinas y tabaco.

Durante el embarazo, lo mejor es reconocer que tu cuerpo es ahora una máquina de fabricar seres humanos. Necesita expandirse para que el bebé crezca. También necesita satisfacer el imperativo biológico que impide la extinción de la especie por hambre; para eso debe agregar reservas de grasa a fin de que al bebé no le falte alimento si, una noche cualquiera, el padre no vuelve a la cueva trayendo un oso para la cena. Y esto es lo opuesto a lo que tratan de hacer las fanáticas del ejercicio. ¿No te parece que, al empecinarte en esas actividades que queman grasas, estás estorbando el trabajo a la naturaleza? ¿Por qué esforzarte tanto, si de cualquier modo no te parecerás a Naomi Campbell hasta dentro de un año, con suerte?

He notado que en los vídeos de gimnasia para embarazadas se insiste mucho en la conveniencia de levantar pesos pequeños para mantener en forma los brazos y el torso. Puesto que nunca he visto a una embarazada con los brazos «desgarrados», debo suponer que esos ejercicios suaves se hacen con la esperanza de conservar algún tono muscular, a fin de no tardar tanto en recobrar la forma después del parto.

Aunque no soy fisióloga, la experiencia personal me sugiere que levantar dos pesas de un kilo o sendas latas de conservas, veinte veces todos los días, no influye mucho en la fuerza que tengan los brazos después de nacer el bebé. Si basta levantar dos latas de conservas para mantener el tono muscular de una embarazada, ¿por qué el tipo del gimnasio me obliga a forcejear con dos pesas de siete kilos cuando no estoy embarazada? ¡Después de todo, no le pagan por kilo!

PUNTO 4 *El ejercicio no te será útil en absoluto durante el trabajo de parto ni para el alumbramiento.*

La lógica que impone la moda es más o menos la siguiente: el ejercicio desarrolla fuerza y resistencia; el trabajo de parto y el alumbramiento requieren fuerza y resistencia; por lo tanto, el ejercicio debe de ayudar al trabajo de parto y al alumbramiento. Parece razonable, ¿no? Bien, pues no es así como funciona. El trabajo de parto es una serie (aparentemente interminable) de contracciones musculares involuntarias que deben provocar la abertura de la entrada al útero (cuello o cérvix), hasta alcanzar unos diez centímetros de diámetro. Luego se supone que la madre debe empujar al bebé para que salga por esa abertura.

Puedes hacer addominales ininterrumpidamente, que no por eso tu útero será un ápice más fuerte. El útero está situado por detrás de todos los músculos afectados por los abdominales y, exceptuando alguna contracción Braxton Hicks de vez en cuando, permanece bastante quieto, ocupado en sus cosas. Si crees haber descubierto un ejercicio que prepare la cérvix para que se abra prestamente cuando tú se lo ordenes, no dejes de informarme, por favor. También puedes hacer todos los estiramientos, carrerillas y levantamiento de pesas ligeras que quieras: no por eso serás más eficiente cuando llegue el momento de pujar. Si quieres un ejercicio que realmente te prepare para expulsar al bebé, mueve bastante el vientre, porque eso es probablemente lo que más se parece a la sensación que vas a percibir. En realidad, tú o tu embarazo podrían resultar perjudicados si insistieras con todo ese pujar y gruñir. Esa tendencia a contener el aliento o a gruñir cuando se ejercita un músculo determinado se llama maniobra valsávica; casi todos los médicos están de acuerdo en que no es conveniente para ti ni para el bebé. Por lo visto, eleva la presión sanguínea de un modo antinatural y disminuye momentáneamente el oxígeno que pasas al feto.

He visto a muchas amigas durante el trabajo de parto y el alumbramiento, y nunca dejó de llamarme la atención lo poco que ayuda en esos casos un excelente estado físico. Una de ellas fumó hasta el día mismo en que supo que estaba embarazada, a partir de entonces no paró de comer hasta la primera contracción. Su trabajo de parto duro tres o cuatro horas, luego de lo cual expulsó al bebé en cuestión de minutos. Otra de mis amigas, que era campeona universitaria de carreras pedestres y siempre mantuvo su buen estado físico, estuvo cuarenta horas en trabajo de parto sin que su dilatación pasara jamás de los cuatro centímetros. Según mi opinión no profesional, casi parecería que, cuanto más fofa y menos musculosa es una mujer, más fácil resulta la salida del bebé. En esto hay cierto patetismo, pues muchas amigas se esforzaron por mantenerse activas y en buen estado físico y luego sólo consiguieron partos dificultosos; otras estaban paralizadas por el miedo de no tener fuerzas suficientes para el trabajo de parto, pues su único ejercicio había sido caminar a paso vivo hasta la nevera, pero se llevaron la sorpresa de un brillante desempeño. Una vez más, la vida ejemplifica su injusticia fundamental.

PUNTO 5 *Puedes poner en peligro el embarazo.*

Ahora me referiré únicamente a mi caso. Tal vez sea la única mujer del planeta que pasó por esta experiencia; si es así, tolérame por un momento y luego olvídate de lo que dije. Al inicio de dos de mis cuatro embarazos traté de continuar con mi tradicional programa de correr y levantar pesas; las dos veces acabé con pequeños desgarros en el sitio de implantación de la placenta en el útero. Al parecer, el esfuerzo de levantar grandes pesos sometía a mi útero a una presión excesiva. Las dos veces tuve que meterme en cama por uno o dos días, asustada y llorando, hasta que las pérdidas cesaron. ¿Quién sabe hasta qué punto puse en peligro a mis bebés? Dios es testigo de que el terror me impidió formular esa pregunta a mi médico… sobre todo por miedo a escuchar su respuesta. Lo que sí sé es que mi médico realizó varias ecografías para controlar la cicatrización y se mostró aliviado al ver que no había más sangre acumulada; por eso supongo que él también estaba un poco preocupado.

Podría argumentarse que mis ejercicios fueron demasiado violentos, que habría debido modificar mi programa en lugar de ponerle fin. Las tendencias actuales afirman que la embarazada puede continuar ejercitándose como siempre, pero que no debe iniciar programas distintos ni más difíciles. Para serte completamente franca, yo no sabía ejercitarme con moderación. O lo hacía para adquirir fuerza y mantenerme en forma o lo dejaba. Puesto que el riesgo era demasiado grande, no estaba dispuesta a apostar sin saber cuánto sería demasiado. Y como llega un momento en que el ejercicio moderado se convierte en pérdida de tiempo, preferí no continuar.

PUNTO 6 *Aunque el embarazo no corra peligro, si ocurre algo malo (Dios no lo permita) te pasarás la vida preguntándote si el ejercicio ha sido el culpable.*

Una mujer embarazada se obsesiona por cuidar de su embarazo. Si invertimos tanta dedicación física y espiritual es porque comenzamos a amar a ese bebé cuando tiene apenas el tamaño de una lenteja. Lo trágico es que no todos los embarazos terminan con el nacimiento de un bebé sano. El peligro más común es el aborto, que se produce con mayor frecuencia de lo que podría pensarse: se calcula que el 10 por ciento de todos los embarazos conocidos terminan en aborto, y dicho porcentaje aumenta entre las madres maduras o muy jóvenes. La gran mayoría de los abortos se producen durante los tres primeros meses. Existe la idea, muy difundida, de que la mitad de todos los abortos se deben a que el feto no era normal. De ahí proviene el consuelo más común y menos reconfortante que se da en esos casos: «No te aflijas, querida. Esto es lo que hace la naturaleza para desechar lo imperfecto.»

También se cree que el ejercicio, la tensión nerviosa, las relaciones sexuales y saltar desde una silla no provocan el aborto. Eso significa que esa escena de *Lo que el viento se llevó* en que Rhett empuja a Escarlet por las escaleras y ella pierde su bebé está equivocada, desde el punto de vista biológico. Sobre algo no caben dudas: si tienes diecisiete años y no estás menstruando, todos los saltos, lavados y plegarias del mundo no parecen servir para interrumpir un embarazo. Pero no sé si esto es totalmente válido en el caso de mujeres que, como yo, han tenido pérdidas o tomado medicamentos fertilizantes para quedar embarazadas. Si el ejercicio frecuente y el acto sexual no tienen nada que ver con el aborto, ¿por qué son tantos los buenos médicos que aconsejan «descanso sexual absoluto» cuando parece existir riesgo de aborto?

Mi gran pregunta es: ¿cómo sabe una que el embarazo corre peligro si no es cuando algo sale mal después de un esfuerzo excesivo? Por ejemplo, cuando yo tuve pérdidas después de hacer pesas, ¿y si hubiera perdido a ese bebé? El médico podría haberme jurado por sus propios hijos (aunque dudo de que lo hiciera) que haber perdido el bebé después de hacer pesas era pura coincidencia, pero jamás me habría convencido del todo. Por el resto de mis días me habría preguntado si no habría tenido que descansar más, cuidar mejor de mi embarazo. Me parece que es muy fácil echarse encima la culpa; si me mantengo lejos del microondas en funcionamiento (sé que esto no condice con mi actitud permisiva sobre las tinturas de pelo, pero no me lo reproches) por la posibilidad de que sea dañino, pese a todas las pruebas científicas, tampoco quiero hacer gimnasia, por si las moscas. Suspender los ejercicios violentos por nueve meses, más algunas semanas para la recuperación, no es mucho tiempo si sirve para mantener limpia la conciencia. Además, podrían ser unas vacaciones bien merecidas.

PUNTO 7 *En lo referente al peso, son nueve meses para aumentarlo y nueve meses (más o menos) para reducirlo, hagas lo que hicieres.*

Algunas me odiarán por decir esto; otras se sentirán aliviadas y agradecidas. En general, las cosas son así: las que están al principio del embarazo me odiarán por decir que se tarda tanto en recuperar la figura, ya que, en resumidas cuentas, les estoy pidiendo que tengan paciencia un año y medio, poco más o menos. Por el contrario, las que hayan dado a luz hace poco se sentirán agradecidas y aliviadas al enterarse de que no son las únicas que, cuatro meses después del parto, todavía no pueden ponerse sus prendas favoritas. (Por favor, no empieces con la historia de que una amiga tuya salió del hospital con sus tejanos «normales». Sé que los milagros existen, pero me parece más seguro no contar con ellos. Si te sirve de consuelo, puedes atribuirle una anorexia secreta o algo parecido.)

Cuando nazca el bebé, suponiendo que tenga un tamaño medio, perderás cinco o seis kilos en el parto e inmediatamente después. Si eres como mi amiga Monique, a continuación retendrás tanta agua que recuperarás dos o tres kilos en veinticuatro horas. En la semana siguiente, después de orinar y sudar otros tres o cuatro kilos, aún te quedarán entre cinco y siete kilos más que antes del embarazo. Y si eres como mi amiga Lisa, te encontrarás con unos veinte kilos desconocidos acolchando tus huesecillos.

Existe una explicación biológica para ese peso adicional. El responsable mayor y más obvio es la comida. Pero la pregunta más pertinente podría ser: ¿por qué se tiene tanta hambre durante el embarazo y la lactancia? Puede ser porque necesitas acumular reservas para alimentar a tu hijo durante la gestación y cuando ya haya nacido. También puedes necesitar más comida por un tiempo, después de dar a luz, para que tu cuerpo recupere sus fuerzas después del embarazo y el parto, que no son exactamente un paseo por la playa. Me acongoja pensar que, obsesionadas como estamos con la obesidad, no comprendemos la sabiduría superior que gobierna las variaciones de nuestro peso.

Cuando mi cuarta hija tenía seis semanas de vida empecé a hacer gimnasia para bajar de peso. Con mis tres primeros hijos había preferido tomarme las cosas con calma durante cuatro, cinco o seis meses después del parto, pero luego de pasarme casi siete años embarazada y/o amamantando prácticamente sin pausa, decidí destetar a mi niñita e intentar agresivamente volver a ser como antes. Hice gimnasia como una lunática.

Por muy violentos y prolongados que sean tus ejercicios, los míos lo eran más, puedo asegurártelo. Corría, escalaba montañas o subía por escaleras mecánicas un mínimo de sesenta minutos diarios (en general noventa), por lo menos cinco días a la semana. Levantaba pesas con un instructor que me obligaba a repetir los movimientos hasta que gimoteaba y veía estrellas. Bajé de peso enseguida, sí, pero no recuperé mi antigua silueta hasta que mi hija tuvo más de nueve meses. Es la pura verdad.

También puedo contarte el caso de mi amiga Amy, quien estaba tan ocupada atendiendo a su bebé y viajando con su marido por asuntos de trabajo que, durante el primer año, no hizo prácticamente ejercicio alguno. Sin embargo, ella también recuperó su antigua silueta unos nueve meses después del parto. Durante esos días parece suceder algo mágico que hace que tu cuerpo se disponga a desprenderse de la grasa que ha estado escondiendo bajo los brazos, entre las piernas y alrededor de la cintura. Si comes menos que durante el embarazo y la lactancia, bajarás de peso. La excepción se produce, por supuesto, si sigues amamantando. La gente dice que amamantar quema muchísimas calorías; es cierto, pero también hace que tu cuerpo acumule entre dos y cinco kilos de más para mantener la fábrica de leche en funcionamiento. ¡Caramba, si uno solo de tus pechos debe de pesar dos kilos y medio más que antes! Por lo tanto, no esperes recuperar tu esbelta silueta anterior hasta que hayas dejado de amamantar por completo.

Hay otro cambio de la silueta que los ejercicios no afectan en absoluto: la flojedad de los ligamentos. Para que el bebé pueda pasar por la cadera, los huesos pélvicos deben ensancharse y separarse. Por eso, aunque la balanza indique que has recuperado tu peso previo, es posible que no consigas ponerte los pantalones viejos. Esto también es cuestión de tiempo. Después de nueve meses (y hasta un año, en algunos casos) descubrirás que tus huesos están otra vez donde siempre.

Sería una buena idea que las mujeres (y sus médicos) dejaran de pensar que el tiempo requerido para recuperarse del embarazo y el parto es el plazo tradicional de seis semanas. Es una perfecta tontería que hace un mal servicio a las mujeres. Las induce a creer que, si no han vuelto a la normalidad un mes y medio después de crear y alumbrar a un ser humano completo, es porque tienen algo malo. Es imposible que vuelvas a ser como antes en tan poco tiempo. La naturaleza te mantiene «un poquito embarazada» hasta que tu hijo está en condiciones de alimentarse con algo que no sea leche materna; de lo contrario podrías sentir la tentación de irte de juerga y quedar embarazada otra vez. ¿Te das cuenta? ¡No es por culpa tuya, sino de la naturaleza, que debes seguir usando pantalones para maternidad hasta cinco meses después del parto!

PUNTO 8 *Nuestra necesidad compulsiva de practicar ejercicio durante el embarazo refleja nuestra incapacidad de rendirnos y dejar que la naturaleza siga su curso.*

Prepárate, que voy a subirme a la tribuna para hablar de esto, pues es la base filosófica de todo el libro. La lección más grande de la vida, y sobre todo del embarazo, es: sé amable contigo misma. Es hora de comprender que, en realidad, tu cuerpo no es un vehículo para que te diviertas, te promociones o abuses de ti misma. Está diseñado para gestar un bebé. La sabia naturaleza te ha puesto en piloto automático porque sabe que, si te dejara librada a tus propios recursos, podrías arruinarlo todo. Si te comportas moderadamente y te rindes, ella se encargará del resto. Por mucho que te esfuerces, no puedes determinar si tendrás un varón o una niña ni la fecha en que nacerá tu hijo (a menos que sea por parto inducido). No tienes dominio sobre tu cuerpo. Y en realidad, pensándolo bien ¿por qué tenerlo? Yo no sé nada de fabricar bebés. Si para hacerlo se requiriera un diploma, la especie habría perecido hace milenios.

Por lo que he observado, muchas de las amigas que siguen haciendo gimnasia rigurosamente durante el embarazo, lo que intentan frenéticamente es recuperar el control de una vida que, según creen, se les escapa. El cuerpo se les distorsiona de una manera que nunca habrían imaginado; sus emociones están desbocadas; las asusta la idea de dar a luz y ser madres. Nadie puede criticarte por tratar de recuperar el timón, actuando como si nada raro sucediera. Recuerdo que lo mismo hacía la gente en los años setenta cuando experimentaba con el LSD: se ordenaban actuar «con normalidad» para no perder la chaveta. En verdad, en aquel entonces no daba resultado y tampoco ahora. Puedes poner todos los días tus vídeos de gimnasia, pero eso no te devolverá el control de lo que está pasando con tu cuerpo. Puedes pasarte el embarazo a lomos de Jane Fonda, pero si crees que con eso te aseguras una gestación más «perfecta» te engañas. Con todo, si sigues haciendo gimnasia (sin prestar atención a este libro) sólo porque así te sientes bien y te diviertes, date el gusto... dentro de lo razonable.

Excepciones a mi parrafada

Bien. Ahora que he expuesto mis puntos básicos sobre el ejercicio, quiero echarme atrás en un par de aspectos. En primer lugar, ciertas formas de gimnasia moderada ofrecen dos beneficios que he omitido mencionar: la relajación y la flexibilidad. Puede ser conveniente que practiques baile, natación (si tienes valor para usar traje de baño), yoga o —mi ejercicio favorito— caminar. Estas actividades oxigenan la sangre y ayudan a ventilar las chifladuras sin acalorar ni agotar. Como he mencionado, el embarazo tiene sus momentos de gran tensión, en los que suele ser útil «quitarte todo de la cabeza» en un sentido físico. Además, las exigencias con respecto al cuerpo son muchas y pueden provocar toda clase de dolores, sordos o agudos. Mi amiga Patti, a quien no le gustaba practicar ejercicios durante la gestación, en su tercer embarazo hizo gimnasia con un profesor diplomado para aliviar los dolores de ciática (inflamación frecuente durante la gestación del nervio ciático, que desciende desde la columna por la cara posterior del muslo). De todos modos aumentó unos dieciocho kilos, como corresponde a una amiga que se precie, pero su espalda mejoró. El mejor consejo que puedo darte, si vas a continuar con tu programa de ejercicios, es que los hagas en lo posible al aire libre. En primer lugar, fuera no hay tantos espejos; además, hay menos olor a gimnasio (¡y todas sabemos el caos que puede provocar el mal olor en una embarazada con náuseas!).

A muchas embarazadas les gusta nadar. Hacia la mitad de la gestación una empieza a notar qué atractivo es carecer de peso. Mis amigas descubrieron que nadar era un gran alivio, pues las libraba de andar cargando su peso por todas partes. A mí también me gustaba, pero prefería experimentarlo en un baño de burbujas y no en la piscina del club. Caminar también es estupendo, pues activa la circulación y te permite pensar. Es beneficioso caminar durante el trabajo de parto, pues hace que el bebé presione contra el cuello del útero y ayuda a la dilatación. Pero de eso hablaremos más adelante.

Kegel: los ejercicios más importantes que puedas hacer

Los ejercicios de Kegel están ideados para fortalecer una zona que se conoce con el nombre de *base pélvica.* No tengo la menor idea de dónde está mi base pélvica, pero sé que un programa de Kegel ayuda en el control de la vejiga y el goce sexual después del embarazo. Un motivo para fortalecer la base pélvica es que, durante el parto vaginal, se estira hasta lo indecible.

Uno de los secretos más profundos y oscuros del embarazo es cómo se estiran y aflojan la vagina y los tejidos circundantes. Si se mantiene en secreto es porque a las mujeres las abochornan las consecuencias, conocidas con los nombres de incontinencia y flaccidez. En otras palabras, tras uno o dos partos vaginales, una puede descubrir que se le escapan unas gotas de orina cuando estornuda o da un salto; trotar puede desatar la vegija por completo. La flaccidez es un debilitamiento de los músculos vaginales; esto dificulta el orgasmo, pues los músculos ya no «aferran» el pene del compañero con la fuerza de antes. Me parece bastante comprensible que la mayoría de las madres prefiera no hablar de sus bases pélvicas. ¿A quién le gusta confesar que moja las bragas? ¿Y que hasta los tampones tamaño súper se le escurren cuando estornuda? En este asunto, a la mística femenina le espera una verdadera paliza.

Me parece estar oyendo los gemidos y las exclamaciones de incredulidad. Pero si las amigas no te lo decimos, ¿cómo vamos a ayudarte a evitar o curar el problema? Si lo que afirmo no fuera cierto, ¿por qué la mayoría de los obstetras prefieren «dar un par de puntos de más» cuando suturan la episiotomía, «para estrechar un poco»? No será para cerrarte la vagina, ¿verdad?

He aquí cómo aprender a hacer los ejercicios de Kegel. Te sientas en la taza del váter, con las piernas separadas, e interrumpes varias veces el flujo de la orina. Los músculos que utilizas para ello son los mismos que se usan en los ejercicios de Kegel. De hecho, mientras estás aprendiendo el programa de Kegel deberías practicar este «pipí tartamudo» cada vez que vayas al baño. Una vez que estés más fuerte y más familiarizada con la sensación, puedes pasar a los trucos para fiesta.

Según la experiencia de las amigas, el pipí tartamudo no es suficiente para mejorar la fortaleza de los músculos vaginales. Lo que se necesita es fuerza y resistencia. Por lo tanto, el siguiente ejercicio de Kegel que debes dominar es la técnica de apretar y retener. Prueba a hacer lo siguiente:

la próxima vez que te detenga un semáforo en rojo, trata de mantener los músculos vaginales tensos, sin aflojarlos hasta que se encienda la luz verde. O, si estás viendo televisión, puedes mantener la tensión durante toda la tanda publicitaria. Pero no te olvides de respirar.

Si empiezas a sentirte nerviosa e incómoda es porque estás ejecutando correctamente esta maniobra de apretar y retener. De veras: mis amigas Amy y Shannon están de acuerdo conmigo en que este ejercicio, ejecutado correctamente, provoca cierta inquietud. Hasta es posible que te sientas mareada. Es como un orgasmo sin placer.

A medida que se acerca el término del embarazo, los ejercicios de Kegel suelen resultar más difíciles debido a que todos los tejidos blandos de la vagina y aledaños han comenzado a hincharse, pues el bebé ejerce más presión. No te preocupes si entonces te parece que los ejercicios de Kegel son totalmente ineficaces: sigue practicándolos. Y en cuanto nazca el bebé, retómalos. Hazlos cada vez que te acuerdes, por el resto de tu vida. Ya verás si me das las gracias por haber compartido esto contigo. E igualmente agradecido quedará tu marido.

9

Sexo y embarazo

Puesto que estás leyendo este libro, lo más probable es que ya estés embarazada; entonces supondrás, muy complacida contigo misma, que no necesitas leer este capítulo. Después de todo, si no supieras siquiera un poco sobre sexo, no estarías en estos aprietos, ¿verdad? (Por otra parte, si fueras tan sabihonda en cuestiones de sexo, quizá tampoco te encontrarías en estos aprietos.) Ese aire de complacencia es un autoengaño que te durará muy poco, pues casi todas las mujeres caen en la cuenta, en las primeras semanas del embarazo, que una cosa es hacer el amor en condiciones normales y otra muy distinta hacer el amor embarazada.

Coincidirás conmigo en que, en circunstancias normales, la sexualidad involucra el cuerpo y la mente. En realidad, un buen acto sexual es casi siempre más espiritual que físico, al menos para nosotras, las amigas. Obviamente, no te descubro nada nuevo si te digo que el cuerpo de la embarazada está sufriendo cambios radicales, que corren paralelos con sus cambios espirituales. Esto afectará decididamente tu manera de considerar el sexo y también la de tu marido. Y aunque no todos piensan lo mismo del acto sexual «embarazado», existen dos categorías diferentes de personas: las que disfrutan más del sexo cuando ella está embarazada y las que disfrutan menos del sexo cuando ella está embarazada. (El problema surge cuando un miembro de la pareja pertenece decididamente a una de esas categorías y el otro, inflexiblemente a la otra.)

En el plano físico, tu cuerpo ya es diferente y, si te pareces a mí, seguirá cambiando hasta que adquiera proporciones de caricatura. La palabra más descriptiva, en este caso, es «grande»: tetas grandes, barriga grande y, en la mayoría de los casos, grandes el trasero, los brazos, los muslos y hasta la cara. De hecho, uno de los mayores desafíos sexuales consiste en resolver cómo transitar entre las colinas y los valles del cuerpo embarazado para encontrar la madriguera, por así decirlo. La forma en que te sientas, física y espiritualmente, dentro de ese cuerpo en expansión, es algo que afectará profundamente tu sexualidad. Y si crees que para ti será coser y cantar, espera a que te cuente las reacciones de algunos maridos con los que he conversado. Están los que se excitan al ver el cuerpo fecundo y los que se aterrorizan ante él. (Probablemente tengas ya una idea de cuál será la reacción de tu compañero.)

Otro adjetivo muy importante es «hormonal». La intoxicación por progesterona que mencionamos con anterioridad tiene también un componente afectivo. No sólo debes vértelas con el *shock* de encontrarte embarazada, sino que también tu libido entra en caos. En un instante puedes sentirte lujuriosa y sensual como Jessica Rabbit y, al momento siguiente, menos atractiva que la Mujer Elefante. Otras veces tienes tan poco interés por el sexo que amenazas con matar a quien intente tocarte. A menos que hagas algo bastante flagrante, como usar distintos colores según tu estado de humor, tu marido quizá no sepa a qué atenerse. El mío, pobrecito, trataba de evitar todo contacto visual conmigo hasta estar seguro de que mi estado era lo bastante racional como para no poner en peligro su salud ni su seguridad.

Como si una no tuviera ya bastante con adaptarse física y emocionalmente al sexo, la naturaleza complica las cosas exigiéndote que te las veas también con la adaptación emocional de tu marido. Si te parece que, en este precario período, cuidar de la salud psíquica de tu esposa y de la tuya propia es una tarea abrumadora, haz lo que todas las amigas hemos hecho durante años: pasa por alto las necesidades de tu marido y atiende las propias.

Tres son multitud

Aunque tu embarazo no se note todavía en absoluto, en tu cama ya no hay dos personas. Tanto tú como tu marido tenéis perfecta conciencia de que allí hay alguien más. Aunque el bebé no sea más grande que un guisante, su existencia ejerce un profundo efecto en la forma en que sus padres encaran el sexo. (Sé que muchos hombres han fantaseado con un *ménage à trois,* pero no creo que fuera eso lo que imaginaban.) Este pequeño «observador» puede hacer que tú o tu marido os sintáis inhibidos para expresaros sexualmente. Si es así, no sufráis: es muy probable que tras los juegos amorosos se os pase rápidamente. Y si no, tranquilizaos, que no seréis la primera pareja a la que la paternidad les arruine la vida sexual. ¡Ya veréis cuando tengáis dos o tres chavales entrando a cada rato en el dormitorio! Y si la presencia del feto os impide usar palabras obscenas o gemir a gusto, decidme qué pasará cuando el crío de seis años os esconda la grabadora debajo de la cama, con la casete en marcha. ¡Eso es inhibición!

El amor como lo hacían papá y mamá

De repente, tú y tu compañero habéis dejado de ser dos personas con una vida espiritual de adolescente para convertiros, por obra de este embarazo, en «padres de alguien». Las responsabilidades de la paternidad pueden asustar hasta el punto que suelen ser el origen de varios cambios sexuales muy profundos durante el embarazo. Los rasgos de personalidad que te atraían tanto en tu marido pueden parecerte muy poco atractivos en un padre, y a él le ocurrirá otro tanto contigo. El esposo de mi amiga Dina no podía resistirse cuando la veía caminar por la casa en camisón y sin ropa interior; en cuanto ella quedó embarazada, comenzó a insistir en que se pusiera pijamas completos: esa provocación sexual, que tanto le encantaba antes, le resultaba completamente indecorosa en la madre de su hijo.

Mi amiga Tory gozaba de frecuentes y lascivos actos sexuales con su marido músico; una vez embarazada, sus trasnochadas y juergas con los amigos empezaron a fastidiarla. No pasó mucho tiempo antes de que los tatuajes de su cuerpo dejaran de excitarla. Finalmente se sorprendió ansiando la compañía de cualquier hombre de los que circulan por la calle con traje, corbata y portafolio.

Uno de los conflictos más difíciles que deben enfrentar las parejas en su vida sexual durante el embarazo es una categoría llamada «el amor como lo hacían papá y mamá», en cuanto todos albergamos secretamente la creencia de que nuestros padres «nunca lo hicieron» o, al menos, detestamos imaginar detalles. Si tu marido comienza a tener contigo las mismas expectativas que con su madre, no te quedará mucho que hacer por la noche, salvo contar ovejas para dormir. Sin duda has oído hablar del complejo virgen/prostituta, por el que un marido sólo quiere sexo con «prostitutas», pero no acepta sino a una «virgen» como madre de su hijo. Según se rumorea, Elvis no volvió a tocar a Priscilla una vez que ella quedó embarazada de Lisa Marie. (Al menos, eso es lo que Priscilla adujo para justificar haber terminado en la cama con su profesor de kárate.) Los psicoanalistas llevan años sondeando este territorio de la vida emocional masculina; por cierto, no tengo nada que agregar a su trabajo. El único consejo que podemos darte las amigas, si crees estar casada con esa clase de hombre, es que representes el tipo opuesto. Si desde que estás embarazada él te confunde con su mamá, regala inmediatamente todas tus blusas de cuello cerrado y ponte una prenda negra, muy escotada y transparente. Haz todo lo que puedas para recordarle que sigues siendo la misma persona irresistible que lo volvió loco aquella primera vez.

Allí dentro sólo hay lugar para uno

Otro de los problemas que experimentan los hombres es el miedo de dañar al bebé al hacer el amor. Por lo que deduzco de mis conversaciones con futuros padres, parecen temer que el pobrecito esté en la trayectoria de un enorme y potente ariete lanzado al ataque. ¿No es muy de ellos sobreestimar de este modo el tamaño y el poder de penetración de su pene? He oído a algunos insinuar que, durante un acto sexual intenso, podían «sentir» el feto en la punta del pene. Una no puede menos que maravillarse ante la presunción (o la locura) de semejante comentario. Al fin y al cabo, haría falta un pene muy pero muy largo y dotado de extraordinaria sensibilidad para que ocurriera lo que tanto aflige a estos señores. ¡Vaya, vaya! ¿No te gustaría conocer a un hombre así?

Bromas aparte, he sabido de muchos maridos que dejaron de hacer el amor durante todo el embarazo a causa de esta idea del ariete. Ahora bien: entre nosotras, amigas, esto no suele ser un gran sacrificio por parte del marido, pero representa más trabajo para la mujer, pues el sustituto tradicional que ellos sugieren, durante los nueve meses de embarazo, es el sexo oral. Y, en mi opinión, eso añade otra tarea más a la futura mamá.

Aunque este asunto del ariete sea, por lo general, un autoengaño, en ocasiones puede encerrar parte de verdad. Varias amigas aseguran que no disfrutaban mucho del acto sexual durante el embarazo porque sus muy viriles esposos penetraban más allá de lo placentero. Si tienes motivos para temer un aborto, quizá te convenga prescindir del sexo durante el tiempo que indique tu médico (o tu instinto), pues el semen contiene una sustancia química que puede favorecer la dilatación del cuello del útero. Si bien esta propiedad no suele causar efecto sino hacia el final del embarazo, debe tenerse en cuenta en los embarazos de «alto riesgo» (pregunta a tu médico si te encuentras en esta ambigua categoría).

El genio está fuera de la lámpara

Una agradable ventaja del sexo durante el embarazo es que ya no te preocupa la posibilidad de quedar embarazada. Sé que esto suena ridículo, pero aun cuando deseas concebir puedes experimentar cierta ambivalencia en cuanto a tu decisión. En cambio, una vez producida la concepción, si has aprendido a «rendirte», puedes tranquilizarte y dejar de analizar lo que realmente sientes. Tras pasar quince años con miedo a que los métodos anticonceptivos me fallaran, fue un verdadero alivio no tener que preocuparme más por eso. Por fin se había concretado lo que yo temía y era estupendo. Es como decirse: «La puerta del establo quedó abierta y la vaca se escapó; ahora puedo dejar la puerta abierta y divertirme usándola para columpiarme.» Si utilizabas métodos anticonceptivos relativamente molestos, como espumas, diafragmas, preservativos, jaleas y otras sustancias viscosas, te esperan días gratos.

Pero como cada uno sabe dónde le aprieta el zapato, me siento obligada a mencionar que existen personas que, al desaparecer el miedo al embarazo, se excitan menos. Éstos son los buscadores de emociones (hombres, en su gran mayoría), que sólo disfrutan de un deporte cuando involucra el riesgo de romperse la crisma. Para estos audaces, el hecho de que el paracaídas haya fallado por fin, quita todo interés a futuras zambullidas aéreas. En otras palabras: lo que les excitaba en cada ocasión era la posibilidad de librarse de engendrar un bebé; ahora que fracasaron, vuelven su atención a prácticas más peligrosas.

Conozco a varias personas (mujeres, en su mayoría) para quienes la concepción es el único motivo para hacer el amor. Cuando descubren que están embarazadas, las propuestas sexuales del marido les resultan molestas y... bueno, redundantes. Para ellas, un embarazo significa no tener que depilarse las piernas por nueve meses. Yo lo llamo «enfoque del receptáculo precioso»; estas mujeres que no quieren enredarse en nada físico hasta que terminen de gestar. Probablemente están casadas con un hombre para quien el embarazo de su esposa es un buen momento para tener una aventura. Si eso te parece aceptable, todo el mundo quedará conforme. Si las aventuras extraconyugales no te agradan, quizá debas capitular y quitar el polvo a tus habilidades histriónicas para fingir el orgasmo.

La semilla potente y el suelo fértil

Otra reacción positiva ante el embarazo puede ser una renovada sensación de potencia y fertilidad. Raro es el hombre que no se hincha de orgullo al saber que ha embarazado a su mujer. A ellos les encanta saber que el cañón, además de estar en buenas condiciones de funcionamiento, dispara balas de verdad. Desde que existe el embarazo, aunque pueda parecer vulgar, cada pareja que logra concebir una vida cree tener la patente de invención del asunto. Entusiasmados por la capacidad reproductiva de ambos, no pueden contener las ganas de arar ese suelo fértil una y otra vez.

Los frenos no funcionan

Lo que las amigas y yo hemos descubierto acerca de la vida emocional de la embarazada, sobre todo en lo referente al sexo, es la intensidad de las emociones y la rapidez con que cambian. Puedes pasarte todo el día fantaseando con hacer el amor con tu marido de una manera animal y salvaje, hasta el punto que te comes todas las uñas de impaciencia mientras lo esperas. Cuando él llega a casa, por fin, se pone a abrir la correspondencia en lugar de observar las ecografías que le has colgado en la puerta de la nevera; entonces comienzas a denunciar a gritos esa nueva prueba de su indiferencia para contigo y tu bebé. Cuando te hayas calmado lo suficiente para pensar de nuevo en el sexo, estarás durmiendo en la bañera.

Es como si tu motor emocional se hubiera trabado en cuarta; en lugar de ir acumulando un sentimiento, llegas a él a cien kilómetros por hora. Peor aún: los frenos no te funcionan. Nunca tienes «un poco» de hambre ni «algo» de interés por el sexo, así como no experimentas «una pizca» de impaciencia cuando ves a tu esposo incapaz de prever y comprender tus estados de ánimo.

Según las investigaciones que he hecho entre las amigas, las embarazadas se dividen según la siguiente proporción: el 60 por ciento se torna más sexual y el 40 por ciento pierde el interés casi por completo. Mi amiga Tracy, por ejemplo, vivía en constante excitación sexual, que al padre de la criatura le encantaba satisfacer. Mi amiga Sondra estaba tan abstraída a causa de su embarazo que, probablemente, no sabía si estaba haciendo el amor o no, pero al marido lo excitaba tanto verla en ese estado, que estaban siempre muy ocupados pese a la indiferencia de ella. En cuanto a Maryann, está siempre acechando a su marido para que le haga el amor (ahora que ha dejado de vomitar), pero a él se lo ve claramente asustado.

...Y *los sueños, sueños son*

Hacia el segundo trimestre de mis embarazos yo pensaba casi continuamente en el sexo. Y cuando no pensaba en él, soñaba con él. Permíteme ser franca: mis sueños eran absolutamente fantásticos. Las fantasías eróticas de algunas embarazadas me hacen pensar que la progesterona podría ser un gran alucinógeno. En mi caso, los efectos que prefería eran los de la vida nocturna. No me refiero a esos sueños eróticos vulgares en los que te imaginas viajando en tren con Tom Cruise. Hablo de sueños muy reales que incluyen el acto sexual en sí, no con ídolos de la pantalla ni con tu marido, sino con cualquier hombre con el que hayas tropezado por casualidad durante el día. Para mí podía ser el cartero, el vecino y hasta los amigos de mi marido. El buen gusto y el decoro volaban por la ventana. Sólo empecé a preocuparme cuando en uno de mis sueños apareció el cura de mi parroquia; desde entonces siento que existe entre nosotros más intimidad de la que me gustaría tener con un hombre de sotana. Mi amiga Janis me contó que, en sus sueños, su compañero sexual más frecuente era el formalísimo locutor que presentaba el programa informativo de la noche, probablemente porque era lo último que veía en televisión antes de dormir.

Aunque los sueños son deliciosos por sí solos, aún no te he contado lo mejor: *es común que las embarazadas experimenten un orgasmo real durante esos sueños sexuales.* La primera vez que me sucedió desperté con la idea de que había un terremoto (después de todo, vivo en California). Fue una sorpresa descubrir que acababa de tener una experiencia sexual muy satisfactoria ¡sin que nadie me tocara! Quiero que entiendas exactamente lo que te estoy diciendo: no se trata de que sueñes con un orgasmo, sino que lo tienes de verdad. La emoción de estos sueños solía llevarme a sacudir a mi marido para despertarlo... para no perder el sabor del sueño, por así decirlo.

Siempre lista

Las mujeres que no pierdan por completo el interés por el sexo durante el embarazo descubrirán, probablemente, que les interesa más que antes. A decir verdad, nunca las había entusiasmado tanto desde la adolescencia. Una de las explicaciones más lógicas es el ligero agrandamiento de los órganos sexuales. Estos órganos se estimulan, y su propietaria los imita. Cuando estás embarazada, los labios vaginales se tornan más oscuros y sensibles, al igual que los pezones, pero además se congestionan. Tal vez lo hayas notado durante el acto sexual o mientras te bañabas, pero tendrías que buscar un espejo para echar un vistazo. Esta congestión es similar a la que se produce cuando te excitas sexualmente. He aquí otro buen motivo para que caminar sea tu ejercicio favorito durante el embarazo.

El ratoncito Peras

Cuando los pechos de la embarazada inician su rápido crecimiento, el marido de mi amiga Sondra dice que ha llegado el ratoncito Peras. Cuando notas la primera falta, tus pechos pueden estar un poco más grandes que de costumbre, como sucede siempre inmediatamente antes de menstruar. Un mes después descubrirás que ya no te caben en el sujetador y que la línea de unión te llega hasta alturas nunca vistas. Todas las amigas hemos notado que este cambio de talla se produce con mucha celeridad, en menos de una semana... período que, en la vida de la distraída embarazada, puede parecer cuestión de minutos. Los pechos seguirán creciendo durante todo el embarazo, pero con el correr del tiempo serán superados por la barriga, con lo que el impacto no resultará tan espectacular como al principio.

En los tres primeros meses del embarazo, sobre todo si eres primeriza, el resto de tu cuerpo parece bastante normal, pero los pechos están pesados y llenos, como en las novelas románticas. No sé de ningún hombre que no agradeciera de corazón la novedad.

Como hemos dicho, los notarás especialmente sensibles, sobre todo durante los dos primeros meses. Te conviene señalar este hecho biológico a tu marido, quien al gozar con entusiasmo de tus pechos puede hacerte aullar de dolor. Una vez que lo hayas adoctrinado debidamente sobre la necesidad de usar mano ligera, esa sensibilidad puede resultarte muy erótica. Algunas amigas afirman que han llegado al orgasmo con la sola estimulación de los pechos. Pero es importante agregar aquí una advertencia, pues al acercarte al término del embarazo esa estimulación puede provocar o intensificar el trabajo de parto. Sí, es cierto: retorcer un pezón es el equivalente orgánico de la oxitocina, el medicamento que se emplea para acelerar el trabajo de parto. (Sin embargo, como ocurre con casi todos los fenómenos orgánicos, sus efectos son tan sutiles que mi naturaleza impaciente no puede apreciarlos.) De todos modos, acepta este aviso o pregunta a tu médico si tienes motivos para temer un parto prematuro. O, a la inversa, si ya estás en el término y esperas con impaciencia la llegada de tu bebé, estimula tus pechos cuanto gustes. El beneficio adicional de este manoseo es que endurece los pezones, preparándolos para amamantar, si piensas hacerlo.

A propósito, y por si no lees los capítulos en el orden que he escogido, vuelvo a aconsejarte que disfrutes ahora de tus espléndidas tetas e, incluso, que saques algunas fotografías conmemorativas, porque después del parto y la lactancia quedarán más pequeñas y caídas. Si esto te toma por sorpresa, lo siento, pero ¿cómo vas a enterarte de la verdad si no es por boca de tus amigas?

Sexo oral

El sexo oral es siempre divertido y debería seguir siéndolo durante el embarazo. Pero existen ciertos cambios fisiológicos que debes saber, a fin de preparar a tu marido. Por ejemplo: tal vez él no se haya percatado, durante el coito, de la congestión y del cambio de color de tus órganos sexuales, pero el sexo oral le pondrá esas alteraciones delante de las narices, por así decirlo. No sería mala idea que se los menciones antes de que los descubra por sí mismo, pues la sorpresa no siempre es buen afrodisíaco.

También sería muy considerado de tu parte que lo pusieras sobre aviso acerca de un cambio de sabor de tus partes íntimas, si a estas alturas aún no lo ha percibido. Existe una explicación científica que relaciona esto con la membrana uterina, que pasa de alcalina a ácida (¿o era al revés?). Es algo completamente normal, pero no por eso dejará de provocar gran impacto en tu generoso y amante marido. Mi amiga Susie, que tiene tres hijos, afirma que su esposo siempre detectó los embarazos antes que ella misma, gracias a su refinado sentido del gusto.

¡Más gorda, siempre más gorda!

Lo que siempre me ha parecido injusto es que, a medida que aumentaba mi interés por el sexo, también aumentaba mi volumen. Por grande que fuera el amor de mi marido, llegaba un momento en que hacerme el amor era más un acto de misericordia que de pasión. Aunque sobre gustos no hay nada escrito, una buena proporción de hombres no se excita ante una mujer que los supera en peso.

Como ya mencioné, en el tercer mes de mi segundo

embarazo tuve algunas pérdidas. El médico me aconsejó que evitara el coito durante cuatro a seis semanas. Naturalmente, preferí que fueran siete semanas, para mayor seguridad. Cuando me enviaron al banquillo de suplentes estaba aún razonablemente delgada y atractiva, pero al terminar el período de peligro empezaba a parecerme a un personaje de *Fantasía*. En mi ingenuidad, mandé a nuestro primogénito a casa de una amiga e inicié los preparativos para el gran reencuentro. Me lavé la cabeza, me puse rulos, me apliqué kilos de maquillaje y me enfundé (a tirones, por cierto) en una camisa ancha de seda y pantalones elásticos. Bien habría podido desplegar una sombrilla para caminar por la cuerda floja, porque estaba igual que los hipopótamos del ballet de Disney. Al verme, mi esposo arriesgó la vida en una carcajada, pero su humor era tan profundo y genuino que estaba dispuesto a morir por la causa.

Sin embargo, mi experiencia no es universal; a algunos hombres les encanta ver a sus mujeres gordas y apetitosas. Mi amiga Shannon asegura que, por lo que a su marido concierne, cuanto más gorda, mejor. Le hacía el amor lanzando gritos de entusiasmo, como si estuviera domando un potro. Sus pechos gigantescos y su trasero acolchado lo tentaban irresistiblemente. Lo que más le gustaba era decirle cosas obscenas durante el coito, pues le parecía escandaloso hablar de ese modo a una madre.

La tradición por tierra

En los primeros meses del embarazo el sexo puede practicarse (casi) en cualquier posición. El único peligro real reside en la hipersensibilidad de los pechos, que con frecuencia no pueden soportar la presión de un hombre.

Más adelante, cuando crece la barriga, hacer el amor puede ser como una carrera de sacos, por lo difícil que resulta acomodar los bultos y las curvas. Tarde o temprano descubrirás dos cosas desagradables sobre la antigua postura del misionero: mujer de espaldas, hombre arriba.

> Primero: al acostarte de espaldas el feto comprime una de tus arterias principales, interrumpiendo así la circulación.
>
> Segundo: la barriga interpuesta entre tú y tu pareja hace que la penetración frontal sea casi imposible, a menos que él tenga un pene de sesenta centímetros, en cuyo caso debería cobrar aranceles por servicio de semental.

Al promediar el embarazo, muchas parejas prefieren pasar a la posición sexual que, recatadamente, llamamos «estilo perro»: la mujer sobre manos y rodillas, el hombre atrás. Casi todas mis amigas coinciden en que en esta posición puede producirse una penetración excesiva y, por lo tanto, perjudicar a la embarazada si no se practica con cuidado. Una de mis posturas favoritas, que las amigas recomendamos de todo corazón, es... «cucharas»: ambos de lado, con la mujer dando la espalda al hombre. Es cómoda y efectiva y, al mismo tiempo, puedes abrazarte a la almohada, si quieres. (Más adelante volveremos sobre este afecto de la embarazada por las almohadas.)

Nuestra vieja y sensual Shannon me enseñó una posición realmente genial. En verdad es tan buena que, el otro día, se la mencioné a Maryann. A Shannon y su marido les gustaba hacer el amor en el baño (y si puede creerse en la leyenda, uno de sus hijos fue concebido allí). Ella se inclinaba sobre el lavamanos y él la penetraba desde atrás. Dicen que esta postura era la más adecuada y que les encantaba mirarse en el espejo. Además, presenta la ventaja de que la pila tiene la altura justa para esconder la panza y los muslos, permitiendo que los generosos pechos se exhiban como nunca.

La guinda del postre

He reservado lo mejor para el final: ahora hablaremos de orgasmos. ¿Acaso no imaginabas que, durante el embarazo, el orgasmo es diferente? Un orgasmo es algo muy difícil de describir y evaluar, pero haré lo que pueda.

Tras cientos de discusiones con las amigas (el tema es uno de nuestros favoritos), hay tres puntos principales en los que estamos de acuerdo. Primero: si eres de las que siguen interesadas en el sexo, te excitarás con mayor celeridad que nunca. Segundo: aunque te excites con facilidad, con seguridad requerirás más tiempo que antes para llegar al orgasmo. Tercero: vale la pena tomarse todo el tiempo necesario, porque el orgasmo de la embarazada es más profundo y prolongado. De hecho, aun después del impacto inicial, es posible que continúes sintiendo «sacudidas» (recuerda que vivo en zona de terremotos) durante más de una hora. A veces, las sacudidas pueden asustarte un poco, pues provocan verdaderas contracciones uterinas. Consulta a tu médico al respecto, pero casi todos están de acuerdo en que el embarazo puede soportar esos movimientos, siempre que no corras peligro de aborto.

10

Cómo tener el mejor aspecto posible

MODAS PARA MATERNIDAD

Después de cuatro embarazos hay algo de lo que tengo absoluta certeza: ninguna mujer se queda embarazada sólo para poder lucir esas bonitas prendas para futura mamá. A menos que vivas en una colonia nudista o en una isla del mar del Sur, donde tu prenda habitual sea el pareo, te verás obligada a adaptar el guardarropa a los cambios de tu silueta, tarea que constituye un verdadero desafío. La dificultad es doble. Ya es bastante difícil conseguir prendas cómodas, adecuadas a tu estilo de vida y elegantes, dentro de lo que cabe. Pero armar un vestuario de futura mamá sin gastar una fortuna resulta casi imposible. En este capítulo, las amigas intentaremos proporcionarte datos y consejos para que este engorroso período no lo sea tanto.

Hasta hace algunos años, la filosofía imperante parecía consistir en disimular el embarazo y apartar la atención de la barriga, elevándola hacia el rostro radiante de la futura madre. Cualquier prenda de maternidad requería metros y metros de tela; invariablemente se envolvía a la pobre embarazada con algún tejido de poliéster, que se extendía desde el cuello hacia abajo formando una circunferencia de seis metros, poco más o menos. Por si eso no fuera ya bastante feo, generalmente se acentuaba el cuello con un enorme lazo o unas solapas de marinero. La única modificación recién introducida a este estilo «tienda de campaña» ha sido el agregado de hombreras a casi todos los vestidos, blusas, camisetas y chaquetas, lo cual no hace sino empeorar las cosas. Este acolchamiento innecesario se combina con las mejillas redondeadas y los antebrazos regordetes de la embarazada, asemejándola a un jugador de fútbol americano.

Las revistas de moda siempre te aconsejan que te mires desnuda en un espejo de tres hojas, a fin de evaluar tus puntos favorables y desfavorables y planear tu guardarropa teniéndolos en cuenta. Sé que puede parecer sádico, pero creo que este consejo es especialmente valioso para las embarazadas. Aunque me cueste decírtelo, debes efectuar esta evaluación no una vez, sino todos los meses, por lo menos, porque tu silueta cambiará notablemente de una semana a otra. Comprendo lo aterradora que es la perspectiva de enfrentarse a tu cuerpo embarazado de una manera tan inexorable, pero, si te sirve de ayuda, puedes tomarlo como un experimento de biología. Que tu mantra sea: «Esto también pasará, esto también pasará...»

He aquí algunas descripciones generales de las tres fases tradicionales (o trimestres) del embarazo, junto con advertencias y consejos específicos para vestirte en cada una de ellas.

Los tres primeros meses

En primer lugar, si no eres primeriza saltea esta parte y pasa directamente al segundo trimestre. Por lo general, a partir del segundo embarazo el vientre se hincha cinco minutos después de la concepción, por lo que tu estado será obvio incluso en los tres primeros meses. Casi todas las que hemos tenido dos hijos o más mencionamos que, invariablemente, al cabo de sólo unos días ya teníamos una prominente barriga. Supongo que ello se debe a que los músculos abdominales, una vez estirados por el primer embarazo, nunca recuperan la misma firmeza.

Si eres primeriza, por lo general tu cuerpo se mantiene sin cambios durante el primer trimestre, con excepción del nacimiento de los pechos. Tal vez notes que estás un poco hinchada, como suele suceder antes de la regla, pero como eso sólo tú lo percibes, no cuenta. Aunque comas a todas horas, como cualquier amiga que se precie, esos kilos de más no se notarán hasta dentro de algunas semanas.

Durante este período es probable que puedas usar casi toda tu ropa normal, aunque quizá te cueste abotonar los tejanos o enfundarte esos pantalones de cuero negro que parecen pintados sobre la piel. Una tendencia curiosa, detectada por las amigas, es que empiezas el día sintiéndote relativamente esbelta, pero terminas la jornada embarazada sin confusión posible. Yo solía ir a trabajar con pantalones ceñidos y una blusa blanca metida debajo del cinturón. Al volver a casa me había desabrochado los pantalones, llevaba la camisa suelta y me había quitado los estribos para dejar espacio a la hinchazón.

Una advertencia más, sobre todo si este período coincide con el verano: la mayor retención de agua que provoca esa hinchazón puede acentuar la celulitis. No dejes de observarte objetivamente el trasero en un espejo de tres hojas, por si no fuera buena idea lucir el bikini en público (suponiendo que fuera buena idea antes del embarazo).

El segundo trimestre

Ésta es la peor parte del embarazo en cuanto a ropa. En el cuarto o el quinto mes, casi todo lo que tengas en el armario te quedará pequeño, pero todavía no podrás llenar esas enormes prendas de maternidad. Aunque te parezca malgastar el dinero, la única solución suele ser comprar ropa normal, pero una o dos tallas más grande. Para que te sientas más ahorrativa, ten la seguridad de que volverás a usar esas prendas durante varios meses después del nacimiento, hasta que recuperes tu peso normal. En mi armario tengo ropa de todos los tamaños, desde la talla 44 hasta la 50, como crónica de mis cuatro viajes por la escalerilla del embarazo, hacia arriba y hacia abajo. Gracias a eso, casi todas mis amigas saben que, en caso de apuro, siempre encontrarán algo en mi casa, cualquiera que sea la talla que usen.

Otro recurso posible, para llenar el vacío entre la ropa normal y la de futura mamá, es el armario de tu marido. Yo pasaría por alto los trajes (aunque los chalecos pueden resultar divertidos), pero probaría con los tejanos, los chándales, los jerséis y las camisas. Y si tu esposo es tan remilgado que protesta por ese asalto a su guardarropa, se callará de inmediato en cuanto le hagas conocer los precios de los vestidos de maternidad. Lo malo es que, por grande que sea él, tarde o temprano su ropa te resultará pequeña. Todavía recuerdo, de mis cuatro embarazos, el día en que superé en peso a mi marido.

Esa evaluación frente al espejo me resultaba mucho más inquietante en el segundo trimestre. Por entonces parecía embarazada por todas partes y, al mismo tiempo, en ninguna. Es decir: tenía los pechos más grandes aún que el mes anterior, pero mi cintura había desaparecido por completo; en cuanto a la barriga, ya empezaba a proporcionar apoyo a las tetas. Éste es el período en que nadie sabe si estás embarazada o si te ha dado por abusar de los postres; por eso nadie te dice nada, pero ten la seguridad de que comentan a tu espalda. Es probable que sientas las tentaciones de comprar una camiseta con la leyenda: «Bebé a bordo». No lo hagas. Aclaremos algo desde ahora: una barriga embarazada no es buen lugar para carteles publicitarios.

Al bulto hacia delante de tu vientre se contrapone el bulto hacia atrás del trasero. Este desarrollo es algo muy importante que muchas mujeres pasan por alto, absortas como están en lo que ocurre en la parte delantera. Según sugieren los antropólogos, la naturaleza nos ha proporcionado ese estante posterior para que nuestros antepasados primates pudieran montar allí al bebé mientras la madre deambulaba a cuatro patas por la selva. (¿No opinas que la evolución demanda muchísimo tiempo?) Sólo sé que, por culpa de ese trasero, no hay vestido o chaqueta de punto que caiga en vertical desde los hombros hasta los bajos como debería. Si no tienes esto en cuenta, la peor indignidad que sufrirás es seguir usando prendas que dejaron de sentarte bien hace varias semanas... y no te enteras siquiera.

En este trimestre comienza también, para muchas mujeres, el problema de los muslos; tal fue mi caso. La naturaleza, al preparar el cuerpo para llevar la pesada carga de la gran barriga, refuerza los cimientos engrosando las piernas; es como cuando decides edificar una planta alta en tu casa y debes reforzar la estructura. Si eres como yo y casi todas las amigas, estarás ayudando generosamente a la naturaleza con enormes tazones de cereales devorados a medianoche y galletas de chocolate remojadas en leche entera por la tarde; mientras tanto, justificarás esas meriendas diciendo que necesitas más calcio.

En esta etapa yo tenía el cuerpo embarazado desde las mejillas de manzana hasta los tobillos cilíndricos. Afeitarme las piernas bajo la ducha era un diario recordatorio de que ese cuerpo no era mío ni se parecía al de siempre. Yo denomino a esta etapa «embarazo de cuerpo entero»; es entonces cuando caes en la cuenta de que el bebé no ha invadido sólo tu útero, sino todo tu ser. Fue por el embarazo de cuerpo entero que nunca adopté las calzas como prenda básica de maternidad. Después de estrujar el vientre, las caderas, los muslos y las rodillas para meterlos en una funda de Lycra, tratando de que me cubriera hasta los tobillos (invariablemente hinchados y azules, a causa de las venas prominentes), mis piernas parecían esos perros salchicha que los payasos hacen con globos en las fiestas infantiles.

Desde mi primer embarazo, mi marido repite un «chiste» que a él le parece muy divertido (a mí no, por cierto); me lo ha espetado en cada una de mis gestaciones, alrededor del sexto mes. Cuando me ve probar y descartar frenéticamente una prenda tras otra, en un esfuerzo por hallar algo que me permita salir de casa sin sentirme ridícula, me hace esta sugerencia: «¿Por qué no te pones un vestido y lo ciñes con un cinturón?». Y luego se derrumba entre risas histéricas, mientras yo busco algún objeto pesado que arrojarle. Se trata de una cruel referencia a un momento de mi primer embarazo en que me puse un enorme vestido estilo «tienda de campaña», todavía demasiado grande para mí. Intenté disimular su volumen ciñéndolo con un cinturón, y acabé pareciendo una pelota de básquet dentro de una sombrilla para playa. En otras palabras: en lo referente al vestido, no era carne ni pescado; estaba embarazada, pero no tanto. Si aprendes al menos esta lección, la de no usar cinturones mientras estés embarazada, el dinero gastado en este libro habrá valido la pena.

Los últimos tres (o cuatro) meses

Es raro que se repitan en el último trimestre los errores cometidos en el anterior, pues para entonces una está «muy» embarazada. A veces sufrirás la tentación de encerrarte en tu casa para evitar la frustración de buscar, día tras día, algo presentable que ponerte. Pero en verdad creo que, si compras algunas prendas básicas (que enumeraremos llegado el momento), el tercer trimestre puede ser el momento de la emancipación. En primer lugar, la barriga es ya tan redonda y prominente que, por comparación, los muslos parecen delgados. Segundo: la gente tendría que ser muy corta de vista para no darse cuenta de que estás embarazada, no simplemente gorda, te pongas lo que te pongas. Y lo mejor es que, a estas alturas, tienes tan pocas opciones que casi estás obligada a vestirte de manera adecuada por mucho que te resistas. En el tercer trimestre, esos vestidos sueltos y sin forma, con los que antes parecías estar ahogándote en un mar de tela, te quedarán múcho mejor. Imagina que la barriga es el poste que sostiene la tienda de campaña; entonces comprenderás por qué esa ropa cae mucho mejor cuando estás muy barrigona: necesita algo que le dé forma.

No olvides que, así como en el segundo trimestre debías tener muy en cuenta la parte posterior, porque la ropa tiende a treparse por atrás, en los últimos meses la barriga estira al máximo incluso las prendas para futura mamá. Si hasta ahora te las arreglabas con ropas normales de talla más grande, esta etapa será especialmente crítica, pues el vientre comienza a elevar los bajos por delante mientras que por atrás cuelga más que nunca, pues empiezas a echarte hacia atrás, como casi todas las embarazadas. Ese efecto de bajos desparejos puede resultar muy *avant garde* dentro de ciertos límites, pero cuando el dobladillo del vestido te toca las rodillas por atrás, mientras que por delante amenaza descubrir las bragas al menor soplo de brisa, es hora de retirar esas prendas y resignarse a comprar un par de tiendas de campaña para futura mamá (que están diseñadas para eso) o usar sólo vestidos normales que lleguen a media pierna, cuanto menos.

Tiendas de maternidad

En cuanto a la ropa que una puede comprar en las tiendas para maternidad, existen dos corrientes de pensamiento: algunas las adoran y no podrían vivir sin ellas; otras piensan que son el suicidio de la moda, pura y simplemente. Quienes las adoran suelen ser las que entran en esas tiendas, llenas de anhelos, en cuanto la prueba casera del embarazo les da positivo. Exploran con curiosidad los secretos de esas *boutiques* exclusivas, generalmente atendidas por mujeres posmenopáusicas y donde nunca jamás parece haber un hombre a la vista. Este rito de visitar tiendas de maternidad es tan profundamente femenino que, con frecuencia, se ve a las embarazadas en compañía de la madre o de alguna otra guía espiritual, encargada de introducirlas en los misterios de los pantalones con nesgas en la cintura y blusas con aberturas para amamantar. Si las visitas, tú y tu amiga podéis esconderos en los probadores y colocaros bultos bajo la ropa para ver cómo lucirás en plena floración, aunque ahora seas sólo un capullo. Según supongo, esto es comparable a algunos ritos de iniciación masculina.

Entre las cosas que se ofrecen en las tiendas de maternidad, una de las mejores es la abundancia de congratulaciones y frases ponderativas que te echan encima en cuanto entras, anunciando que tienes derecho a comprar allí porque ¡estás embarazada! Las otras clientas y las vendedoras se mostrarán fascinadas por tu estado; querrán saber para cuándo esperas, si vas a tener un varón o una niña y si piensas amamantar. Las tiendas de maternidad son uno de los pocos lugares de la tierra en que una puede encontrarse con otras personas casi tan interesadas por tu embarazo como una misma. Claro que trabajan a comisión.

La otra corriente de pensamiento acerca de las tiendas de maternidad es que a sus puertas se inicia el camino hacia el desastre en el buen vestir. La primera y principal de las quejas versa sobre la ínfima calidad de sus telas. Todos los vestidos parecen sumamente inflamables, por la gran proporción de poliéster que contienen. Hasta las camisetas de maternidad, supuestamente comparables a cualquier camiseta normal, tienen una consistencia sintética tal que el agua forma gotas sobre ellas, en lugar de penetrar. Y los vaqueros parecen un mal chiste; se los debería denominar «pantalones tipo vaquero, libres de algodón». Están patéticamente ideados para que la embarazada se sienta activa y juvenil durante la gestación, pero las amigas pensamos que son una burla.

Otra gran queja sobre estas prendas es que sus fabricantes parecen ignorar el atractivo sexual como objetivo del diseño. Si quieres saber en qué consiste el problema, echa un vistazo a las estanterías y verás montones de colores pastel, diminutos estampados florales, cuellos de payaso y chaquetas dignas de una guardiacárcel. Si quieres un vestido de noche, el equivalente para embarazada suele ser una cosa en forma de gran tienda de campaña, llena de lentejuelas. Esos diseñadores deben tener un sentido del humor muy cruel.

Creo que lo peor de las tiendas de maternidad reside en los elevados precios de sus artículos. En realidad, es el clásico mercado vendedor, pues en la mayoría de las ciudades sólo hay una de esas tiendas en cada centro comercial. Esto significa que, si necesitas medias para maternidad, no tienes más remedio que comprarlas en esa única tienda. Los grandes supermercados solían tener algunas prendas para futura mamá, pero creo que, al añadir panaderías y cafeterías, se quedaron sin lugar para las madres del mundo. Una ya se siente bastante mal cuando, por pura desesperación, se resigna a comprar un mono de cretona, pero pagar más de doscientos dólares por él es un robo por parte de la tienda y demencia gestacional por parte de la compradora.

El consejo que puedo darte para resolver esta crisis es que no limites tus opciones. Es cierto que las ropas de maternidad son ahora mucho mejores (aunque aún queda mucho que perfeccionar), pero no acudas sólo a tiendas especializadas, pues pueden formarse estupendos conjuntos con prendas normales. Por otra parte, no tienes por qué dejarte impresionar si alguna mujer se jacta de haber tenido dos hijos sin usar nunca una prenda para embarazada. En esa declaración hay implicaciones destinadas a provocar un sobrecogido respeto, a saber: que ella siempre conservó su gran tradición de elegancia y que nunca engordó tanto como para que la ropa común no le quedara bien. A ambas indicaciones replico: «¡Qué delirio!». Será cierto, sí, pero también es posible que haya hecho el ridículo durante todo el último trimestre. Si es cierta la última implicación, ¿para qué prestarle atención? Y si es cierta la primera, ¿quién dijo que una mujer de 35 años con un vestido «bobo» sea elegante?

En mis investigaciones, por poco científicas que sean, he descubierto que los artículos más comprados en las tiendas de maternidad son los siguientes: sujetadores para lactancia, trajes de baño, bragas, medias y mallas. Los sujetadores para maternidad son una obvia necesidad, pues en ningún otro negocio en la tierra encontrarás esos artefactos, que te harán falta para soportar esas ubres después del séptimo mes. Y si quieres amamantar a tu bebé, te serán muy cómodas esas pequeñas solapas que se abren para descubrir el pezón, sin necesidad de desvestirse por completo. En el apartado siguiente explicaré la conveniencia de los otros artículos.

PRENDAS ESENCIALES PARA EL GUARDARROPA DE LA EMBARAZADA

El traje de baño

Puesto que el embarazo dura las tres cuartas partes de un año o más, lo más probable es que pases alguna de sus etapas durante los meses cálidos del verano. Esto significa que necesitarás traje de baño. Si tienes la suerte de que la temporada veraniega te toque antes del quinto mes, podrás arreglártelas con una versión ampliada del traje de baño normal. Si tienes, como lady Di, piernas muy delgadas y menos de 25 años, hasta puedes arriesgarte a probar el efecto bikini-con-barriga. Siempre soñé con ese *look,* pero mi primera señal de embarazo ha sido siempre la aparición de celulitis entre la cintura y las rodillas, de modo que optaba tradicionalmente por una prenda bien provista de telas elásticas y suspensores.

Después del quinto mes es probable que el bañador normal no te sirva, aunque no hayas aumentado veinte kilos. El primer punto en que puede fallarte es uno que suele estar fuera de la vista. Sí, estoy hablando otra vez del trasero. Es hora de mirarse nuevamente en el espejo de tres hojas, pues la barriga en crecimiento tironea de la tela, dejando la parte trasera con muy poca cobertura. No es muy bonito mostrar un copioso trasero con un pequeño triángulo de tela que se esfuerza por cubrir el centro, sobre todo si las piernas empiezan a llenarse de hoyuelos. Y no pasará mucho tiempo sin que la barriga, cada vez más grande, levante la parte delantera del traje de baño hasta el punto que la concavidad de las piernas se estira casi hasta la cintura: otro espectáculo alarmante.

Si te resulta traumático probarte trajes de baño en condiciones normales, espera a hacerlo cuando estés embarazada. ¡Dan ganas de gritar! Los diseños cubren toda la gama: desde coquetas falditas hasta tiendas de campaña sin rodeos, pasando por cosas extrañas, con bandas horizontales, que parecen disfraces de abejorro. Durante dos de mis embarazos, a esas alturas arrojé la toalla. Para no soportar más tanta degradación renuncié directamente a nadar, como no fuera en mi bañera. Pero durante mi tercer embarazo pasé agosto en Orlando, Florida, donde debía nadar o morir. Fue entonces cuando compré mi primer traje de baño para futura mamá.

Debo reconocer que no era tan malo. Feo sí, puede ser, pero el bañador para maternidad ofrece ciertas maravillosas ventajas que están ausentes en la prenda común. Para empezar, casi todos tienen un sólido sostén incorporado, verdadero alivio para las que debemos cargar sin ayuda con esos enormes pechos. Además, son más anchos en la cadera por la parte de atrás, para que no expongas al sol esa piel delicada. Y, por último, claro está, tienes una buena nesga delante, para el vientre. Si ese añadido te resulta tan cómodo como a mí, sentirás la tentación de usar el traje de baño debajo de toda la ropa, por lo bien que te sostiene.

Es preferible evitar los volantes y las sobrefaldas, eligiendo un traje de baño que siga las líneas del utilizado para hacer gimnasia. Estaría bien que fuera escotado, pues una no debe perder la oportunidad de exhibir esos pechos voluptuosos. Además, cuando se desea desviar la atención de las piernas y el vientre, un buen escote es mucho más efectivo que las falditas y los cuellos marineros. Cuando no estoy embarazada, me inclino por los trajes de baño negros; durante el embarazo pensé hacer lo mismo, basándome en una teoría profundamente científica: puesto que el negro no refleja la luz, disimularía mi tamaño. La verdad es que el secreto no está en el color sino en el corte. Por eso te recomiendo que evites esos aburridos diseños florales y escojas un buen contraste de colores o quizá un diseño de piel de tigre y te diviertas un poco. Si tienes valor para ponerte traje de baño estando embarazada (y sé que esto puede intimidar tanto como el trabajo de parto), bien puedes jugarte entera. Recuerda la valiosa lección que aprendí en Orlando: las embarazadas merecen nadar. ¡Juremos sentarnos sobre cualquiera que nos mire mal! Y si quieres liberarte del todo, recuerda que tu aspecto es el que corresponde a alguien que está gestando un bebé; para concursar como candidata a La Sexy del Mes tendrás que esperar un poco.

Mi amiga Dona dice que usar traje de baño cuando estaba embarazada era estupendo, porque por primera vez en muchos años no se sentía obligada a hundir el vientre.

Mallas

Ya sabes qué son las mallas, ¿no?: esas cosas elásticas que nos ponemos en las piernas, más gruesas que las medias pero más finas que los pantalones. Como no sea para la clase de gimnasia o para mostrar que estamos tan en línea como Cindy Crawford, las usamos con camisetas largas a fin de disimular los rollos de los muslos y la barriga. Si eres de esas que se exhiben sin camisas o chaquetas largas, ¡vergüenza debería darte! Ten la seguridad de que nadie quiere ver la cintura elastizada de tus mallas, estés embarazada o no.

Todas las embarazadas de Estados Unidos parecen cautivadas por las mallas. Les gusta esa elasticidad. Si estás hinchada, te entran igual; si las náuseas no te ha dejado comer en tres días, siguen quedándote bien. Cualquier par de mallas que compres te servirá para varios meses de embarazo, pues se estiran tanto que una misma talla sirve para varios tamaños. Pero hacia el término del embarazo ocurre lo inevitable: si estornudas o te agachas, la cintura elastizada se enrosca inmediatamente hasta donde debería estar el hueso púbico, si pudieras encontrártelo. La sensación es alarmante. He visto a incontables embarazadas tironear frenéticamente de sus pantalones, tratando de subirlos hasta su sitio, sin parar mientes en las miradas de la gente. Este efecto de enrollamiento también es común con las medias; por lo tanto, harías bien en seguir mi consejo y comprar un par de mallas y medias para maternidad cuando todavía no te hagan falta. Te aseguro que estarás mucho más cómoda. Además, tarde o temprano tendrás que comprarlas, así que es preferible hacerlo temprano y aprovecharlas bien.

Como recordarás, no soy muy adicta a las mallas (al menos para mí), sobre todo si se las usa con calzado plano y sin medias. Las embarazadas suelen ignorar que incluso las rodillas y los tobillos tienen aspecto de embarazados. Pero reconozco que hay pocas prendas tan cómodas y versátiles, de modo que las mallas parecen haber venido para quedarse.

Te sugiero que, durante el embarazo, trates de usar las mallas con botas o zapatos de tacón, pues equilibran el peso del cuerpo y, al mismo tiempo, disimulan los tobillos. Pero, en este aspecto, mi gran secreto está en los estribos. Usa siempre pantalones con estribos, que llegan más abajo y crean la ilusión de que la pierna es más delgada y más larga. Y lo mejor es que los estribos no te ajustan los tobillos engrosados.

Sujetadores

Aunque normalmente te parezcas a Olivia y puedas prescindir del sostén sin caídas perceptibles, *durante el embarazo debes usar sujetador*. Más aún: al avanzar el embarazo es conveniente usarlo incluso para dormir, a fin de que esos pechos tan pesados no se pasen la noche rodando por la cama cada vez que te des la vuelta. La progresiva retención de líquido y grasa exige mucho a los músculos del torso; puesto que la gestación y la lactancia son bastante traumáticas para las mamas, lo menos que puedes hacer es proporcionarles un apoyo confortable. Además, si tus pechos están muy sensibilizados, un buen sostén les proporciona una especie de escudo contra el amenazante mundo exterior.

Notarás casi de inmediato que tus sujetadores habituales resultan demasiado pequeños para tus tetas embarazadas. Si normalmente no tienes mucho busto, al inicio del embarazo bastará con cambiar los sostenes por otros del mismo tipo pero de una talla más grande. Sin embargo, llega un momento en que el mejor es el sujetador de maternidad.

Sin duda, muchas embarazadas afirmarán que el sostén de siempre les queda muy bien y que no necesitan comprar uno de esos artefactos horribles y carísimos que venden en las tiendas especializadas. En verdad, hacemos mal en denigrar tanto a las tiendas de maternidad, porque algunas cosas especialmente diseñadas son mejores, resultan más prácticas y dan más apoyo. Una de ellas es el sostén. En primer lugar, el sostén de maternidad tiene más hileras de broches en la espalda, de modo que se extiende para abarcar, no sólo el busto creciente, sino también la caja torácica, que se está expandiendo para permitir el crecimiento del bebé. Si no compras un sostén especial, tendrás que cambiar la talla de tus sujetadores con mucha frecuencia, siguiendo el ritmo de nacimiento de tu circunferencia. Segundo: las bandas y los tirantes son más anchos, para proporcionar más apoyo y distribuir mejor el peso de esa futura fábrica de leche. A medida que los pechos se hacen más pesados, los tirantes comunes llegan a clavarse en los hombros. Esa base más ancha ofrece más apoyo abajo, como un puente voladizo. Tercero: las copas son más grandes y cubren una porción mayor del seno. Este diseño no está destinado a disminuir tu sensual escote, sino a reducir al mínimo la tracción de tus músculos pectorales. Los sostenes de maternidad, como los destinados a bustos grandes, generalmente traen un refuerzo de alambre. Si ese refuerzo te gusta tan poco como a mí, sobre todo para dormir, sigue buscando, pues hay modelos que no los traen.

Alrededor del octavo mes, deberías comprar dos o tres sostenes para lactancia si piensas amamantar. Los sujetadores para lactancia difieren de los anteriores sólo en que se abren por delante, lo cual te permite dar el pecho al bebé sin quitarte el sostén, de modo que ahorrarás dinero si los compras antes. A veces la copa se cierra en el medio; en otros modelos puede retirarse, pues la tela no está cosida a la base. Elige con cuidado, pues usarás esa prenda durante más tiempo y con mayor frecuencia de lo que piensas. No puedo hablar por el resto del mundo, pero durante los seis meses que duró la lactancia de mi primer hijo, yo usé uno de esos modelos suaves para dormir (y también durante las lactancias de mis sucesivos hijos, cada vez más cortas). Los pechos cargados de leche me resultaban demasiado pesados e incómodos si los dejaba librados a sus propios recursos. Además, de ese modo podía poner una gasa en el sostén, algo muy conveniente, pues es tan fácil perder leche en medio de la noche como en pleno día.

No vayas a suponer, automáticamente, que los sujetadores para embarazo y para lactancia son grandes prendas de algodón blanco, parecidas a esas cosas que usaba tu abuela. No sólo hay bonitas creaciones de encaje, sino hasta de encaje negro. No hay necesidad de sacrificar un año de atractivo sexual por un buen sostén. (Pero tendrás que hacer ese sacrificio en las bragas, así que prepárate.)

Ya que estás dedicando tiempo a los sostenes para embarazo y lactancia, cuida de que te sienten bien. Es ahí donde esas experimentadas vendedoras de las tiendas especializadas pueden prestarte una buena ayuda, pues saben tomar las medidas y tener en cuenta el desarrollo futuro. Vale la pena que te pongas en sus manos por media hora.

Bragas

La ropa interior para maternidad es tema de infinitos debates entre las embarazadas, pero hay un aspecto en el que todas estamos de acuerdo: las bragas para maternidad son realmente feas. Conviene que lo sepas de antemano, para que no te desmayes en la tienda. Se parecen mucho a las que usabas a los seis años. Las hacen enormes, para que te cubran la barriga, con lo cual la cintura elastizada se acerca mucho al sostén de maternidad.

Te preguntarás por qué tienes que usar semejante prenda. La respuesta es doble: por comodidad y para evitar ese efecto de enroscamiento que describí en relación con las mallas y las medias. Claro que la comodidad es un tema muy subjetivo. Me sorprende el número de amigas que usaron tangas durante todo el embarazo. En su opinión, esa cobertura mínima era perfecta y la banda elástica se acomodaba bien debajo de la barriga. Por mi parte, no habría soportado tener algo tan metido entre las piernas estando embarazada, pero es obvio que, en este aspecto, no formo parte de la mayoría. De cualquier modo tienes que usar alguna braga, cualquiera que sea el modelo que elijas. El motivo es que, durante el embarazo, hay un aumento de flujo vaginal, y lo más sencillo es arrojar al lavarropas la braga que usaste todo el día.

A diferencia de lo que ocurre con los sostenes especiales, en el caso de las bragas hay que comprar barato y en cantidad. Compra las más baratas, siempre que tengan la entrepierna de algodón. Estas prendas sólo te harán falta hasta que pase el puerperio, es decir, hasta que dejes de expulsar los restos de sangre, moco y tejido del útero. Por desgracia, también te resultarán cómodas después del parto, sobre todo cuando las rellenes de compresas higiénicas tamaño extrasúper, destinadas a absorber los torrentes que surgirán de ti. Lo mejor es usar esas enormes bragas durante todo el embarazo y, después, el tiempo que requiera tu recuperación. Si se manchan después del parto, puedes tirarlas a la basura. Créeme: nunca te habrás sentido tan feliz al despedirte de una prenda.

La teoría del conjunto básico

Las prendas de maternidad son siempre caras y no siempre elegantes. Si quieres pruebas de lo difícil que le resulta a una embarazada vestir bien, mira las fotografías de modelos y actrices que publican las revistas. Y si hasta las supuestas supermodelos parecen mal vestidas, ¿a qué afligirme tanto por mi propio vestuario? El mejor consejo que podemos darte las amigas es elegir el estilo que te parezca más cómo y versátil, para seguir con él durante todo el embarazo y el posparto. Esta teoría de descubrir un conjunto básico te será muy útil, pues la experimentación es la maldición de la embarazada. Si un conjunto te queda bien, repítelo sin hacerte problemas; cuesta menos dinero y te ahorra tiempo al vestirte. Si te pones más o menos lo mismo todos los días, te salvarás de presentarte un día en la oficina con un mono teñido al batik que, podrías jurarlo, en el escaparate parecía encantador. Además, nadie te criticará por usar más o menos lo mismo durante los meses de embarazo. (Mientras escribía este libro tuve noticias de una amiga de la costa este, quien me informaba que una tienda de maternidad ha adoptado mi sugerencia del «conjunto básico» y vende una caja con cuatro o cinco prendas esenciales para el vestuario de la embarazada.)

Los atuendos básicos para la oficina

El cuerpo de la embarazada puede ser un estigma para las mujeres que trabajan en oficinas o dondequiera que deban lucir un aspecto asentado y profesional. Muchas de las prendas básicas para futura mamá, como los vestidos de talle imperio y los blusones vaporosos, parecen demasiado frívolos para una oficina. Las calzas y las camisas amplias dan un aspecto demasiado informal y descuidado. En cuanto a los vestidos tradicionales para embarazada, son tan serios y convencionales que una parece azafata.

Puesto que dar la impresión de ser una profesional competente requiere, muchas veces, copiar hasta cierto punto la moda tradicional masculina, volvemos a sugerirte que tomes prestadas algunas prendas del armario de tu marido. Allí podrías encontrar tesoros tales como pantalones de lana, camisas blancas y chalecos. En general es aconsejable prescindir de las chaquetas (aunque parezcan cubrirte de modo muy conveniente), porque con esas hombreras parecerás todavía más ancha. Mi amiga Maryann se presentó a una comida, hace poco, con un par de pantalones de su marido puestos sobre una malla y sostenidos con tirantes. El conjunto le quedaba muy bonito y exhibía ventajosamente tanto los pechos como la barriga. Otro gran recurso era el que empleaba mi amiga María: una camisa de su marido, con puños para gemelos, suelta sobre los vaqueros, con el correspondiente chaleco encima. Esa idea del chaleco es buena, pues se pueden comprar varios baratos para alternarlos sobre un «conjunto básico» de pantalones o calzas oscuras y una amplia camisa de vestir. Recuerda que, en este estilo, la idea consiste en parecer una muchachita con la ropa de su padre. Por lo tanto, si las prendas de tu marido se ajustan a tu contorno en cualquier sitio que no sea la cintura, te serán inútiles, por no decir deprimentes.

Si no tienes ya una americana larga entre la ropa que utilizas para ir a la oficina, deberías comprar una. Es una prenda estupenda, pues cubre una porción tan grande que te da un aspecto pulcro y atractivo. Si compras la talla adecuada no se te pegará a las caderas ni al trasero. Hasta puede quedar bien con el vientre asomando apenas o bien abotonado. Lo fundamental es elegir una americana lo bastante larga para que te cubra buena parte del muslo, a fin de que oculte todo lo necesario. Además, cuida que no tenga los hombros demasiado anchos, si no quieres parecer microcefálica.

Si te sientes más cómoda con faldas y vestidos, voy a hacerte una sola sugerencia: usa medias opacas. Si tienes piernas de potranca, las transparentes te quedarán bien, pero a la mayoría nos aparecen venas varicosas, pequeños puntos rojos en la piel y celulitis hasta en los tobillos; en esos casos, un buen par de medias oscuras te dará mejor aspecto. Una vez más, confío en que des una oportunidad a esas medias para maternidad; verás que te sientes más cómoda.

Algunos conjuntos básicos útiles

Cuatro veces he estado embarazada y las cuatro veces adopté diferentes estilos para vestir, que no creé por mi cuenta, sino que copié o adapté a partir de las ideas de mis amigas. Por lo tanto, los denomino respectivamente el estilo «Sondra», el «Shannon», el «Corki» y el «Mindy».

El estilo «Sondra» era básicamente tradicional. Consistía en vestidos hechos en pana o terciopelo, con faldas largas y cuellos altos. Daba un aspecto muy inglés, recatado y romántico; sugería vagamente que yo seguía siendo virgen aunque las evidencias demostraban lo contrario. Lo que más me gustaba era coronar ese *look* con sombreros de paja de ala ancha. Ese estilo gustaba a todo el mundo; con frecuencia me decían que «así deberían lucir todas las embarazadas». Francamente, creo que a la gente le gustaba la asexualidad de esas ropas porque sugería que yo me estaba tomando muy en serio el oficio de madre. A mí me encantaban esas prendas grandes, cómodas y hechas con telas normales, algo virtualmente inaudito en otras ropas de maternidad. Los padres y los suegros casi lagrimean cuando se encuentran con una de esas embarazadas decimonónicas, sobre todo en la época de las fiestas navideñas. Los maridos, por el contrario, detestan unánimemente ese estilo; antes que hacer el amor con una mujer ataviada con un vestidito marinero rojo, blanco y azul, preferirían hacerlo con la tía Eduviges. El secreto más importante, que la sensual Sondra conocía por instinto, es usar faldas cortas y tacones altos si sales con tu marido. Pero siéntate en cuanto puedas. Es tu única esperanza de tener suerte más tarde.

Mi segundo embarazo fue mi «período Shannon», basado en la moda de los años cincuenta, como la que usaba Lucille Ball cuando estaba embarazada del pequeño Ricky. Shannon me familiarizó con las casacas en trapecio, de colores intensos o con diseños bien contrastantes, como los lunares. Esas casacas eran aún mejores si tenían cuellos amplios u hombros caídos; mi favorita era una que parecía un delantal de pintor. Shannon las usaba con pantalones pescadores (en realidad, calzas a media pantorrilla). El calzado perfecto para ese estilo es un par de chinelas, pero las alpargatas de lona blanca resultan igualmente auténticas y mucho más cómodas.

El *look* «Corki» correspondió a mi tercer embarazo. Consistía en vestidos hippies de talle imperio, hechos en rayones translúcidos. Todo muy al estilo Woodstock. Era como pasarse el día en camisón, pero en California se toleran esas cosas. El talle imperio era una buena idea, porque exhibía el busto y reducía la cantidad de tela que caía sobre la barriga, de modo que lograba un efecto adelgazante. Sin embargo, por bonitas y sensuales que fueran estas prendas, no condecían conmigo. Me siento más a gusto con ropas más resistentes y restrictivas; supongo que no soy una mujer muy desinhibida.

Además, casi todos esos vestidos eran muy poco adecuados para trabajar. Por eso, al quedar embarazada en una época en que estaba trabajando en una oficina, recurrí a mi amiga Mindy en busca de consejo. Ella me aconsejó el tipo de guardarropa número cuatro. Su solución consistía en usar chaquetas largas, medias oscuras y tacones soportables. Mindy es abogada y durante el embarazo se las componía para lucir sexy y profesional, por lo que era un buen ejemplo para emular. Claro que es famosa de costa a costa por sus hermosas piernas, de modo que estableció una norma inalcanzable para las restantes amigas. Ella usaba faldas y vestidos para maternidad con chaquetas normales, pero nadie se daba cuenta porque siempre calzaba tacones altos (a propósito, ¿te hablé de sus piernas?).

Compré un par de vestidos de maternidad para mujeres profesionales, pero hacia la hora del almuerzo empezaba a odiarlos; al final del día sólo pensaba en quitármelos para tirarlos al suelo. Eran aburridos, me sentaban mal y se arrugaban más que papel de seda. De esta época profesional, mi prenda favorita era un mono de terciopelo negro, con cuello alto, mangas largas y (lo mejor de todo) estribos. Era como usar medias en todo el cuerpo; me encantaba. Para cambiar un poco de aspecto, lo usaba con chaquetas diferentes, chalecos largos o jerséis, pero ése era mi conjunto básico. Gustaba tanto, que se lo pasé a Amy; luego ella me lo devolvió para otro embarazo y ahora lo usa Maryann. Ya hemos tenido que cambiarle la cremallera por exceso de uso.

Esto me lleva a otro buen consejo para todas las embarazadas: *para tu guardarropa de maternidad, pide prestado todo lo que puedas.* Pedir prestadas algunas prendas a tus amigas no es abusar, pues es muy raro que, después del parto, una vuelva a ponerse la misma ropa que usó durante el embarazo. Ni siquiera hemos querido volver a usar el mono que describí, aunque es técnicamente una prenda para no embarazadas y queda muy bien en un cuerpo esbelto. A propósito, esto constituye una especie de verdad universal: una vez que recuperes tu antigua silueta, experimentarás la imposibilidad emocional de ponerte jamás una prenda que hayas usado durante la gestación. En mis cuatro embarazos acumulé tanta ropa de maternidad, que mis amigas recurren a mi armario como si fuera una biblioteca pública. Hasta tengo en mi ordenador un inventario de todo el vestuario, para saber dónde está cada cosa. Y no porque piense volver a usar esa ropa. Toco madera.

Accesorios

Detesto pensar en los accesorios; me hace sentir tonta y soy realmente inútil para eso. Sin embargo, los accesorios pueden romper la monotonía del conjunto básico, sin gastar demasiado dinero. Admiro a algunas amigas, como Lili, que se pone unas cuantas sartas de perlas falsas y queda estupenda, o como Carol Lee, que hace maravillas con un pañuelo de cuello. El único consejo personal que puedo ofrecer en este sentido es el que aprendí de mis propios errores: después del sexto mes, cuando la barriga sobresale de verdad, los collares largos y las bufandas ya no cuelgan verticales. Caen hacia un lado u otro del bulto o, peor aún, acaban enlazando una teta, lo cual no es muy bonito que digamos.

La teoría de la ropa interior pulcra

Al vestirte piensa siempre lo siguiente: «Si el bebé nace hoy, ¿pasaré vergüenza en el hospital con esta ropa?». Es una variante del eterno consejo de las madres. «Lleva siempre ropa interior pulcra por si te pasa algo malo en la calle.» Todas las embarazadas, en plan sincero, admitirán que tienen recursos para salir del paso... mientras no se agachen ni se quiten la chaqueta. ¿Cuántas veces nos hemos puesto pantalones que ya no nos cerraban en la cintura, pasando una banda elástica por el ojal para rodear el botón al otro lado? (A propósito, estás autorizada a emplear este recurso cuando lo necesites, en las primeras semanas del embarazo, pero apresúrate a conseguir pantalones más grandes.) Todas las amigas nos declaramos culpables. ¿Y qué me dices de esas medias que te hacen caminar como un pingüino, porque la entrepierna te queda muy abajo? También está esa blusa tan corta que no te cubre la barriga, deja ver las nesgas de los pantalones o, peor aún, la banda elástica que sujeta tus vaqueros viejos. Es cierto que la americana larga puede ocultar estas pequeñas trampas, pero ¿y si se levanta viento? ¿Y si te manchas la americana con café? ¿Y si de pronto hace calor y tienes que quitarte la chaqueta? ¿Qué harías, aparte de angustiarte? ¿Volver a casa para cambiarte? No: descarta esa ropa demasiado estrecha. Más vale antes de tiempo que demasiado tarde.

He aquí, resumidos, los consejos de amiga en cuanto a ropa de maternidad:

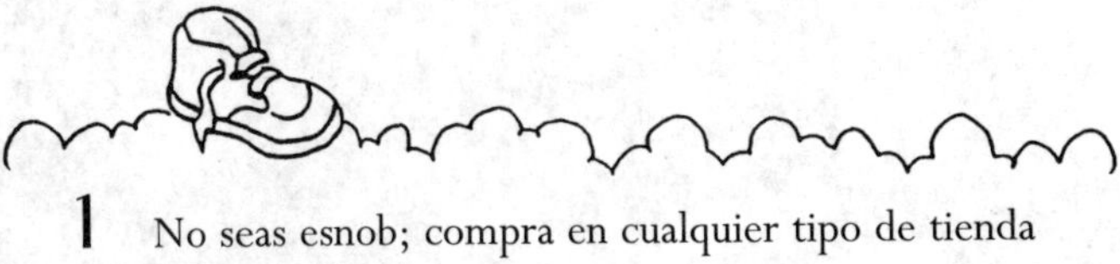

1 No seas esnob; compra en cualquier tipo de tienda que tenga lo que necesitas.

2 Compra por lo menos un sujetador, medias, mallas, vaqueros y un traje de baño especiales para futura mamá.

3 Elige un estilo y respétalo religiosamente. En este período no te conviene experimentar.

4 No esperes a que una prenda te quede pequeña para reemplazarla por otra más grande; te ahorrarás molestias y, quizá, bochornos.

5 Pide prestada toda la ropa que puedas.

6 Nunca justifiques la compra de una prenda cara pensando que seguirás usándola después del parto. Si vuelves a ponerte esa ropa cuando hayas recuperado la silueta, me ofrezco a tragármela.

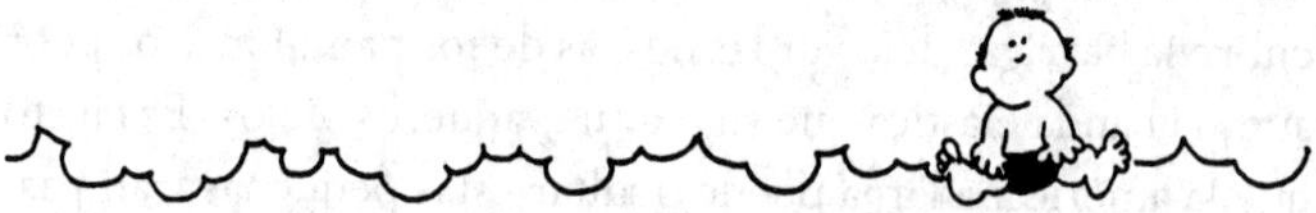

11

El marido de la embarazada

La embarazada sufre una situación tremenda: enredada como está en sus emociones, pensamientos y miedos, le queda poco tiempo e interés para ver cómo se las arregla su marido con el embarazo. Esto es muy comprensible, a mi modo de ver; después de todo, es una la que está habitada por un alienígena, la que tiene torrentes de hormonas circulando por su cuerpo y la que, de alguna manera, tendrá que entregar la mercancía. El marido sólo tiene que lidiar con una… Pero ahí radica el problema. Tratar con una embarazada puede ser una tarea muy exigente y pavorosa, a juzgar por lo que me han dicho los esposos de las amigas. De hecho, uno de ellos sugirió que subtitulara este capítulo: ¿Quién eres tú y qué has hecho con mi mujer?

Ya no existe la mujer con quien se casó. No tiene el mismo aspecto y ni siquiera actúa como antes. Para muchos maridos, esto no es bueno. Antes, aunque no estuviera loco por su esposa (Dios no lo permita), al menos estaba familiarizado con ella. Ahora parece poseída; se parece a su mujer, pero reacciona de manera muy distinta. No puedo hablar por todas las parejas, pero en el caso de mi marido las cosas son muy sencillas: igual = bueno, distinto = malo. No le gustaba nada ignorar quién iba a recibirlo al terminar la jornada: si la esposa de costumbre, que requería muy poco apoyo emocional, o la embarazada hipersensible y exigente que se había instalado en su casa. Muchos días, al llegar a casa, me encontraba lista para lanzarme sobre su cabeza como un tigre que acechara en un árbol. Quizá quería que me ayudara a preparar la cuna ¡inmediatamente, antes de ir al baño! Otras veces pretendía que volviera a salir con el coche para comprarme yogur. Pero lo que más lo amedrentaba eran esas conversaciones que empezaban así: «No tienes idea de lo que es estar embarazada. No sabes lo que debo soportar...» Él estaba de acuerdo con la premisa, pero detestaba conversar sobre ella, pues yo no quedaba satisfecha hasta haberlo puesto al corriente de todas mis preocupaciones y quejas vigentes: que él no había leído ninguno de mis libros sobre embarazo, que ya nunca me decía si estaba sexy, que me preocupaba ser demasiado egoísta para convertirme en una buena madre y necesitaba escuchar de él que, en realidad, era la más generosa y abnegada de las personas vivientes, etcétera, etcétera. De un modo u otro tenía que hacerle entender la situación por la que yo atravesaba, aunque ambos muriéramos en el intento.

Cuando una pareja normalmente feliz pasa por un mal período, sentarse a conversar sobre el problema puede ayudar a resolver las cosas. Esto no es válido si la mejor mitad de la pareja está embarazada. Si adhieres la premisa de que las mujeres son de Venus y los hombres de Marte, durante el embarazo las mujeres son tijeras y los hombres, papel o piedra. La simple biología impide que hombre y mujer lleguen siquiera a sospechar lo que el otro siente o piensa; al terminar esos nueve largos meses, ninguno de los dos podrá decir, con sinceridad, que eso le importaba mucho. Pero no te aflijas demasiado por este vacío de comunicación, porque desaparecerá cuando nazca el bebé y los dos se hayan repuesto, física y emocionalmente. La paternidad, a diferencia del embarazo, suele ser un esfuerzo en colaboración; los dos estarán más sincronizados en sus preocupaciones y sus alegrías. Serán socios igualitarios en la empresa «¿Cómo diablos se cría un hijo?»

Algún día, presa de la desesperación, puedes sorprenderte preguntando a tu esposo, a bocajarro, si le parece que estás loca. No malgastes el tiempo. Su respuesta carecerá de significado, pues cualquier marido con algún instinto de supervivencia ha aprendido, desde los primeros días, a decir sólo lo que su mujer quiere oír. En otras palabras: mentirá. Sé que los hombres siempre mienten en estas ocasiones, porque los he entrevistado en presencia de la esposa y solos o con otros maridos. Cuanto están con la mujer, la aplauden por lo valientes que han sido durante esa prueba de fuego, por lo hermosas y maternales que se están poniendo, por lo admirables que son. Pero si la esposa se encuentra donde no puede oírlo (ni arrojarle cosas) ¡caramba, cómo cambia el discurso! Sobre todo si hay otros maridos de embarazadas para incentivarlo, la pobre víctima soltará el rollo: que la esposa está esquizofrénica, que se pasa el día gimoteando por desatenciones imaginarias, que vive comiendo, que se porta como una bruja. Y terminará de ventilar sus cuitas con este comentario idiota: «No sé a qué viene tanto jaleo, después de todo. Mi madre tuvo cinco hijos, sin coche ni asistenta, y por eso no perdió la chaveta.» Ya sé que esto es una declaración de guerra, pero no te des por aludida.

Para muchos maridos, un embarazo no causa semejante

caos emocional. Simplemente, no lo entienden. El marido de mi amiga Maryann, por ejemplo, debería estar mejor informado, puesto que es médico, pero está devotamente convencido de que su mujer ha sufrido un colapso nervioso que, por pura casualidad, se produjo durante los cinco primeros meses de embarazo. No hay modo de persuadirlo de que su conducta es una mera reacción a los cambios físicos y psíquicos que está sufriendo. El hecho de que ella esté embarazada no puede de ningún modo explicar su fragilidad emocional ni su voraz apetito por todo, desde la comida hasta el sexo. Un embarazo por sí solo no puede causar semejantes aberraciones, dice él; debe de ser un tumor cerebral o una enfermedad mental.

Todos estos hombres tienen anécdotas horripilantes. Uno revela que su mujer se pasaba el día en pijama y en la cama. Otro cuenta que la suya estuvo a punto de acabar con el camarero de su restaurante favorito cuando se enteró de que no había más soufflé. Siempre hay quien cuenta de una embarazada que llegó a su casa llorando porque el empleado de la estación de servicio no le limpió el parabrisas, porque otro automovilista se le adelantó en su carril o porque alguien, en la oficina, se puso a fumar cerca de ella. (Esto último es un tema recurrente: para toda embarazada constituye una profunda ofensa que alguien no reconozca su estado especial y no la trate con delicadeza. No pretenden librarse de sus obligaciones y responsabilidades habituales; sólo quieren un poco de respeto mientras las ejecutan estando embarazadas.)

Naturalmente, hay maridos embarazados que no responden a esta descripción. Por cada diez hombres que optan por ponerse a la defensiva durante todo el embarazo, se encuentra uno que nunca se sintió tan unido a su esposa como entonces. Todos conocemos el mito del hombre excepcional, convencido de que el embarazo de su esposa es el embarazo de ambos y deseoso de compartirlo al máximo. Es el marido que no se limita a acompañarla al consultorio del obstetra, sino que lleva una cámara de vídeo para filmar las imágenes de la ecografía. Personalmente, estos tipos me inspiran ciertas dudas. ¿No te parece que tienen demasiado tiempo disponible? No sé, es una idea mía.

Estos maridos que se ponen en el lugar de una tienen un inconveniente, aunque no muy importante: tienden a experimentar los síntomas físicos de tu embarazo, además de identificarse con tu experiencia emocional. Esto puede conducir a algo extraño, denominado síndrome de Couvade. Este nombre es sólo una manera pretenciosa de decir que el marido engorda, tiene náuseas y se vuelve inestable junto con la esposa embarazada. Si esto me resulta detestable es porque, cuando tu esposo presenta síntomas, serás tú la que lo atienda a él. Ocurre lo mismo que cuando los dos sufren la gripe al mismo tiempo y él se las compone para estar más enfermo que tú: ahora puede estar más embarazado que tú. En ese caso, dile que vaya a trabajar y se ocupe de sus cosas.

Mi marido es una mala comparación, porque detesta casi todas las actividades relacionadas con el embarazo y el parto. Sólo le gusta ser padre; lo habría hecho muy feliz que todos nuestros hijos hubieran llegado por correo. En primer término, como regla general, se resiente si alguien en la casa necesita más atenciones que él. Por lo tanto, si yo sentía náuseas, él tenía botulismo. Si yo tenía pérdidas, él se convencía de que padecía una úlcera o una insuficiencia cardíaca. En segundo lugar, le aterroriza casi todo lo que se relaciona con las funciones corporales. Después de quince años de convivencia, aún le molesta que yo continúe mi conversación con él mientras hago pis. Siendo así, ya puedes imaginarte lo que pensaba de acompañarme a una exploración vaginal.

También solía intimidarlo, durante el embarazo, pensar en mi bienestar y el de nuestro hijo. Se asustaba cuando yo le cogía la mano y la apoyaba en mi vientre, a fin de que percibiera los saltos mortales que mi bebé hacía hacia el final del embarazo. Estaba convencido de que alguien iba a salir herido y que mi deber de madre era impedir semejantes cabriolas. Cuando yo iniciaba el trabajo de parto, invariablemente se dormía (sería más adecuado decir que caía en la inconsciencia) a cualquier hora que fuese, pues lo angustiaba verme sufrir. En su opinión la única cosa más detestable que cortar el cordón umbilical era acompañarme a comprar ropas o muebles para el bebé. Recorrer una tienda de artículos para bebés equivalía a encerrarlo en un círculo del infierno. (Claro que hacer compras es abrumador para casi todos los futuros padres con quienes he hablado; ¿quién puede saber si conviene que la cómoda tenga una superficie preparada para cambiar al bebé o si es preferible comprar un mueble aparte?) Pero una vez que mis hijos vinieron al mundo y que yo hube sobrevivido a la experiencia, mi marido se convirtió en Superpapá. Así que no te preocupes si en el tuyo no han aflorado todavía los instintos paternales; ya vendrán.

El marido como colaborador en el parto

Casi todas las parejas que esperan su primer hijo se inscriben en algún curso de preparación para el parto. Las motivaciones son dos: 1) todo el mundo lo hace, y 2) el obstetra lo aconseja.

La mayoría de las embarazadas primerizas confían en que los cursos las ayuden a prescindir de los medicamentos en el parto o, por lo menos, durante la primera parte. En general los maridos se limitan a decir que sí, pues hace tiempo que abandonaron toda idea de resistencia contra la embarazada. Alrededor del 90 por ciento de los maridos con quienes he hablado creían que esos cursos de preparación eran obligatorios y, en general, no se les pasó por la cabeza eludir el compromiso... hasta después de transcurridos quince minutos de la primera clase. De hecho, en un principio consideraban ese entrenamiento como una manera de participar, por fin, de la experiencia que hasta entonces había estado sobrellevando la esposa sola.

Cuando les pregunté retrospectivamente qué pensaban de esas clases, los maridos de mis amigas pusieron los ojos en blanco casi en forma unánime. Bueno, aprendieron muchas cosas que antes no sabían y sí, tal vez, las clases prestaron alguna ayuda. Pero ¿les gustaron? No. En primer lugar, los hombres que participan de esos cursos no se sienten ligados entre ellos, como las mujeres. El simple hecho del embarazo no les sirve de vínculo, aunque sus esposas intercambien números de teléfono e historias clínicas al término de la primera clase. Las filmaciones de partos les asustan o les desagradan; tampoco les causa mucho placer ver a un montón de gordas, incluida la propia esposa, tendidas de lado con las piernas abiertas fingiendo pujar. Detestan hasta tener que acudir a las reuniones con una almohada bajo el brazo, como si fueran a una fiesta de pijamas.

Por cruel que pueda parecer, la queja más común con respecto a esos cursos se refiere a las profesoras. No sé qué pasa con esas mujeres (y no quisiera, por cierto, condenar a toda una profesión), pero algunas son algo extrañas, sí. Por mi parte, en dos de mis embarazos seguí un curso de esos; ninguna de las dos instructoras era madre; ni siquiera estaban casadas. La primera trataba con mucha reverencia todo ese asunto del nacimiento; describía el trabajo de parto como una especie de emocionante fiesta de amor que habríamos de compartir mi marido y yo. Creo que nos imaginaba a ambos desnudos y sudorosos, con mi marido haciéndome masajes y serenándome en los momentos difíciles. Eso demuestra que nunca dio a luz; de lo contrario sabría que, si un esposo toca a su mujer durante el trabajo de parto, se arriesga a que le arranque la mano de un mordisco.

Nuestro segundo curso lo realizamos en casa, de forma particular, en los días previos a la fecha prevista para el parto. Ya en la segunda clase, mi marido mostró una abierta hostilidad contra la instructora hippie, hasta el punto de levantarse en medio de su lección para pedir comida china por teléfono; luego se engulló todo lo enviado delante de ella, sin ofrecerle siquiera una galleta de la suerte. Cuando la muchacha sugirió que miráramos algunos vídeos de otros partos, él la fulminó con la mirada por ese intento de arruinarle la digestión. Acabó ofreciéndole doble paga si aceptaba firmar nuestro «diploma de graduación» y no volver nunca más.

Ahora voy a pisar la cuerda floja, pero aquí va: creo que esa moda actual de que los maridos acompañen a las embarazadas durante el parto es innecesariamente estricta y limitante. No se me entienda mal: cualquier hombre que esté bien dispuesto debe presenciar el trabajo de parto y el alumbramiento, sobre todo este último, que es uno de los milagros indiscutidos de la vida. También creo que todas las parturientas deberían estudiar la posibilidad de que las acompañe otra mujer; es preferible una que haya tenido hijos, pero servirá cualquier amiga solidaria. Si tienes mucha suerte, la enfermera que te asiste en el parto puede satisfacer tus necesidades emocionales; estas mujeres suelen ser estupendas y son capaces de convertirse instantáneamente en una amiga en el momento de mayor necesidad.

Ahora que las salas de parto son bien amplias, hay lugar de sobra para que estés allí con tu marido, tu médico, la enfermera y una amiga o dos. Sobre todo si el trabajo de parto dura más de tres o cuatro horas (casi puedo asegurarte que será así), agradecerás contar con la compañía de alguien, aparte del fulano que te metió en todo este lío. No sólo a ti te beneficiará la presencia de una amiga, sino también a tu marido, que tal vez agradezca secretamente la posibilidad de abandonarte por un rato para tomarse un descanso.

Los maridos tienen sus propios miedos

De ningún modo afirmo que tengan la obligación de resolver este problema, pero sería bueno que recordaras, de vez en cuando, que él también se convertirá en padre en un futuro cercano. No eres la única de la casa que carga con preocupaciones y temores. Los maridos tienen miedos propios. Lo que sigue es una lista de los más frecuentes, sin un orden determinado.

1 *Si se convierte en padre ya no será el niño.*

Muchos hombres requieren una dosis de atención materna para ser felices. Les gusta que los protejan y los mimen. Por lo tanto, temen que, cuando debas proteger y mimar al bebé, tengas menos tiempo para ellos. Como me dijo mi esposo, sucintamente: «Eres como un pastel. Cada vez que te embarazas, mi porción de pastel se hace más pequeña.»

2 *Un bebé resulta tan caro que la familia irá a la ruina.*

Aunque no vaya inmediatamente a la quiebra, es muy probable que tu marido no pueda comprarse ese fonógrafo antiguo que tanto quería. La preocupación económica suele encabezar la lista, probablemente porque la tradición exige que el padre sea el proveedor del bebé, al menos mientras tú estás incapacitada, y él no se siente seguro de estar a la altura de las exigencias. Aunque en tu familia haya dos ingresos y tú pienses volver al trabajo poco después del parto, lo cierto es que los bebés cuestan caros, sí, y cada vez más a medida que crecen. Sin embargo, la mayoría de nosotros ha decidido que vale la pena un sacrificio económico. De lo contrario ese embarazo no habría existido.

3 *Su mujer se pondrá fea.*

Bueno, tal vez esto sea exagerado. Sería más adecuado decir que temen no experimentar atracción sexual por esa versión ampliada de su esposa. O tal vez suponen que las embarazadas se pasan la vida en bata o que no se lavan la cabeza.

4 *Su mujer jamás volverá a ser como antes.*

En realidad, cuando tu marido se enamoró de ti tenías un aspecto que el embarazo cambiará drásticamente. Hasta los maridos que encuentran atractivas y tentadoras a sus esposas embarazadas, alguna vez se preguntan si ella se esforzará por recuperar la silueta o si quedará alterada para siempre. Fíjate en Grace Kelly o en Elizabeth Taylor; después de haber tenido un par de hijos nunca volvieron a lucir como en *El padre de la novia* o en *La ventana indiscreta*. (Ojalá todas fuéramos así de feas, ¿no?) O sea: es algo que puede ocurrirle a la más pintada.

5 *Su racional y equilibrada esposa será definitivamente sustituida por esa persona llorona, soñolienta, impaciente, voraz y llena de gases que vive obsesionada por el bebé.*

Aunque se esfuerce por creer que esa demencia gestacional es un estado pasajero, a tu marido siempre le preocupará la posibilidad de que jamás recuperes tu antigua y divertida manera de ser. A los hombres les resulta muy difícil imaginar el efecto psíquico que ejerce un embarazo, puesto que nunca han gestado ni sufrido un síndrome premenstrual siquiera. Por eso sospechan, en el fondo, que esos cambios de ánimo nada tienen que ver con el bebé y que son, en cambio, un claro signo de psicosis. Si sus amigos que tienen hijos le hablan sobre la depresión posparto, se preocupará también por la posibilidad de que sigas estando chiflada después de nacer el bebé.

6 *Cuando su mujer inicie el trabajo de parto, se asustará tanto que no sabrá llegar al hospital.*

Así como nosotras tenemos pesadillas en las que olvidamos a nuestros bebés en cualquier parte, ellos sueñan cosas horribles en las que lo arruinan todo al llegar el

Gran Momento. Cada vez que él te lleva al hospital, sea para un control, para las clases de preparto o porque lo obligas a practicar, se imagina tratando de conducir con el cerebro inutilizado por el terror. Pero no te preocupes por la posibilidad de que tu marido olvide el trayecto al hospital: tú sí lo recordarás y le darás indicaciones a gritos durante todo el viaje.

7 Tendrá que atender el parto él solo.

Imagina que el coche sufre una avería, que se desata un vendaval o que se produce cualquier otro desastre en el momento en que más necesitas llegar a un hospital, y entonces tiene que atender el parto sin ayuda de nadie. Ese miedo no es completamente irracional, porque casi todos conocemos alguna pareja que estuvo a punto de no llegar al hospital. Cuando mi cuñada estaba por dar a luz, durante una tormenta de nieve, mi cuñado sacó el coche del garaje con la portezuela abierta a fin de poder ver bien el camino resbaladizo mientras iba marcha atrás. La portezuela se atascó en un montículo de nieve y se desprendió del auto. ¿Crees que eso les impidió llegar al hospital a tiempo? Nada de eso. En medio del pánico, la gente es capaz de hazañas asombrosas; conducir un automóvil sin puerta no es obstáculo que te impida traer al mundo a tu bebé en un ámbito profesional.

8 Se desmayará durante el parto (o, peor aún, permanecerá consciente y tendrá que presenciarlo todo).

Creo que el temor de los hombres de desmayarse en la sala de partos se debe a que la televisión y el cine utilizan mucho ese cliché. El trabajo de parto y el alumbramiento no te toman desprevenido por su celeridad, sino que constituyen un proceso lento y deliberado, y esta clase de cosas no provocan desmayos. Vómitos, quizá, pero desmayos no.

9 *El médico podría sugerirle que corte el cordón umbilical.*

Esto sí puede provocar desmayos. Para empezar, el cordón parece, incuestionablemente, formar parte de la anatomía humana y nadie quiere arriesgarse a dañarlo. En segundo lugar, cuando lo cortas puede manar algo, por ejemplo, sangre. Si tu marido no esta informado de esto, es posible que vea cumplido su miedo de desmayarse. Mi amiga Dona prohibió terminantemente que su esposo cortara el cordón umbilical de su hija. Dadas sus habilidades manuales, no parecía buena idea. Por otra parte, la tarea no figuraba en su lista de grandes ambiciones, así que él aceptó con mucho gusto dejarla en manos de personas especializadas.

10 *El parto hará sufrir a su esposa y él no podrá aliviarla.*

Ésta es una preocupación muy común y muy dulce entre los maridos. Casi todas las amigas aseguran que la peor parte para ellos fue tener que verlas sufrir. No saben cómo aliviarlas y tal vez se sientan algo culpables por la pasividad de su papel. (En todo caso, casi todas las parturientas se encargan de fomentar esa culpa.) Mi propio marido solía suplicarme que pidieran una peridural en cuanto llegábamos al hospital. Su idea era: «Sabemos que inevitablemente te dolerá; es mejor para los dos que pidas el anestésico ahora mismo.»

11 *Jamás podrá volver a hacer el amor con su mujer.*

Un considerable porcentaje de hombres prefiere pensar que los pechos y la vagina fueron inventados para una sola cosa: para ellos. En el plano intelectual saben que será preciso compartir esos órganos con el futuro bebé, pero en lo sexual no quieren ni oír hablar. Muchos maridos se han preguntado si desearían copular con su mujer si vieran salir por allí abajo una bola de bowling. Mi amiga Patti nunca analizó esta posibilidad con su marido; resolvió el problema de raíz prohibiéndole acercarse, durante el parto, a cualquier parte que no fuera su cabeza. Si el médico les hubiera ofrecido poner un espejo por allí abajo para que ambos pudieran ver al bebé coronando, ella se lo habría partido en la cabeza, aun arriesgándose a siete años de mala suerte.

12 *Su esposa morirá dejándolo con un bebé desconocido.*

Tanto los hombres como las mujeres admiten tener un miedo irracional a que ella muera durante el parto; la esposa se preocupa por motivos obvios; el marido teme que, además de perder a alguien con quien está encariñado, acabe encontrándose solo con el bebé. Con raras excepciones, los hombres opinan que atender al recién nacido es trabajo de mujeres; les cuesta imaginarse cargando con todo el cuidado y la protección que requiere un bebé, sin la madre como principal responsable. Puesto que esa criatura todavía es un ser desconocido, mientras que su esposa es su familia, también les preocupa la posibilidad de resentirse con el bebé por haberla hecho sufrir. A propósito, como en esta etapa de tu vida debes de estar algo sensible, permíteme recordarte lo que ya sabes: en la época actual, que una mujer muera de parto es algo excepcional.

13 *Estará ligado para siempre a esa mujer.*

Cuando una pareja no tiene hijos, la idea de la separación puede ser muy dolorosa, pero uno sabe que de algún modo sobrevivirá a la ruptura y seguirá adelante. Una vez que se tienen hijos, en cambio, cada uno está muy metido en la vida del otro, lo quiera o no. Hay allí un proyecto conjunto en marcha que ambos seguirán teniendo en común, aunque dejen de amarse o se enamoren de otras personas. Lo bueno es que, atareados y abstraídos como nos mantienen los hijos, el matrimonio puede irse al cuerno sin que nos demos cuenta siquiera.

14 *No será tan buen padre como su padre.*

Un buen padre es material para crear un héroe. (La madre, sea buena o mala, se convierte más adelante en motivo de terapia psicoanalítica.) Si el marido admiraba y amaba a su propio padre, a veces siente el temor de no ser capaz de hacer tan buen trabajo. Después de todo, él es simplemente un niño de trece años con cuerpo de hombre, mientras que su padre era... bueno, ¡un padre! La verdad es que, una vez nacido el niño, el marido comienza a ver a su padre como en realidad era: un ser humano lleno de dudas, pero tan dedicado a su hijo como él ahora.

15 *Será tan buen padre como lo fue su padre.*

Como vivimos en un mundo real, muchos hombres tuvieron padres no precisamente ideales y algunos ni siquiera tuvieron padre. Si tu marido no está muy encantado con la imagen paterna que recibió, tal vez lo intimide la idea de tener un hijo. No hay libros ni cursos que te enseñen a criar debidamente a un hijo. Si tienes suerte, lo aprendes emulando a tus padres. A veces, esto deja muy en el aire a los que crecieron sin modelos. Peor aún: conciben expectativas irreales sobre la paternidad, basadas en sus propias fantasías infantiles de lo que habría sido un buen padre, fantasías basadas en los padres de los cuentos y las familias de la televisión.

El consejo que podemos dar a los futuros padres es que confíen en el instinto. Si lo hacen, todo irá bien en cuanto a la paternidad. La mayor parte del trabajo consiste en estar ahí y amar a ese bebé. Si uno está ahí, todo lo demás puede aprenderse por el camino. Las amigas opinamos que preocuparse al respecto es la carga más grande del embarazo. Y bien, futuros papás: vosotros también podéis recurrir a nosotras, las amigas, como grupo de apoyo. No os evitaremos la preocupación, pero podemos haceros compañía (y probablemente burlarnos un poco) mientras os ponéis manos a la obra.

12

El último tramo

Con toda franqueza, nunca conocí a una mujer que, un mes antes de la fecha prevista para el parto, no deseara poner fin a esa maratón maternal. (Con excepción de mi amiga Mindy, que se dedicó a refaccionar la casa por su instinto de anidar y no estaba segura de tener un suelo bajo los pies cuando llegara la fecha.) Por muy animosas y entusiastas que se hayan sentido en los ocho meses precedentes, hasta la más pintada se pone fastidiosa e impaciente. ¿Y quién se atrevería a criticarla? Una apenas puede ya respirar, está tan gorda que sólo cabe en los vestidos más grandes, no duerme bien, tiene indigestión y acidez crónicas y no puede quitarse de la mente que ese bebé tendrá que salir de su cuerpo de alguna manera, ¡y pronto! Por lo común, también ha caído en la cuenta de que es más fácil cuidar al bebé mientras está dentro de una que si está fuera.

A estas alturas no puede hacerse gran cosa.

Es de suponer que ya tienes el ajuar preparado. También has completado las clases preparatorias. Ya tienes organizada la habitación del bebé y has comprado todos los elementos necesarios. Si trabajas fuera de casa, lo más probable es que ya hayas iniciado la baja por maternidad o que estés a punto de hacerlo. Tal vez te resulte extraño tener tiempo libre, tiempo que llenas con ataques alternados de aburrimiento, entusiasmo y miedo. Como si estas expectativas no bastarán para mantenerte agitada, te irritarán cada vez más los comentarios bien intencionados de casi todas las personas con quienes te cruces. Te dirán cosas como: «¡Caramba, qué barriga tienes! ¿Cuándo va a nacer?» Todas las semanas, la peluquera o la panadera se extrañarán: «¡Cómo! ¿Todavía no ha nacido?» Tu madre y tu suegra te telefonearán cada día con la excusa de charlar un rato, pero en realidad es para vigilar que no hayas iniciado el trabajo de parto sin avisarles. ¿Cómo era aquello de «quien espera desespera»?

En este capítulo te proporcionaremos una lista con los ajustes físicos y psíquicos necesarios para sobrevivir al último mes de embarazo. Éste puede parecer el tramo más largo, pero si quieres recordar que casi has terminado, pasa al capítulo siguiente, que se refiere al viaje al hospital.

«¡No puedo respirar!»

Si mides menos de un metro setenta y tu bebé tiene un tamaño normal, el solo hecho de llenarte los pulmones se torna difícil, por no decir imposible. La placenta, esa burbuja espacial donde habita tu bebé, crece hacia arriba y, tarde o temprano, acaba por comprimir el diafragma y los pulmones. A estas alturas del embarazo casi todos los bebés están cabeza abajo, listos para arremeter, de modo que son el trasero y los piececitos los que se encargan de la invasión.

Aunque me creas chiflada, esa dificultad para respirar me resulta alarmante, porque sufro cierta claustrofobia. Para aliviar las molestias de esa leve sofocación, erguía bien la espalda, cruzaba los brazos debajo del busto y tiraba hacia arriba, como si de ese modo pudiera aumentar el espacio allí dentro.

En esta etapa del embarazo, lo mejor que puedes hacer es ponerte sobre manos y rodillas en el suelo. En esta posición, el feto cae hacia abajo por efecto de la gravedad separándolo de la columna y los órganos. Una se siente tanto mejor que desearía gatear por el resto del embarazo. A propósito: también es una buena postura durante el trabajo de parto, para cambiar de estilo. Hay otra causa por la que, al final del embarazo, una jadea y bufa como una locomotora, y es el simple esfuerzo físico de cargar con doce, quince o dieciocho kilos más.

Otro de los problemas que pueden dificultarte la respiración es la denominada «rinitis del embarazo»; en términos más sencillos, tienes la nariz crónicamente tapada. Como el interior de la nariz está revestido por una membrana muy similar a la que recubre la vagina, también tiende a sucumbir a la hinchazón. Mientras que la congestión de las paredes vaginales y los labios puede excitarte sexualmente, la congestión nasal no es nada divertida. El milagro de este irritante problema es que desaparece en cuanto nace el bebé. Mientras tanto no es mucho lo que puedes hacer, salvo soportarlo.

«¡Ya no puedo comer!»

Aunque éste no es un gran problema, vale la pena mencionarlo. Así como el bebé, al crecer, te empuja los pulmones y el diafragma para abrirse espacio, tu estómago se aplana como un huevo frito. Ya no puedes comer mucha cantidad de una sola vez, porque allí sólo hay lugar para unos cuantos bocados. Quizá te parezca que ésta es una buena noticia, pero no te entusiasmes puesto que no se traduce en una pérdida de peso detectable; sin duda comes menos, pero también con mayor frecuencia. Al fin y al cabo, ¿qué otra cosa puede hacerse? Algunas amigas aseguran que perdieron uno o dos kilos al final del embarazo (casi al iniciar el trabajo de parto), pero rara vez en el último mes completo.

Otra molestia física que puede disminuir la voracidad característica del segundo trimestre es la indigestión. Las menos afortunadas hemos padecido acidez y molestias intestinales durante la mayor parte del embarazo, pero hacia el final este cuadro empeora. A estas alturas el bebé tiene su regordete trasero firmemente apoyado contra tu diafragma, hasta el punto que tu esófago está tenso y no puede mantener la comida en el estómago, que es donde debería estar. Tal vez vuelvas a los alimentos ligeros del comienzo, a menos que apuestes por la creencia de comadres, según la cual las comidas picantes aceleran el parto. Comas lo que comas, el postre perfecto es un antiácido.

«¡No puedo dormir!»

No poder conciliar el sueño y mantenerme dormida fueron mis peores problemas hacia el final de mis embarazos. Acostarme cansada no me aseguraba el sueño. Algunas madres perfectas me dijeron que de ese modo la naturaleza te prepara para las noches en vela que deberás pasar cuando seas madre. Esto es como decir que hacer dieta te prepara para la inanición, por si te vieras obligada a pasar hambre.

En mi opinión, si la naturaleza fue capaz de dar a los camaleones el don del disfraz, no puede ser tan estúpida como para creer que no dormir es buen remedio para el que no podrá dormir.

No: si no puedes dormir es por dos motivos principales. Primero, el bebé comprime todos los rincones de tu cuerpo, excepto la cara y los pies (que están hinchados por retención de agua). Segundo, estás muy preocupada por lo que se viene: trabajo de parto, alumbramiento y maternidad, de forma que no puedes desconectar el cerebro por la noche (y esto resulta bastante irónico, pues podrías jurar que, en los últimos tiempos, no has podido conectarlo durante el día).

Ha llegado el momento de reevaluar tu relación con las almohadas. Descubrirás que se convierten en tus mejores amigas, y no sólo el par que utilizas habitualmente, sino todas las almohadas que puedas comprar o robar a tu marido. Las amigas coincidimos en que, a estas alturas, necesitas por lo menos tres: una entre las rodillas, para dar apoyo a las caderas (más adelante explicaré cuál es el efecto); otra colocada debajo de la barriga, y la última bajo la cabeza y los hombros. Si puedes, te conviene comprar una almohada gigante (del tamaño de una persona). Yo compré una y, cuando superé el temor al verla tan grande, reuní coraje para llevármela a la cama. La sensación era magnífica, pero creaba una barrera entre mi marido y yo. Él decía que la almohada era mi amante y yo la llamaba Felipe. Por suerte (o por desgracia, según mi estado de ánimo), mi marido no me encontraba demasiado irresistible en esos días, así que nunca se quejó por esa línea de demarcación. Si quieres que te diga la verdad, hasta me parece que para él fue un alivio.

En mi relación con Felipe, la única dificultad se planteaba cuando yo quería darme la vuelta. Primero me giraba de un lado al otro y luego me aferraba a Felipe con brazos y piernas y le daba la vuelta junto conmigo, más o menos como si estuviera luchando con un cocodrilo. Esto sacudía invariablemente la cama, con tanta violencia que mi marido tenía que cuidarse para no caer y el edredón aterrizaba en medio de la habitación.

Mucho me temo que no tengo un buen consejo para ayudarte a poner cómodo el cerebro, a fin de dormir. Tu médico querrá ponerme en la lista de criminales buscados por decir lo que voy a contarte, pero creo que, al acercarse el final de un embarazo sano y sin percances, una merece una copa de vino antes de acostarse. Un traguito y un buen baño caliente (no demasiado, por supuesto) pueden obrar maravillas contra el insomnio nervioso de la futura mamá.

Uno de los grandes culpables del insomnio es que la embarazada tiende a sufrir calambres en las piernas. No tengo idea del porqué, pero sé que casi todas las embarazadas los sufren. Cuando estás aferrada a tus almohadas, soñando que haces el amor con un desconocido, de pronto te doblas en dos, en un frenético intento de masajear un músculo que se ha contraído como una banda elástica al soltarse. Descubrí que, si estiraba las piernas y flexionaba los pies, los músculos de la pantorrilla sufrían espasmos tan violentos que era como si me estuvieran amputando el tendón de Aquiles sin anestesia. Mi único consejo es que camines hasta que se te pase. No hay otra solución.

«¡No puedo caminar!»

Todo el mundo puede reconocer a una embarazada desde atrás, aunque no vea su barriga. Lo primero que la delata es, por lo común, el calzado; sus zapatos son grandes, anchos y decididamente bajos. Hasta es posible que use chinelas o pantuflas, si ya pasa de todo. La pobre puede retener tanta agua en las extremidades que no tolere ningún otro calzado. Arrastra esos grandes zapatos informes de un paso a otro, haciendo ruidos de locomotora. Generalmente los pies están tan separados que no podrían hablarse ni a gritos. Uno da apoyo a la cadera izquierda; el otro, tres palmos más allá, sustenta la cadera derecha y, como coronación, el tradicional bamboleo de la embarazada, que parece llevar la barriga en una carretilla, empujándola.

Antes de quedar embarazada por primera vez, yo observaba con desprecio a esas mujeres desgarbadas y patituertas; ¿cómo podían perder la autoestima hasta el punto de presentarse al mundo con esa facha?

Lo menos que podían hacer (me decía con indignación) era mantener las rodillas juntas al sentarse. Mi madre, que llegó a pesar sólo cincuenta y cuatro kilos al final de sus embarazos, chasqueaba la lengua al ver esas almas forcejeantes, susurrándome que, si alguna vez me embarazaba y llegaba a abandonarme de ese modo, ella no se dejaría ver conmigo en público.

Lo cierto es que me abandoné, hasta cierto punto, y por entonces poco me importaba quién se dejara ver comigo en público. Si mi madre pretendía que yo me acicalara para ella, cuando no lo hacía para mi marido, estaba muy equivocada. A esas alturas sólo hacía ese esfuerzo por mi obstetra. Ante él me presentaba como Miss Maternidad: axilas y piernas recién depiladas, perfume, zapatos de tacón alto, pelo limpio (y hasta rizado) y una decorosa cantidad de maquillaje. Me parecía que, si no lograba mantener la línea siquiera por una hora al mes, había perdido todo el autorrespeto. Al salir del consultorio volvía a toda prisa a casa, para ponerme algo enorme y cómodo.

Si lograba presentar al médico una imagen decente era, entre otros motivos, porque él nunca me veía caminar mucho. De lo contrario se habría dado cuenta de que ya no podía juntar las rodillas; en cuanto a las caderas, mis articulaciones estaban tan flojas que era como si el fémur pudiera desencajarse a cada paso. Imagina que tienes los huesos sostenidos en su sitio por bandas elásticas que envuelven las articulaciones. Durante el embarazo, la elasticidad de esas bandas aumenta, permitiendo que los huesos se separen para dejar espacio al feto y, a su debido tiempo, para que éste pueda pasar. Como ya he mencionado, la caja torácica también se ensancha. Sin duda te alegrará saber que la pelvis se expande igualmente, para que tu bebé pueda avanzar hacia la salida. Por lo tanto, supongo que ese aflojamiento de las ligaduras es bueno. Pero también resulta problemático, si en medio de la noche te levantas a hacer pipí y caes inmediatamente al suelo porque tus piernas perdieron la fuerza necesaria para erguirse y caminar. Recuerdo que tenía la sensación de haber caído dentro de un agujero, por lo difícil que me resultaba conservar el equilibrio y por la forma asimétrica en que mis piernas se asentaban en las articulaciones de la cadera. Si eres capaz de abrir las piernas hasta el punto de tocar el suelo con la entrepierna, ésta puede ser tu oportunidad, pues estarás bastante flexible. Hay un solo problema: cuando llegues hasta abajo, ¿quién va a levantarte? Si sólo contaras con tus propios recursos, quedarías en esa posición hasta que el bebé, al coronar, te quebrara el equilibrio.

Hasta ahora he descrito los motivos por los que caminar resulta casi imposible. Aunque no estuvieras embarazada, estos cambios biológicos podrían dejarte casi lisiada. A esto hay que añadir el peso de un bebé a término en el vientre, más el agua y toda la porquería de la placenta que viene en el paquete. Y si eres primeriza, el bebé ya habrá descendido y estará empujando contra la pelvis preparándose para nacer. Este descenso obra maravillas para la respiración, pues aleja al bebé del diafragma, pero hace aún más difícil caminar. ¿Recuerdas esos certámenes infantiles en que hay que correr con un globo entre las rodillas? Eso es, más o menos, lo que se siente al caminar en el noveno mes de embarazo, con un bebé ya en posición. Sólo que el globo es ahora de agua.

Hablando de tener al bebé colgando entre los muslos, mi amiga Colleen ha acuñado la original expresión «pedo vaginal» para designar los ruidos acuosos que suelen emanar de entre las piernas cuando el bebé, ya colocado, presiona contra el cuello del útero y la zona circundante.

Volvamos al aumento de peso, el último factor que te impide caminar con la libertad habitual: llevas entre doce y dieciocho kilos de grasa, agua y bebé acolchándote el cuerpo. Cualquier persona excedida en el peso camina un poco al estilo pato, aunque no tenga los ligamentos aflojados y una cabeza de bebé amenazando asomar entre las piernas. Ya no corres para coger el teléfono, no podrías saltar ni por un millón de pesetas y pierdes el equilibrio con sólo bajarte del coche. No imaginas cuántas son las amigas que se han caído de bruces durante las últimas semanas del embarazo. La buena noticia es que los bebés nunca sufren traumatismo alguno.

«¡Me duele la espalda!»

Si hacia el final del embarazo tienes alguna posibilidad de conseguir un buen masaje, no la deperdicies. Pregunta a otras madres, a enfermeras o a las profesoras de los cursos de preparto si conocen a una masajista familiarizada con los dolores de la embarazada. Existen unas mesas para masaje especiales a las que se les quita una tapa en el centro para que puedas tenderte boca abajo, con el bebé cómodamente anidado en una especie de bolsa. Eso me pareció estupendo, porque llevaba seis meses durmiendo de lado y, realmente, me moría por descansar boca abajo. Un último consejo: un cuerpo muy embarazado encierra ciertas delicadezas que sólo puede comprender otra mujer; por lo tanto, por muy dispuesta que estés a dejarte atender por masajistas masculinos en tiempos normales, durante la gestación insiste en que sea una mujer.

A propósito: todos los libros sobre embarazo que he leído en estos años sugieren que el esposo aprenda técnicas de masaje y contrapresión, para ayudar a su mujer durante el embarazo y el parto. En los textos la propuesta siempre parece dulce y tierna, pero no tengo una sola amiga que haya sido confortablemente atendida de este modo. Una noche, en mi desesperación, supliqué a mi marido que me masajeara la parte inferior de la espalda. Sus masajes fueron tan poco imaginativos que mantuvo los dedos siempre en el mismo punto, con lo que me dejó una especie de escaldadura en ese sitio. Según declaraciones unánimes de mis amigas, si el marido trataba de frotarlas durante el trabajo de parto, invariablemente ellas gritaban: «¡No se te ocurra tocarme!» (Más adelante volveré a referirme a esta aversión al contacto durante el trabajo de parto.)

Mi amiga Patti, al final de sus embarazos, solía padecer un fuerte dolor en la espalda, que se extendía por el trasero y la pierna. Esto se llama ciática y es bastante común durante la gestación. Es comprensible que las mujeres sufran toda clase de dolores en la columna. El peso del vientre se concentra en una zona que apenas mide 30 centímetros de longitud; esto tira de la columna hacia adelante, obligándote a echar el torso hacia atrás para compensar la curva hacia adelante. También los pechos, si están muy pesados, tiran de los hombros y la parte superior de la espalda. El mejor alivio que puedo sugerirte es que te acuestes un rato sobre el lado izquierdo, con una almohada entre las piernas y otra bajo la cabeza y los hombros. (El lado izquierdo es el que recomiendan los médicos, pues permite que la sangre fluya mejor desde el corazón hasta las piernas y al bebé.) También puedes probar los estiramientos «en cuatro patas» que describí antes, o sentarte en el suelo con las piernas cruzadas «al estilo indio». Esta posición permite que el vientre descanse sobre las pantorrillas, sin cargar la columna. Y si nada de todo esto te alivia, llama a tu médico y pregúntale si puedes tomar algún calmante.

«¡Mi barriga es tan grande que tengo miedo de estallar!»

Hacia el octavo mes de embarazo, casi todas las primerizas creen, erróneamente, que la barriga no puede agrandarse mucho más. Están redondas como si se hubieran tragado una pelota de básquet, tienen la piel estirada y los vestidos más amplios de las tiendas especializadas les caen perfectamente. Y todavía faltan las cuatro últimas semanas.

El vientre de la mujer que está por dar a luz no es una graciosa barriga redondeada, sino una delgada cobertura de piel estirada sobre los codos, las rodillas y el huesudo trasero de un bebé. Siempre he dicho que, cuando una mujer se acerca a término, en la barriga se ven «vértices». El bebé está tan grande y fuerte que a veces es posible identificar una parte de su cuerpo con sólo tocarla; casi puedes reconocerlas a simple vista. Si tu barriga no tiene formas extrañas, si no amenaza con desgarrar el ombligo, lo más probable es que tu bebé todavía no esté a punto. Puedes compararte con una tostadora eléctrica: cuando el ombligo asoma, el contenido está listo.

«¡El médico dice que puede nacer en cualquier momento!»

Cuando llegas al último tramo del embarazo tendrás que visitar al obstetra con mayor frecuencia: en el octavo mes, cada dos semanas; en el último, todas las semanas. Hasta ahora, desde el momento en que se confirmó el embarazo, raras veces tu médico te ha efectuado un examen vaginal. Ahora, en cambio, volverá a mirar dentro de ti con frecuencia, buscando las señales de que el nacimiento es inminente. Y empezará a darte informaciones como ésta: «Tienes un centímetro de dilatación y 50 por ciento de borramiento.» (La dilatación y el borramiento son fenómenos que se producen en el cuello del útero cuando se prepara para dar paso al bebé. En los capítulos 15 y 16 volveremos sobre ellos.) Una sale del consultorio llena de ansiedad, segura de que va a iniciar el trabajo de parto esa misma noche; tal vez no alcance siquiera a cenar. Llama a amigos y parientes y los pone en alerta roja. Tres días después, como el bebé aún no ha nacido, una empieza a desear la próxima visita al médico, para saber algo más sobre borramiento y dilatación. No sé por qué, pero todas nos aferramos a esa información como si significara algo, cuando en verdad no significa gran cosa. El mundo está lleno de mujeres que pasan semanas enteras con tres centímetros de dilatación y

70 por ciento de borramiento. Y por cada una de ellas hay otras que vuelven a su casa con la información de que están completamente cerradas, pero rompen la bolsa durante la cena y dan a luz antes del desayuno.

Podría dedicar veinte páginas a aconsejarte que no prestes mucha atención a esas evaluaciones, pero no me harías caso. También te dije antes que no cuentes con que tu hijo nazca en la fecha calculada, y no me hiciste caso. Sé que no querrás prestarme atención en este asunto. Lo sé porque yo hice lo mismo.

«¡No soporto un día más!»

Cuando hayan transcurrido casi cuarenta semanas, llegará el momento en que empieces a escuchar los consejos de las comadres para acelerar el parto y terminar con el asunto. Sé que estoy pisando un terreno resbaladizo, pero sería una tonta si fingiera que no has oído ningún consejo ni piensas ponerlo a prueba. Ya sabes a qué me refiero: dar una larga caminata, hacer el amor vigorosamente, comer alimentos muy condimentados, tomar aceite de hígado de bacalao o aplicarte un enema; todos son remedios caseros para «curar» un embarazo que no termina nunca. Existe en Hollywood un restaurante que sirve una ensalada especial que, según rumores, provoca el parto. Durante un par de semanas se habló del asunto en la televisión local. Médicos y científicos estudiaron la lechuga y los otros ingredientes herbáceos, sólo para llegar a conclusiones divergentes sobre el efecto mágico. Algunos pensaban que podía ser el cilantro, hierba que se emplea en muchas comidas mejicanas y chinas. Otros sugerían que las contracciones eran provocadas por ese exótico vinagre balsámico. De cualquier manera, el restaurante siempre está lleno de embarazadas voluminosas comiendo ensalada a dos carrillos.

De todos los medios para incentivar el parto, el más popular entre los médicos y los fanáticos del buen estado físico es la caminata. Por mi parte, he descubierto que un goteo intravenoso de oxitocina es levemente más efectivo, pero ya conoces mi tendencia a cortar por lo sano en estas cuestiones. En tres de mis embarazos me sometí a las caminatas, dispuesta a probar cualquier recurso que acelerara las cosas. Caminaba por la playa en la arena seca, trotaba por las galerías comerciales (debo haber parecido un clíper con velamen completo) e insistía en subir por la escalera en lugar de usar el ascensor. Lamento decir que ninguno de mis bebés captó la indirecta. Sin embargo, una vez rota la bolsa las caminatas tuvieron un efecto súbito. En realidad, apenas tenía tiempo de dar un par de vueltas a la manzana antes de que la frecuencia de las contracciones me obligara a acudir al hospital.

Debo decirte con toda seriedad que, una vez que rompes aguas, el bebé nace en cuestión de horas; de lo contrario existe el riesgo de infección, pues su prístina burbuja ha quedado expuesta. Llama siempre a tu médico si te parece que pierdes líquido o que orinas sin control. De hecho, si la fecha prevista de parto (por mítica que resulte) llega y pasa sin novedad, el médico puede acelerar el proceso rompiendo él mismo la bolsa. Cuando llegué a término con mi cuarto hijo, creo que yo misma habría tratado de romper la bolsa; claro que no tenía los brazos tan largos para rozar siquiera la vagina, rodeando mi enorme barriga. Pero tal como aconsejan por la televisión: no intentes realizar estas maniobras, que sólo deben ser ejecutadas por profesionales especialmente preparados.

Mi amiga Caroline jura que, al final del embarazo, hacer vigorosamente el amor provoca el parto. Por lo que he leído, esta idea tiene cierta justificación científica, pues parece que el semen contiene una sustancia parecida a la oxitocina. También supongo que el «masaje» del cuello del útero, practicado por el ya-sabes-qué de tu marido, ayuda a despertarlo, tras un sueño de nueve meses, y lo prepara para estirarse. Pero como Caroline es famosa por su insaciable lascivia, tal vez se trate de una triquiñuela para que su marido acceda a un misericordioso acto sexual cuando tal vez preferiría ver el partido por televisión.

Existe una técnica que antes se llamaba «desgarrar la membrana» y que ahora se denomina, de manera eufemística, «realizar un vigoroso examen interno». Lo practica el médico, por supuesto, y sólo si está completamente seguro de que el bebé está a punto y listo para salir del horno. Creo que esta técnica funciona igual que el sexo vigoroso: despierta el cuello del útero, pero de un modo mucho menos divertido. Si tú y tu médico decidís practicarlo, prepárate, pues duele como una contracción menstrual y se acompaña de tanta sangre como el primer día de la regla. A veces no se logra nada con ese «examen vigoroso» (a mí nunca me provocó una contracción), pero dicen que hay mayores probabilidades de iniciar el trabajo de parto cuando esa sensación de calambre persiste algunas horas en lugar de calmarse, como en mi caso. Mi amiga Amy obtuvo un gran éxito combinando el vigoroso examen interno de su médico con un enema que ella misma se aplicó esa noche. Hacia las cuatro de la mañana estaba expulsando a su bebé. (Qué extrañas somos, ¿verdad? No me molesta que alguien me introduzca un gancho de acero de 30 centímetros para romperme la bolsa, pero la sola idea de un enema me provoca mareos.)

Las mujeres muy embarazadas presentan distintos niveles de irracionalidad. Como acabo de insinuar, tiendo a ponerme muy impaciente en mi deseo de pasar de embarazada a madre. Tal vez tú te domines mejor (rasgo admirable en una futura madre). Probablemente deseas tanto como yo tener a ese bebé, pero el sentido común y la serenidad espiritual te permiten aceptar la imprevisibilidad de la situación. De hecho, hay algo dulce y sentimental en la experiencia de despertar en plena noche con inconfundibles contracciones, para dar un amoroso codazo a tu marido, exclamando: «¡Querido, llegó la hora!» y correr en la oscuridad hacia el automóvil, para un excitante viaje al hospital. Por encantadora que resulte la escena, yo siempre he intentado persuadir a mi médico de que provoque el parto en un momento conveniente para los tres: el bebé, él y yo. De ese modo tengo la seguridad de que el bebé está a punto; el médico, bien comido, descansado y presente, y yo con el pelo limpio, las piernas depiladas y las uñas de los pies pintadas. También tengo la seguridad de que viajaremos al hospital a la luz del día, con menos peligro de sufrir percances.

13

Qué llevar al hospital

UN BOLSO LLENO DE COSAS ÚTILES

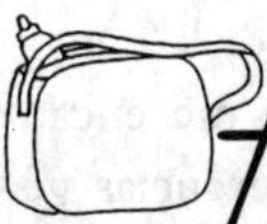

Además de tu persona, al hospital tendrás que llevar un bolso. A menos que tu bebé nazca mucho antes de la fecha prevista o que tengas todavía dificultades para aceptar tu embarazo como una realidad, ese bolso estará preparado bastante tiempo antes de que inicies el trabajo de parto. No obstante, si debes ir al hospital y aún no lo tienes preparado, ve sin preocuparte, porque no necesitarás prácticamente nada hasta después de nacer el bebé. En la relativa calma que se produce tras el nacimiento, puedes pedir a alguien (tu esposo no, dentro de lo posible) que te prepare algunas cosas y te las lleve al hospital. Si no tienes más remedio que pedírselo a tu marido, dale una lista escrita, especificando cada una de las cosas que necesitas. Si le das indicaciones generales, como: «Tráeme algo para ponerme cuando salga de la clínica y lo necesario para una ducha», lo más probable es que te lleve un vestido de noche, zapatillas de tenis y crema de afeitar con la correspondiente máquina.

Para facilitar las cosas a tu esposo y al personal de la clínica, lleva sólo un bolso pequeño (bueno, uno mediano). Es probable que te trasladen al menos una vez durante tu internación, y alguien tendrá que trasladar tu bolso. Cuantas menos cosas lleves, menos riesgos correrás de perder algo en la mudanza. No vayas a creer que te hará falta un baúl, pues en realidad sólo necesitas una muda para cuando salgas, otra para el bebé y unos cuantos artículos de tocador.

La ropa para volver a casa

Obviamente, no puedo saber si tendrás a tu bebé durante una ola de calor o un temporal de nieve, por lo que no puedo elegirte el conjunto (aunque realmente me encantaría). En cambio, puedo hacerte algunas sugerencias generales.

1 Lleva ropa grande, por mucho que desees volver a ponerte los tejanos de antes y recuperar tu esbeltez, porque aún estarás gorda. Es probable que sigas pareciendo embarazada por varios días (o semanas) después del nacimiento. Por odioso que resulte, lo mejor es la ropa de maternidad. Aunque esto te deprima por anticipado, cuando ocurra no te molestará demasiado, porque habrá alguien que usará ropa nueva y de tallas pequeñas: el bebé. Recuerda que, en el futuro inmediato, nadie se fijará en ti mientras el bebé esté presente.

2 Usa un calzado con tacones bajos. Después de dar a luz y pasar doce horas en cama estarás aturdida y sentirás que te

falta equilibrio. Lo último que necesitas es entrar en tu casa con el bebé en brazos balanceándote sobre un par de tacones de aguja. Además, es probable que retengas líquido, por lo que no te conviene someter tus pies a un calzado demasiado estrecho.

3 Elige una blusa o un vestido de tela absorbente, que «respire». Entre los preparativos de salida, acomodar al bebé en su silla para coche y emprender el regreso es probable que te hagan sudar la gota gorda. Además, existen grandes probabilidades de que el bebé vomite al menos una vez antes de llegar a tu casa.

Si piensas amamantar, esa blusa o ese vestido debe abrirse por la parte delantera, lo suficiente para que puedas sacar el pecho sin demasiada dificultad. En las próximas semanas tendrás que desenfundar la teta con tanta frecuencia que se te olvidarán los pudores. Serás capaz de amamantar en medio de la autopista o de abrir la puerta al cartero (que trae otro regalo para el bebé) poniéndole un pecho ante las narices. Más escandaloso aún: no tendrás ningún problema en amamantar al bebé delante de tu propio padre. ¡De veras! Aunque no lo creas, después de pasar un hora alimentando a tu bebé en el dormitorio, mientras toda la familia se divierte sin ti en el comedor, ya me dirás si no bajas corriendo por la escalera, como una nativa escapada de una fotografía del *National Geographic*.

4 Intenta ponerte bonita. No necesitas matarte acicalándote (como ya dije, difícilmente serás el centro de toda la atención), pero no olvides que te tomarán varias fotografías desde que abandones la cama del hospital hasta que entres en tu casa. Péinate, maquíllate un poquito y no te

tomes más molestias; eso sí, lávate los dientes, por el bien del bebé. Después podrás ponerlo delante de tu cara, a manera de escudo; si todos los recursos fallan, amenaza con abrir la cámara a quien pretenda tomarte un primer plano.

No lleves tu mejor camisón (a menos que no te importe arruinarlo)

Un consejo de amiga: deja en casa todos esos preciosos conjuntos de camisón y salto de cama. El parto y sus secuelas son bastante sangrientos; si usas esos preciosos modelitos, tendrás que dejarlos en remojo en un baño de enzimas durante semanas. Llévate un camisón amplio y cómodo y una bata sencilla. De todos modos hoy en día te dan el alta tan pronto después del parto, que apenas tienes tiempo de lavarte los dientes y darte una ducha.

Lleva tu champú, jabón y lociones

Después de dar a luz, no hay mayor placer sobre la tierra que darse una ducha y lavarse los dientes. Probablemente lleves varias horas sin hacerlo, y cuando estés limpia te sentirás tan bien como si hubieras perdido siete u ocho kilos. Los artículos de tocador que (a veces) proporcionan algunas clínicas son industriales y vienen en envases microscópicos (como quien dice: «La comida es asquerosa, pero las porciones son pequeñas.»). Date el lujo de poner en tu bolso champú, jabon o espuma para baño y lociones. Pero no olvides que el recién nacido es virgen de olfato. Si llenas la habitación de olor a perfume, el pobre angelito podrá estornudar hasta que se le desprenda la cabeza. Elige esencias suaves y omite por completo el perfume y la colonia. Si piensas amamantar no te pongas talco ni loción en los pechos. ¿Qué pensarías tú si alguien te echara talco perfumado en la comida?

Deja las joyas en casa

Si todavía puedes usar la alianza sin que te corte la circulación del dedo, no hace falta que te la quites para ir al hospital. En cuanto a las demás joyas, es conveniente dejarlas en casa, donde no corran peligro de perderse. Ni siquiera necesitas reloj, porque la enfermera que te atienda tendrá el suyo; aunque no fuera así, seguramente habrá un buen reloj de pared. Quién sabe, quizá tu marido, al verte tan desnuda sin aros ni cadena, se siente inspirado y corre a comprarte una baratija como recompensa por el valor demostrado en la sala de partos.

Lleva una o dos almohadas

Ya hemos mencionado el profundo amor que te inspirarán las almohadas durante el embarazo. Si duermes con ellas entre las piernas o contra el pecho, llévalas también al hospital cuando te llegue el momento de dar a luz. Por agradables y reconfortantes que te hayan parecido hasta ahora, nunca habrán sido tan dignas de devoción como cuando descanses sobre ellas en tu cama de hospital. No sé de qué están hechas las almohadas de las clínicas, pero parecen de serrín o de yeso. Las tuyas, además de ayudarte a dormir cómodamente (algo que mereces a estas alturas), también te prestarán apoyo a la hora de alimentar al bebé.

Y lo mejor es que tienen olor a hogar. (Pero recuerda no llevar tus mejores fundas blancas, por motivos obvios.)

Deja el libro abierto en esta página sobre la almohada de tu marido o pégala en el espejo del baño:

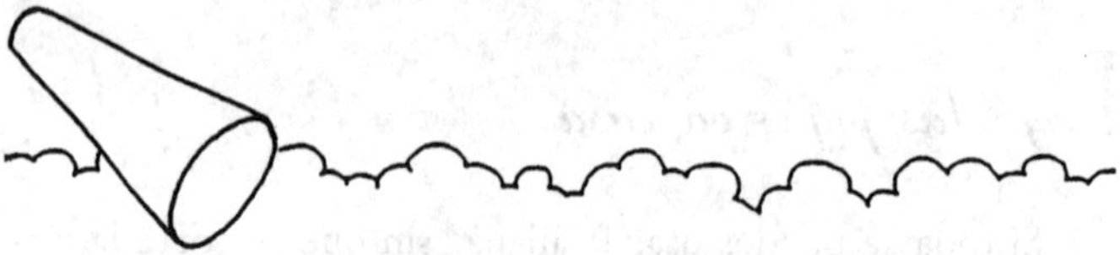

ATENCIÓN, MARIDOS:

LAS AMIGAS RECOMENDAMOS DE TODO CORAZÓN PRESENTARSE CON ALGÚN REGALITO CUANDO EL BEBÉ HAYA NACIDO.

LAS ALHAJAS SIEMPRE CAEN BIEN, PORQUE PUEDEN USARSE INCLUSO ANTES DE HABER RECOBRADO EL PESO NORMAL.

ES UNA MUESTRA DE AGRADECIMIENTO POR LA TAREA REALIZADA.

SI SE PAGAN GENEROSAS RECOMPENSAS POR LA DEVOLUCIÓN DE UN SIMPLE PERRO PERDIDO, LA PATRONA MERECE AHORA EL DIAMANTE POR LOS SERVICIOS PRESTADOS.

Lleva chinelas

Sé que los hospitales están supuestamente esterilizados, pero tengo mis dudas, sobre todo donde hay alfombras. Mientras descansas en tu habitación, un par de calcetines gruesos bastarán para mantener los pies calientes y protegidos, pero si te recomiendan caminar por todo el edificio para despertar los intestinos, necesitarás unas chinelas cómodas, sin tacón y no demasiado feas. Decididamente, es mejor dejar en casa las chinelas de tacón chino con plumas, porque tal vez no tengas mucho equilibrio. Peor todavía: si te realzan mucho la línea de las piernas, tu marido puede excitarse y querer hacer el amor. ¡Dios te libre!

Lleva varios pares de calcetines

Las amigas te recomendamos que lleves varios pares de calcetines gruesos. Usarás el primer par durante el trabajo de parto, período en el que a muchas se les enfrían las manos y los pies. Es probable que el médico te permita tenerlos puestos durante el parto, pero en cuanto recobres la conciencia quizá debas tirarlos a la basura, porque es difícil que no se manchen de sangre.

Los otros pares son para usar en la cama mientras estés ingresada, a fin de evitar el frío y la contaminación cuando te levantes para ir al baño. Lo más probable es que debas descartar uno o dos pares más, pues al levantarte es casi inevitable que las compresas no den abasto y un surco de sangre y materia acuosa corra a lo largo de la pierna hasta los calcetines. (Sigue adelante sin perder mucho tiempo en analizarlo; simplemente, acepta mi palabra de que las cosas son así.)

Lleva ropa interior de maternidad

Durante el trabajo de parto y el alumbramiento no tendrás que usar ropa interior, aparte los calcetines, pues casi todos los médicos opinan que es un estorbo. Pero después necesitarás tres o cuatro bragas, por lo menos, por breve que sea tu hospitalización. Cuando haya nacido el bebé y después de que expulses la placenta, la enfermera te pondrá un par de toallas higiénicas y te acostará. Por algunas horas podrás prescindir de las bragas, pues ése suele ser el período en que la enfermera te pone bolsas de hielo para los labios hinchados. Además querrá ver, de tanto en tanto, qué está pasando allí abajo.

Pasado el período del hielo, te conviene ponerte ropa interior, tanto por pudor como para mantener las toallas higiénicas en su sitio. Para eso te recomiendo las bragas de maternidad, aunque hayas sido devota de las tangas durante el embarazo. No hay tanga capaz de sostener los apósitos que necesitas, durante varios días, para absorber los líquidos que brotan de tu cuerpo. Además, después de un parto vaginal y un par de puntos, tu tanga preferida te parecerá un instrumento de tortura. Lo que necesitas ahora son grandes bragas suaves, acolchadas y baratas.

Lleva crema para labios

Todas hemos comprobado que dar a luz seca los labios, aun a aquellas que practicamos la respiración Lamaze sólo para llamar a gritos al anestesiólogo. Lo cierto es que una se deshidrata por el agua que pierde en el nacimiento, pero además, durante el trabajo del parto y el alumbramiento no puedes beber nada, a fin de evitar las náuseas. Si no llevas un protector de labios, es probable que éstos te queden resquebrajados y resecos. Aunque no puedas impedir que te ocurra lo mismo en los pezones, una buena crema de labios evitará que éstos se te agrieten.

Lleva un bolígrafo

Iba a sugerirte que también llevaras papel, pero las amigas me recordaron que, entre aprender a amamantar al bebé, recibir visitas, dormir y tratar de ir al baño, no te quedará tiempo para grandes composiciones. Si no puedes separarte de tu diario, date el gusto y llévalo, pero deja en casa todas las notas de agradecimiento y las tarjetas de participación del nacimiento.

(Mi amiga Dorothea, que acaba de tener a su segundo hijo, sugiere preparar las tarjetas y sobres en las últimas semanas del embarazo, que son tan aburridas. De ese modo, una vez nacido el bebé sólo tienes que proporcionar los datos faltantes a la imprenta; tu madre o tus amigas pueden llenar los sobres y echarlos al buzón.)

Volviendo al bolígrafo, es posible que durante tu hospitalización tengas que rellenar varios formularios. (Éste es apenas un ejemplo y, por supuesto, llevar un bolígrafo no es esencial, pero descubrirás que los pequeños detalles suelen ser muy importantes.

Lleva algo para comer

Mi amiga Dona tuvo el coraje de decirme que, en la clínica donde dio a luz, había un bar abierto varias horas al día, para las pacientes de maternidad y sus maridos. Sospecha que incluso acudían pacientes de otras salas a servirse. No esperes encontrar lo mismo en tu hospital. Es más: esperar que alguien te lleve, fuera de las comidas establecidas, un zumo o un tentempié, es el mejor ejemplo para definir la palabra «fútil».

Después de la ardua tarea de dar a luz, quedarás muerta de hambre. Contribuye a ello el hecho de que tu cuerpo se prepara para iniciar la producción de leche. Si tu marido se ofrece a correr al bar para comprarte algo, estarás tentada de aceptar. Pero recuerda que transcurrirá más de una hora hasta que vuelvas a verlo, pues se lanzará sobre un menú de cuatro platos mientras espera que le envuelvan tu bocadillo. No olvides que el trabajo de parto y el alumbramiento también lo han desgastado a él.

No sabes cuánto te alegrarás de haber puesto en tu bolso una botella de agua o zumo y algún tentempié imperecedero: galletas o frutos secos. Intenta evitar los dulces. Por mucho que te guste el chocolate, tu cuerpo está agotado y necesita alimentos más nutritivos. Además, muchos bebés no pueden digerir la leche de una madre que se ha pasado la noche comiendo caramelos masticables.

Lleva algo para leer

Es posible que tengas un televisor en la habitación de la clínica, pero si dispones de tiempo libre quizá desees leer. La experiencia personal me ha enseñado que, en una madre reciente, el pensamiento lineal suele estar ausente casi por completo; por lo tanto, no te conviene llevar nada que requiera concentración o memoria, pues carecerás de ellas. Algunas revistas pueden constituir un verdadero desafío intelectual, sobre todo por artículos tales como el test para evaluar tu vida sexual o las obligaciones y prohibiciones según el último grito de la moda.

Lleva tus propias compresas higiénicas

Las cosas varían de un hospital a otro, pero cuando tuve a mis hijos siempre me dieron esas compresas higiénicas que se sostienen con un cinturón especial o con alfileres de seguridad. ¡Caramba, qué reliquias! Lo que necesitas es la compresa más grande que se fabrique. Compra una de buena calidad, porque durante los primeros días usarás hasta dos por vez, aunque te hayan practicado una cesárea. Si tienes suerte te las proporcionarán en el hospital y no usarás las tuyas, pero más vale prevenir que lamentar.

Lleva sostén para lactancia

Si ya has decidido amamantar a tu bebé o si no estás segura, deberías llevar un sostén para lactancia. Aunque no pienses amamantar, proporcionan un buen apoyo y protección; si no vas a amamantar, deberías seguir usando los sujetadores fuertes para embarazada, pues de cualquier modo los pechos se llenan.

Aunque los bebés quieren mamar (y deberían hacerlo) en cuanto nacen, aún no reciben leche de su madre. Sin duda has oído hablar del calostro, ese líquido amarillo que el bebé succiona de tus pechos antes de que éstos fabriquen leche. La etapa del calostro te proporciona una estupenda oportunidad para aprender a amamantar, pues el bebé no tiene todavía mucha hambre y el tamaño de tus pechos aún te permite manipularlos con relativa facilidad. En cambio, en cuanto sube la leche se desata el caos. Te lo juro: en un par de horas mis pechos, hasta entonces blandos y plenos, adquirieron el tamaño y la dureza de una pelota de fútbol. Si mi bebé no quedó petrificado ante esas ubres, mucho más grandes que su cabeza, fue porque estaba hambriento. Entonces comprendí que me enamoraría del sostén para lactancia. Lo usé durante meses, día y noche, porque dormir con los pechos cargados de leche puede resultar muy incómodo. Según rumores, las francesas se acuestan con «sostenes para dormir», pues están persuadidas de que los pechos necesitan apoyo a todas horas. Tras haber conocido el duro trabajo que deben realizar las mamas femeninas, creo que merecen no sólo un sujetador bonito, sino también vacaciones pagadas para dos en el Caribe.

Ya que hablamos de sostenes para lactancia, también deberías llevar apósitos para el mismo fin: son paños circulares desechables absorbentes, que se ponen entre el pezón y la solapa desprendible del sostén. Absorben cualquier pequeña pérdida y mantienen la prenda limpia por más tiempo. Lo último que querrás hacer, cuando vuelvas a tu casa, es lavar más ropa de la estrictamente necesaria.

También existe un nuevo artilugio consistente en dos copas de látex o plástico que se ajustan bien a los pezones. No sólo absorben más que los apósitos, sino que crean un espacio de aire alrededor de los pezones masticados, impidiendo que el sostén los irrite.

Lleva un libro sobre lactancia

Lograr amamantar a un bebé puede resultar más difícil que aprender a usar el microondas. Ya sé que es el acto más natural del mundo, pero he visto a mujeres que sollozaban de frustración porque el bebé no «se prendía» al pezón para hacer brotar la leche. He aquí la primera noticia para las novatas: la leche no surge de un agujero en la punta del pezón, como yo siempre había imaginado, sino de varios orificios pequeñísimos distribuidos por todo el pezón, y sólo surge cuando el bebé lo tiene bien aferrado, con toda la parte oscura contra el techo del paladar.

Antes de que te asustes, debo asegurarte que en casi todos los hospitales hay personal capacitado para enseñarte a amamantar. No obstante, en esos momentos, un buen libro, con ilustraciones, puede resultarte muy útil. Mientras tu bebé descansa y tú estás todavía relativamente tranquila, puedes estudiar el libro; de ese modo, cuando el pequeñín despierte aullando de hambre, tal vez tengas una vaga idea de qué debes hacer. No te preocupes si no dominas enseguida la técnica; no faltará una enfermera que sujete tu pecho con una mano y la cabeza del bebé en la otra, para manipularlos hasta que ambos hagan lo que ella quiere. Mientras tanto, tu tarea consiste en permanecer lo más quieta que puedas, dejándote manipular por una perfecta desconocida.

Lleva una cámara y película

Ésta será la experiencia más increíble de toda tu existencia y puedes registrarla con montañas de fotografías. Por el resto de tus días te encantará repasar, sentimentalmente, las fotografías del día en que nació tu bebé. Hoy en día, las filmadoras abundan tanto como las cámaras fotográficas en las salas de parto, y todos conocemos a alguien que atesora registros del nacimiento en sus más ínfimos detalles. Mi regla de oro es no permitir que ninguna lente, fotográfica o de vídeo, me apunte por debajo de la cintura, pero eso es porque no confío en los tipos que se encargan del revelado. ¿Y si algún día llegara a ser famosa y uno de ellos tuviera algunos negativos de mis partos? O peor aún, ¿y si mi hijo de seis años encuentra el vídeo y lo confunde con su copia de *El rey león*?

Recuerda que el trabajo de parto y el alumbramiento duran, casi siempre, mucho más de lo que habías calculado (o de lo que puedas imaginar). Por lo tanto, a menos que planifiques todo de antemano, tu marido podría quedarse sin película o sin batería justo cuando el bebé hace su gran aparición. Si está filmando el acontecimiento en vídeo, sugiérele que ahorre batería utilizando la corriente o, para mayor seguridad, que tenga dos o tres baterías cargadas para la ocasión.

Muchos profesionales de la medicina suelen tener mano de artista y, con frecuencia, están dispuestos a encargarse de la cámara, si el marido se impresiona demasiado o si tiene las manos ocupadas con el recién nacido. El pediatra de mi hijo era un fotógrafo estupendo. No sólo tomó fotografías durante el nacimiento, sino que siguió al bebé hasta la *nursery* y luego registró el encuentro con los abuelos. La bata blanca le servía de salvoconducto, de modo que podía entrar donde quisiera y fotografiar lo que le viniera en gana sin que nadie lo echara a puntapiés.

Lleva la lista de números de teléfono

Como bien puedes imaginar, son varias las personas que querrán enterarse en cuanto el bebé haya nacido. De hecho, son varias las que no volverán a dirigirte la palabra si no los llamas en cuanto el pequeño haya sido trasladado a la *nursery*. Lo más probable es que la tarea de informar por teléfono recaiga sobre tu marido, pues tú estarás demasiado cansada o demasiado dormida para manejar un aparato tan complicado. No olvides que también para él acaba de cambiar el universo; tal vez apenas recuerde telefonear a la persona con quien debía reunirse a primera hora de la mañana; hasta es posible que no logre recordar un solo número.

Tu misión, en los aburridos días previos al parto, es preparar una lista de nombres y números, ordenados según su importancia. Por ejemplo: los primeros de la lista deberían ser tus padres, puesto que la heroína eres tú. Luego, los padres de él, los abuelos, los mejores amigos y los vecinos (si es que no les telefoneaste al iniciar el trabajo de parto). Si la lista respeta el orden de importancia, aunque tu marido se canse de la tarea antes de llegar al final, al menos habrá hecho las llamadas más críticas antes de quedarse dormido en la silla o de ir en busca de comida.

Una última advertencia en cuanto a divulgar la noticia de tu maternidad: si la criatura ha nacido entre las diez de la noche y las ocho de la mañana, los únicos que querrán saberlo inmediatamente serán los abuelos, los tíos y los amigos íntimos de la familia que tengan hijos propios. Los amigos que nunca hayan experimentado este milagro preferirán enterarse de la gloriosa noticia después de haber tomado su café por la mañana; de lo contrario la tomarán sólo como una interrupción de su profundo sueño.

Lleva a una amiga

Aunque no quepa en un bolso pequeño, te conviene pensar seriamente en la ventaja de llevar una amiga al hospital, cuando te ingresen para dar a luz. Cualquier amiga afectuosa y cordial sirve, pero será especialmente útil si ella también ha pasado por la experiencia del parto. Como he repetido incontables veces desde el inicio de este libro, tener bebés es trabajo de mujeres; es valiosísimo contar con otra mujer para que te reconforte, chismorree contigo y te dé aliento. Si tienes mucha pero mucha suerte, puedes llevar a una amiga como Amy, que me masajeaba los pies en cada contracción. Jamás olvidaré su presencia serena e incansable.

Tal vez pienses que el trabajo de parto y el alumbramiento son momentos íntimos, que sólo deben compartir marido y mujer. Te preocupa la posibilidad de quebrar ese hechizo místico si te acompaña alguien que no sea el coproductor de ese bebé. ¡Noticia urgente! Primero: en el hospital tendrás cualquier cosa menos intimidad, en el caso de que te asignen una habitación individual. Antes de que llegue tu obstetra, varios desconocidos habrán venido a meter la mano en tu persona. Segundo: el trabajo de parto se alarga y alarga, agotando hasta al cónyuge más abnegado. Después de cinco horas, lo más probable es que tu esposo esté charlando con un par de amigos en la sala de espera, mientras tú miras el culebrón entre contracción y contracción. En lugar de rabiar contra tu marido por huir del tedio o por repetir que tiene hambre, dale un descanso y haz que una amiga te haga compañía. Si quieres preservar la sacralidad del momento, haz que todos salgan de la habitación (menos tu marido, si es que no se ha ido a tomar un café con croissants) en cuanto el médico te diga que ha llegado la hora de pujar. Entonces los dos podrán compartir la transformación en tres.

Qué llevar para el bebé

¿No es alucinante eso de preparar el equipaje para una persona que ni siquiera conoces todavía? Pero no creas que el bebé estará desnudo hasta que alguien lleve la ropa desde tu casa. En el hospital lo vestirán inmediatamente con una batita y un pañal; luego lo envolverán bien en una sábana gruesa (que yo robé para guardar en el cajón de los recuerdos, por algún motivo sentimental que ahora no me viene a la mente) y, a veces, le cubrirán la cabecita con un gorro de punto para mantenerlo bien abrigado.

¡NECESITAS UNA SILLA PARA COCHE!

Ahora que lo pienso, lo único que debes llevar sin falta al hospital, para cuando te den de alta, es una sillita para coche. En el mercado existen muchos modelos de sillas para coche, cuyo precio es muy variable. Algunas, por su diseño, sirven tanto para el recién nacido como para el bebé que ya camina, si se ajustan las correas y la manera de sujetar el asiento a los cinturones de seguridad. Conviene dedicar un tiempo a este tema, pues una buena silla para automóvil protegerá a tu amado bebé de cosas que da miedo imaginar. Pregunta a tus amigas, lee los informes para consumidores y husmea en las tiendas hasta que encuentres una de tu agrado.

Muchas amigas terminaron comprando dos sillas. La primera, en forma de cesta (silla Maxi-Cosi) destinada a los recién nacidos que sirve sólo hasta los seis meses. Esta forma es adecuada, pues el neonato no tiene todavía control de la columna ni del cuello y le gusta estar medio acurrucado. Es asombroso lo pequeño que puede parecer un recién nacido en cualquier modelo de asiento; por eso, si compras inicialmente un modelo grande, estarás obligada a sentarte atrás, a su lado, para sostenerle la cabeza con las manos. Recuerda que la gran diferencia entre las sillas para recién nacidos y las sillas para bebés mayores es ésta: las sillas de coche para recién nacidos se colocan mirando hacia atrás. De este modo, según han demostrado todos los estudios, se reduce el peligro de que sufran una brusca sacudida en caso de frenada violenta.

Todas las amigas optamos por las sillas similares a cestas, fijas a una base que se sujeta con el cinturón de seguridad del automóvil. El «cubo» donde descansa el bebé se desprende de la base y se retira del coche por un asa; de este modo no tienes que despertarlo para bajarlo y, por añadidura, el artefacto te sirve como asiento para el bebé dentro de la casa. Algunos modelos tienen también capota; trata de conseguir uno de éstos, pues te pasarás los próximos meses intentando proteger la cara del bebé de los rayos del sol, no sólo por miedo a las quemaduras, sino también porque les irrita la piel.

Hay un motivo por el que conviene comprar un asiento nuevo en lugar de pedir prestado uno, y es que en cada modelo se añaden mejoras en cuanto a seguridad. De hecho, algunos de los que se fabricaban hace ocho o diez años no responderían a los reglamentos actuales.

Una última advertencia sobre las sillas para coche, antes de pasar a cosas más divertidas: estudios recientes han demostrado que miles de padres, por lo demás inteligentes, las usan o instalan de manera incorrecta. *¡Hay que leer el manual!* Si éste indica que el cinturón del asiento debe ajustarse con «el broche metálico adjunto», no tires a la basura ese broche de metal: ¡úsalo! Si dice que el cinturón debe pasarse a través de una serie de aberturas situadas debajo de la silla, pásalo por todas ellas, no sólo por la más grande que está en el medio. Y no supongas tampoco que todas las sillas para coche se instalan igual. Cada vez que compres una tendrás que leer el manual. Bien sé cuán irritantes son esos tontos diagramas, pero no olvides que está en juego tu hijo y, por una vez en la vida, lee todas las instrucciones. Cuando estés segura de haberlas entendido, practica instalándola y retirándola varias veces. Aprovecha la relativa serenidad mental de que gozas antes del parto para dominar la tecnología.

La ropa para salir del hospital (continuación)

La elección de este atuendo resulta muy divertida. Sólo debo hacerte una advertencia: no escojas nada que deba pasarse por la cabeza, porque vestir por primera vez al recién nacido suele ser bastante traumático (no para el bebé, sino para ti). Y la prenda que utilices debe tener perneras, no faldas, porque el cinturón del asiento se abrocha entre las piernas del bebé.

UNA CAMISITA DE BATISTA

Yendo de adentro hacia fuera, la primera prenda esencial es la camisita de batista. Ésta debe haber sido lavada en casa (como todo lo que el bebé use en los tres primeros meses, por lo menos), con un jabón suave. Hay modelos que se pasan por la cabeza del bebé, pero la primeriza necesita, para no asustarse tanto, las que se atan o abrochan a los lados, a la manera de un quimono. En los primeros días, si tratas de ponerle algo por la cabeza tendrás la sensación de que vas a sofocarlo o a romperle el cuello. Como a estas alturas la lógica no causa mucho efecto, no me molestaré en asegurarte que el bebé es una personita muy resistente. En cambio, te sugiero prendas que te eviten por completo esa situación.

Cuando visites las tiendas para escoger el ajuar, encontrarás camisetas que se pasan por la cabeza del bebé y se abrochan entre las piernas; esta prenda se llama tradicionalmente «*bodys*». Las amigas opinamos que son estupendos, pero no para el recién nacido. En primer lugar, porque provocan ese miedo a sofocarlo o quebrarle el cuello. En segundo lugar, dificultan el acceso al ombligo, que debes limpiar con alcohol hasta que caiga el cordón umbilical. Por último, los broches de la entrepierna hacen que la tela comprima el cordón, lo cual no puede resultar muy cómodo para el bebé.

EL PAÑAL

En el uniforme del recién nacido el siguiente artículo es el pañal. Sobre la elección entre los desechables o los de tela, no tengo nada que decir. Como vivo en California del Sur, no he podido decidir qué es peor: «abonar» la tierra con artículos desechables o contribuir a la sequía y la contaminación del agua con productos químicos, lavando los de tela. Con respecto a los pañales, sólo puedo aconsejarte que los cambies con frecuencia y que dobles la parte de arriba, a fin de que el ombligo se mantega seco y no sufra roces. Además, recuerda que todos los bebés deben usar pañales hasta los dos años, más o menos.

PEÚCOS

Debes cubrir con algo los pies del bebé. Los recién nacidos tienen dificultades para regular la temperatura del cuerpo, por lo que es preciso mantenerles abrigados la cabeza, las manos y los pies. Puedes optar entre vestir al bebé con un «mono» (pantalones cosidos en la punta del pie) o ponerle peúcos. Lo que no debes hacer es ponerle zapatos. Ya sé que esos zapatitos de muñeca se ven preciosos en los escaparates, pero los pies de un bebé real son tan diminutos y redondeados que ese calzado les resulta muy molesto. Además, es casi imposible poner otra cosa que unos calcetines en los movedizos pies de un bebé, y ni siquiera éstos se mantienen allí por mucho tiempo.

LA PARTE ELEGANTE

Sobre las prendas básicas que te he mencionado puedes ponerle lo que más te guste (de acuerdo con tu sentido del humor, pues la ropa de bebé puede ser muy divertida). No obstante, hay algo que debes saber: en los primeros días, la gran mayoría de los recién nacidos duerme casi continuamente. Por esta razón, lo más práctico es vestirlos con pijamas suaves y no con vestidos diminutos o trajecitos de marinero. También es útil saber que, según los consejos médicos actuales, los bebés deben dormir de espaldas o de lado, por lo que son preferibles las prendas que se abotonan o abrochan en los hombros o en el pecho y no en la espalda, para que no le molesten cuando esté acostado boca arriba. Y por ahora, olvídate de puntillas, botones y lazos.

GORRITOS, ¿SÍ O NO?

Veinte años atrás a nadie se le habría ocurrido sacar a un niño sin gorro. Todo bebé con la cabeza descubierta era una criatura mal cuidada, que inevitablemente cogería un resfriado. Mi suegra, que vive en Nueva York, rezaba para sus adentros a san Judas cuando me veía sacar sin gorro a su nieta, nacida en climas más cálidos. Si hubiera sido mi madre, habría amenazado con denunciarme a los organismos de protección de la infancia. Pero, como no quería entrometerse, protegía la cabeza de su nieta con sus propias manos cuando pensaba que yo no la veía. Debo admitir que ella tenía razón; los bebés pierden mucho calor por la cabeza, de modo que es muy buena idea ponerles un gorro si hace frío. Además, tengo mucho cariño a mi suegra: si un gorrito la hace feliz, ¿por qué no usarlo? (Al menos cuando ella está cerca.) Si no encuentras gorros lo bastante pequeños o son demasiado caros, no te preocupes; en muchas maternidades proporcionan un estupendo gorro de punto, como los que usan los marineros. Más aún: hay en color rosado para las niñas y en azul para los varones; de ese modo te ahorras el tedio de que, a cada rato, algún desconocido te pregunte por el sexo de tu bebé. No obstante, no hay motivos para exagerar la protección vistiendo al bebé como si fuera un esquimal… a menos que tu bebé sea esquimal, por supuesto.

UN CHUPETE

Cualesquiera sean tus prejuicios sobre los chupetes, hazte un favor y compra uno o dos. Quizá tengas que agradecerme este consejo cuando tu marido vaya al volante, con el bebé y tú en el asiento de atrás, y la criaturita empiece a llorar sin consuelo. En momentos así, es tradicional que los flamantes padres empiecen a sudar y se agiten. Una no sabe si decir al papá que acelere, para llegar a casa cuanto antes, o que se detenga a un lado de la calle o la carretera para sacar al bebé de la silla y darle de mamar; en tu desesperación, es posible que pienses en llevarlo en brazos el resto del viaje. Haz lo que quieras, pero *no lleves al bebé fuera de su silla mientras el coche está en movimiento.* Además de ser muy peligroso, en Estados Unidos y otros países es ilegal. Una regla para padres es no permitir que un momento de desesperación te lleve a hacer tonterías. De lo contrario te pasarás todo el futuro haciendo tonterías.

He aquí lo que debes hacer: ponle un chupete en la boca y dale palmaditas suaves hasta que se tranquilice y comience a succionar. Si tienes pesadillas en las que tu hijo va a primer grado con chupete, sólo tienes que añadir una preocupación más a la interminable lista de cosas que te quitarán el sueño más adelante.

UNA MANTITA

Conviene envolver al bebé en una manta, aun con buen tiempo. Al estar envuelto, se siente protegido y se calma. En cambio, si puede mover los brazos y las piernas con demasiada libertad, tiene la sensación de caerse y se sobresalta. Aun cuando esté sentado en su sillita para coche, puedes arroparlo con la manta, abrigando sobre todo las manos y los pies.

UN «PAÑO PARA ERUCTOS»

Mi amiga Sondra inventó el atractivo nombre «paño para eructos» para designar la tela con que las madres se cubren el hombro en que apoyan al bebé para que eructe. No sólo cumplen la obvia función de proteger la ropa, sino que también protegen la cara del bebé si la tela de tu ropa es áspera o tiene restos de detergente. También los usarás con frecuencia para limpiar la baba del pequeño.

El paño para eructos puede ser un simple pañal de tela; éste suele mejorar tras varios lavados, pues casi todos son algo rígidos cuando los compras. Mejor aún que el pañal, según pensamos las amigas, son esos trapos de gasa que se venden en casi todas las tiendas para bebés. Son tan baratos que puedes comprar varios. Yo los usaba para envolver al bebé, para limpiarle la nariz o para cubrir el asiento del coche y siempre tenía uno sobre el hombro. Se convirtieron en una parte tan familiar de mi vestuario que, con frecuencia, salía de casa con uno colgando del hombro sin darme cuenta. Era un detalle de gran elegancia, sobre todo si tenía restos de leche.

EL PROTECTOR DEL CUELLO

Hace un par de años, entre los miles de catálogos que recibo descubrí un nuevo producto para bebés. Se trata de un tubo cilíndrico en forma de U, hecho de tela de algodón y relleno de guata. Supuestamente, es para sostener la cabeza del bebé cuando se duerme en la sillita para coche, el columpio o el coche-silla. Al principio no supe si era un invento genial o sólo una porquería más para vender a las ingenuas futuras madres, pero después de usarlo con dos de mis hijos he decidido que es, en verdad, un golpe de genio. El cuello del bebé es tan débil y la cabeza tan pesada que cuando se duermen en la sillita dan la impresión de que esa gran bola saldrá rodando hacia adelante en cualquier momento. Ese protector de cuello proporciona a la cabeza un sitio donde descansar y disminuye la preocupación de la madre en caso de frenadas bruscas. Y, como bien sabemos, una preocupación menos es un don del cielo.

14

Cosas de niños

Un diminuto bebé (tres kilos doscientos como promedio) requiere infinidad de cosas para su cuidado, mantenimiento y bienestar. Fíjate, por ejemplo, en la bolsa de los pañales: cuando la llenas con todo lo que necesitas para sacar de casa al pequeño, resulta más grande y mucho más pesada que el mismo bebé. Si éste es tu primer embarazo (y supongo que así es, pues las embarazadas que deben atender a otros hijos no tienen tiempo para leer nada), con seguridad no sabrás qué cosas son absolutamente imprescindibles y cuáles son malgastar espacio y dinero. Tanto si estás ansiosa por salir de compras para tu futuro bebé, como si ya encaras la tarea con una abrumadora sensación de ineptitud, tarde o temprano tendrás que adquirir varias cosas para estar preparada. Si quieres, puedes aliviar el aburrimiento de las últimas semanas de gestación forrando sus cajones y plegando mil veces sus camisetitas. Si eres supersticiosa, puedes elegir todos los objetos y prendas necesarios, pagarlos y dejarlos en la tienda hasta que tu bebé haya nacido.

Sea como fuere, no te conviene entrar en una tienda especializada y preguntar qué necesitas para tu bebé. Esa gente sabe reconocer a una incauta a primera vista; en cuanto te ven entrar con la barriga al frente, es como si llevaras el rótulo «inexperta» grabado en la cabeza. Hasta el más escrupuloso de los vendedores sentirá la tentación de hacerte comprar la lámpara de noche cuya pantalla hace juego con los almohadones de la cuna. Probablemente no quieren aprovecharse de tu completa ignorancia sobre el tema, pero también ellos sucumben al encanto de los objetos para bebés, igual que todo el mundo. Si puedes destinar a tu bebé un dormitorio grande como un salón de baile y una montaña de dinero, acepta lo que te dice el vendedor: lo necesitas todo y lo necesitas ahora mismo. De lo contrario, resiste las tentaciones lo mejor que puedas y reduce tus primeras compras a los elementos esenciales. Recuerda que, después del parto, tendrás meses y años enteros para acumular sujetapapeles con la silueta de Pocahontas y juegos de plato, taza y mantel individual. Además, ésta es la clase de objetos inútiles y adorables que a amigos y parientes les encanta regalar. Créeme: si les dices que sólo necesitas una sillita para coche, les causarás una leve depresión. La mayoría de nosotras puede sobrevivir sin cosas como esterillas térmicas para entibiar las toallitas húmedas antes de limpiar el culito del bebé. Reconozco que el invento denota consideración, porque esas toallitas húmedas son muy frías, pero si quieres entibiarlas, puedes retenerlas unos minutos entre las manos. Esta clase de artículos figura entre los millones de productos que los vendedores pueden inducirte a comprar, aprovechando la combinación de culpa materna e inexperiencia total que se agrega a la psiquis nublada por la progesterona.

Relájate y respira hondo

Así como sería ridículo comprar para tu bebé una bicicleta de diez velocidades antes de que nazca, también es absurdo correr de tienda en tienda recolectando frenéticamente sillitas de paseo, parques y andadores. No necesitas siquiera la cuna, hasta que el bebé tenga varios meses. Claro que es divertido tener la habitación del bebé lista y decorada, esperando el día en que regreses con él del hospital, pero también es divertido poder pagar las facturas todos los meses; de ese modo, tu marido no tendrá oportunidad de empezar con sus aburridas protestas de que acabarán en la ruina por tener un hijo. Los gastos resultan menos traumáticos si los distribuyes a lo largo de varios meses.

Ya que hablamos de ruina financiera, a las amigas nos gustaría sugerirte que, aprovechando algún raro momento de racionalidad, te sientes a preparar un presupuesto, para determinar la cantidad de dinero que puedes dedicar a los preparativos del bebé. Cuando tengas la suma, duplícala. (No, es una broma... hasta cierto punto.) Luego puedes salir a averiguar precios. Hay artículos de oferta para bebé y, además, los precios varían mucho de una tienda a otra. También es posible conseguir artículos para bebé en sitios impensados, como los supermercados. Cierta vez compré allí un columpio para bebé por la mitad del precio que cobraban en una tienda especializada. También conviene echar un vistazo a lo que publican las asociaciones de consumidores, para saber qué productos recomiendan por su calidad, su bajo precio y su seguridad, antes de gastar una suma elevada. Mejor aún: haz que lo lea tu marido; de ese modo tendrá algo con qué entretenerse.

Hay otro motivo por el que no debes comprar todo durante el embarazo: todavía no conoces a tu bebé ni sabes cuáles serán tus propias necesidades. Si tu bebé es propenso a los cólicos, puedes descubrir que, en tu caso, es esencial una mochila para colgártelo al cuello, dejando las manos libres para tratar de hacer algo. Todavía no sabes si podrás alimentarlo exclusivamente al pecho o si necesitarás recurrir al biberón, de modo que comprar una lata de leche en polvo es un poco prematuro. Y esa sillita deportiva en la que piensas llevarlo cuando salgas a trotar quizá te parezca irritante cuando el bebé haya nacido, si descubres que no tienes tiempo ni energías para darte una ducha, y mucho menos para correr por el barrio. Recuerda que los fabricantes de «cosas» para bebés son, por cierto, muy astutos. Modifican y mejoran sus productos sin cesar, incitándonos a descartar el modelo del año anterior para comprar el nuevo. Es mejor esperar a que algo te haga falta para comprarlo, a fin de tener la versión más actualizada.

Mendiga, roba y pide prestado

Los artículos para bebé, sobre todo los muebles, suelen estar concebidos para soportar todo tipo de maltrato infantil. Por lo general el bebé las deja atrás antes de que se rompan. Por eso debes mantener los ojos abiertos, en busca de todos los objetos usados que te ayuden a amueblar su habitación. Cunas, cómodas, cestos, móviles, andadores, sillas para comer, mecedoras y sillitas de paseo deben resistir por lo menos a dos bebés, si no a tres o cuatro. Pregunta entre tus amigos, por si alguno ha decidido «cerrar la producción» y quiere regalar la cuna guardada en el trastero. Otros aceptarán prestarte los objetos que tienen acumulando polvo en el desván, si prometes devolverlos cuando la cigüeña vuelva a visitarlos. También las ferias ofrecen una buena posibilidad. En algunas ciudades hay locales que venden exclusivamente artículos usados para bebés. Si prefieres comprar todo nuevo, calcula que te servirá para dos bebés por lo menos. En otras palabras: no cedas a la tentación de comprar una cuna rosada sólo porque tu primer bebé es una niña. Tampoco hagas lo que hice yo cuando mi segunda hija abandonó la cuna: no es cuestión de donar todo a Caritas, porque los accidentes existen. Fíjate en mí: tuve dos «sorpresas» después, que me obligaron a comprarlo todo otra vez. Como regla general, puedes separarte de las cosas más caras sólo cuando llegas a la menopausia, te haces ligar las trompas, tu marido se «desconecta» o, seamos más relistas, ya no tienes más sitio en casa.

Si bien puedes arreglarte con muchas cosas que no son específicamente para bebés, me parece importante elogiar los productos diseñados especialmente para ellos, por varios motivos. En el caso de los muebles, son más seguros para el bebé que los comunes, pues se les aplican pinturas no tóxicas, carecen de bordes afilados y sus asideros no pueden quitarse y tragarse con facilidad. Las cómodas, por ejemplo, tienen correderas de seguridad para que el curioso niñito no pueda abrir los cajones y éstos se caigan sobre los pies o la cabeza. No imaginas la atracción que ejercen en los niños los cajones y su contenido. Son capaces de pasar horas enteras abriéndolos, cerrándolos y sacando todo lo que hayas guardado en ellos. Aún cabe el peligro de que se pille los dedos, pero al menos no se arrojará la cómoda entera encima.

A continuación te indicamos los objetos que las amigas te recomendamos comprar ahora, antes del parto. Todas estamos de acuerdo en que son realmente básicas y esenciales para el cuidado y la comodidad de tu bebé; en algunos casos, también para tu cordura. No nos referiremos a todos los productos para bebés; si te enamoras de un juguete musical con los siete enanitos, ¿quiénes somos nosotras para privarte de ese placer? También te sorprenderás al ver los originales objetos y (a veces) maravillosos que la gente regala al recién nacido. He aquí la lista mínima de lo que necesitarás en esas primeras semanas, cuando te sientas como si hubieras abandonado el cuerpo.

Un lugar para que duerma el bebé

Es probable, sobre todo si amamantas, que el bebé termine durmiendo contigo en la cama durante gran parte de la noche. Esto se debe a que, después de una buena comida, tú y él quedáis tan soñolientos que eructa y os quedáis dormidos (con frecuencia al unísono). No obstante, si tu marido es como el mío, tendrá pánico de darse la vuelta en sueños y aplastar a su hijo. (Si he de ser completamente sincera, tú tendrás el mismo temor al principio.) Por lo tanto, necesitas otro lugar para acostar al niño cuando tu esposo tenga el descaro de reclamar su parte de cama. En los dos primeros meses, mis hijos dormían en un moisés junto a mi cama. Es un cesto de mimbre con pie, que se compra por poco dinero, y al que puede añadirse un volante y un juego de almohadones para que sea más bonito y delicado. Algunas amigas han usado cunas mecedoras junto a la cama, pero yo nunca noté que ese balanceo lateral tranquilizara a mis hijos; mi temor era que los perros empujaran la cuna al pasar, provocando en su ocupante la idea de que estaba experimentando su primer terremoto.

Al volver del hospital, prácticamente ninguna madre está dispuesta a instalar a su retoño en una habitación aparte, ya porque a esa distancia no lo oyes respirar, ya porque estás demasiado cansada para ir hasta allí si despierta en medio de la noche, ya porque quieres tenerlo a tu lado en todo momento. Si crees que no vale la pena gastar en un moisés que sólo podrás usar por dos o tres meses, puedes ponerlo a dormir en una sillita de paseo. ¡No te asustes! Nadie habla de hacerlo dormir sentado. Me refiero a una sillita-cuna. A mi primer hijo le regalaron uno de esos fabulosos vehículos y en él sestearon mis cuatro hijos hasta que no cupieron más. Era muy cómodo poder moverlos de un lado a otro sin despertarlos; de ese modo los tenía cerca mientras recorría la casa, en busca de una habitación que no estuviera tan sucia como para que los remordimientos me obligaran a limpiarla.

Tarde o temprano, a menos que apoyes la filosofía de la Cama Familiar (no preguntes, es demasiado orgánica para que te la describa sin perder la seriedad), tendrás que conseguir una cuna. Pocas veces vienen con colchón incluido (¿qué otra cosa esperabas?). Tendrás que elegir entre una variedad de colchones cuyo precio es también muy variable. Lo mejor es comprar el más barato, siempre que sea bastante sólido; recuerda que, cuando tu hijo tenga edad de pasar a una cama, puede pesar hasta quince kilos. Compra luego un par de almohadillas para que sea más mullido, pero no exageres: la cara del bebé no debe hundirse en la tela. A diferencia de los adultos, los bebés no duermen planos y estirados, sino que tienden a reptar por el perímetro de la cuna en busca de un rincón acogedor; por eso no justifico pagar de más por un colchón que ofrezca «apoyo extra para la espalda» ni nada de eso.

A propósito, dada esa tendencia infantil a reptar durante el sueño, tendrás que comprar almohadillas para poner a los lados, a fin de proteger su blanda cabecita. Pero no te dejes persuadir de que también necesitas la almohada y el acolchado haciendo juego; no sólo serán inútiles, sino también potencialmente peligrosos, porque el niño puede gatear hasta quedar debajo de ellos. Casi todas mis amigas acabaron poniendo la almohada y el acolchado en otro sitio, por ejemplo, en el respaldo de la mecedora.

Hace varios años gasté una buena suma en una hermosa cuna blanca; me dijeron que era una buena inversión porque se le podían quitar las barandillas laterales cuando el niño ya no las necesitara y convertirla en camita. Aunque la cuna era estupenda en muchos aspectos, debo admitir que nunca la usé como camita; ahora me doy cuenta de que no valía la pena hacer ese gasto adicional. El motivo es que, como mis hijos nacieron con tanta proximidad en el tiempo, cada uno debió abandonar la cuna en cuanto el siguiente dejó de caber en el moisés. (¡Epa! Ahora que lo pienso, a esa cuna le saqué jugo, con barandillas o sin ellas.)

Más importantes que el precio y la decoración de la cuna son los elementos de seguridad. Antes que nada: nunca compres una cuna con postes en los vértices ni protuberancias decorativas en las que el bebé pueda engancharse la ropa. Por lo general, ya no se fabrican cunas con esos diseños, pero debes tener esto en cuenta si compras o heredas una cuna usada.

Si el modelo que elegiste ha sido pintado por el propietario anterior, no lo compres sin asegurarte de que la pintura no contenga plomo. En todo caso, hazla lijar y pintar con un producto no tóxico, especial para muebles infantiles. Cuando a los niños comienzan a salirles los dientes y ya pueden incorporarse, les encanta morder las barandillas de la cuna, pero éste no es un modo conveniente de introducir el plomo en su dieta (¡como si hubiera un modo conveniente!). Mi hija Jade ha roído su cuna con tanta ferocidad que parece haber sido usada por un castor.

Elige una cuna cuya barandilla pueda moverse con una sola mano. De lo contrario tendrás que sostener al bebé entre el cuello y el hombro mientras usas las dos manos para bajar la barandilla. Si esta hazaña gimnástica no te parece tan fastidiosa, ya verás cuando hayas empleado dos horas en dormir a tu bebé, molesto por la erupción de los dientes, y se despierte mientras tú forcejeas para bajar la barandilla (y recobrar la circulación de los brazos). En las primeras semanas, como el recién nacido tiene el mismo nivel de actividad que una bolsa de arroz, el colchón de la cuna se pone en los soportes más altos. En esa etapa no hace falta subir ni bajar las barandillas, por lo cual es fácil acostar al bebé. Sin embargo, más adelante, cuando comience a incorporarse, tendrás que poner el colchón más abajo. Es entonces cuando necesitas bajar las barandillas, si quieres acostar al bebé dormido sin dejarlo en caída libre los últimos diez centímetros finales.

Cajones

No pasará mucho tiempo sin que el guardarropa de tu bebé sea más amplio que el tuyo, sobre todo si recibe muchos regalos. Después de todo, tú no necesitas cambiarte tres o cuatro veces al día, ahora que ya no vomitas después de cada comida. El bebé, sí. Hasta el más diminuto de esos pequeñitos necesita varios cajones para guardar todas las camisetas, pijamas, peúcos, mantas y «paños para eructos» que habrás tenido la prudencia de adquirir antes de iniciar el trabajo de parto. Supongo que, si tus arcas están medio vacías, puedes guardar parte de esas cosas en uno de tus cajones, ése que usabas para los cinturones y las prendas ceñidas antes del embarazo. Pero en un futuro próximo tendrás que invertir en una cómoda.

Un lugar para cambiar al bebé

Inmediatamente después de mostrarte esas cunas adorables, el vendedor te llevará a ver las bañeras plegables que componen el juego. Si te encantan y puedes permitirte el gasto, date el gusto; pero si estás algo escasa de espacio o de dinero, pídele que te muestre los cambiadores acolchados que pueden ponerse sobre cualquier mesa o cómoda de buen tamaño. Mientras puedas colocarlo sobre la cómoda y te quede espacio para un par de pañales, las toallitas perfumadas y el aceite para el culito, todo andará de perlas. Lo más probable es que, hacia los doce meses o antes, el bebé ya esté demasiado crecido para la bañera plegable. Alrededor de los nueve meses, los niños se vuelven tan movedizos, tan hábiles para escurrírsete entre las manos, que lo más seguro es cambiarlos y vestirlos en una cama grande, mejor aún, en el suelo, que es donde terminará tarde o temprano. A propósito, es importantísimo recordar que, de un momento a otro, los bebés aprenden a rodar o a escaparse de camas y mesas, generalmente sin previo aviso. Por eso *nunca debes volverles la espalda,* ni siquiera para arrojar el pañal sucio a la papelera.

Recipiente para pañales

Comprendo que, si una está empeñada en cuidar el céntimo, puede vivir sin disponer de un cubo de basura exclusivamente para el bebé. Sin embargo, a medida que éste crece y sus pañales se vuelven más tóxicos, no sólo tendrás escrúpulos en arrojarlos al cubo de la cocina, sino que soñarás con un recipiente hermético, capaz de retener esos olores, cada vez más intensos. (Lo más adecuado sería algo parecido a lo que se usa para almacenar los residuos nucleares.) Los pañales del recién nacido son ramilletes de flores en comparación con los de un niñito de once meses que ha comido espaguetis con salsa de tomate, pollo con guisantes y lo que robó del plato del perro cuando no mirabas. Necesitas un recipiente para pañales con tapa hermética (y un marido que lo vacíe con regularidad).

Biberones

Aunque tengas la intención de alimentar a tu hijo sólo al pecho, necesitarás algunos biberones para extraerte un poco de leche, a fin de guardarla para otra oportunidad. Por supuesto, si tu bebé toma leche maternizada, exclusivamente o como complemento, deberás tener varios. Te recomendamos empezar con seis, por lo menos, porque resulta más económico y conveniente comprar latas grandes, de leche. Cuando abres una lata debes verter todo el contenido en botellas o recipientes de plástico, en lugar de guardar la lata con el sobrante en la nevera. En el caso de la leche en polvo, se ahorra mucho tiempo preparando una cantidad suficiente para llenar los biberones que hagan falta para el resto del día. No tengo una opinión muy definida acerca de los diferentes modelos de biberón: puedes elegir el que más te guste sin que yo me entrometa.

En cambio, sí tengo una opinión clara sobre la tetina. Cuando yo estaba embarazada, compré varias tetinas y las probé personalmente; en persona, sí. Chupé y mordí modelos de todos los tipos y colores. He aquí los resultados de mi investigación: las tetinas de color claro tienen mejor sabor que las pardas, sobre todo después de ponerlas en el lavavajillas o el esterilizador, que dan a las oscuras un sabor a café rancio. Además, me gustan las tetinas chatas y curvas, para que se ajusten al paladar del bebé como el pezón de la madre. Las hay de diversas marcas. A propósito: sometí los chupetes a las mismas pruebas y llegué a la misma conclusión. Si estás dispuesta a seguir mi consejo de comprar un par de chupetes, «por si acaso», sería buena idea adquirir chupetes y tetinas de la misma marca, para evitar al niño confusiones bucales innecesarias.

Al principio los bebés no toman más de 90 gramos de leche —materna o en polvo— por vez, de modo que los biberones de 120 gramos son los más convenientes. Pero también puedes adelantarte y comprar los de 240, que te harán falta al cabo de unos meses, y llenarlos sólo hasta la mitad. Una vez que el bebé muestre un apetito más feroz (y cuando al biberón de 120 se le hayan despegado todas esas calcomanías tan alegres), no tendrás más remedio que comprar el de 240.

Hablando de biberones, ¿hace falta el esterilizador? Detesto admitir que he sometido a semejante riesgo a mis vástagos, pero con tres de ellos no usé esterilizador. (No voy a revelar cuál fue el que recibió el cuidado más escrupuloso, para no atizar la hoguera de la rivalidad fraterna, ya furiosa, que arde en mi casa.) Me parecía suficiente separar las tetinas de sus aros plásticos (algo que nunca debes olvidar, por cierto), lavar todas las partes del biberón en agua jabonosa caliente y luego ponerlas en el lavavajillas. En las tiendas de artículos para bebés venden unos estupendos canastillos de plástico que sirven para poner los biberones, sus aros y sus tetinas. Esto ayuda a evitar la horrenda situación conocida como «síndrome de la tetina derretida», que se produce cuando las partes más pequeñas caen al fondo del lavavajillas y se licuan en el elemento calefaccionante.

Considerando que, al abrir el lavavajillas una vez terminado el ciclo, recibes en la cara una nube de vapor capaz de abrir todos los poros, deduzco que allí dentro las cosas reciben bastante calor. Aun así, tu madre o tu suegra quizá afirmen que ninguna madre moderna puede prescindir del esterilizador. Algunos se inquietan mucho al pensar que, dentro del lavavajillas, puedan caer partículas de comida para adultos en los prístinos biberones del bebé. Digámoslo de este modo: si tu madre quiere comprarte el artefacto, que lo haga; pero no te aconsejo que gastes tu propio dinero en un esterilizador, cuando el lavavajillas parece muy capaz de mantener los biberones libres de gérmenes. Claro que, en mi opinión, tampoco hay peligro en tocar a un recién nacido después de lavarse normalmente las manos; mi amiga Corki, en cambio, no permite que nadie se acerque al bebé sin pasar por un baño de desinfectante. Cada uno tiene sus normas, que por lo común se van relajando con cada nuevo bebé. (Y no creas que me pescaste, porque no fue mi primogénito el que tuvo biberones esterilizados.)

Las cosas son más o menos como sigue. Cuando tienes a tu primer bebé, si se le cae el chupete al suelo, lo pones en el esterilizador o en agua caliente antes de volver a dárselo. Cuando llega el segundo, recoges el chupete del suelo y lo lavas bajo el chorro de agua caliente. Hacia el tercer bebé, te limitas a ponerte el chupete en la boca para limpiarlo con tu propia saliva y luego se lo devuelves. ¡Y no quieras pensar lo que ocurre con el chupete de mi cuarta hija! Si lo deja caer al suelo, nadie se da cuenta; ella misma tiene que quitárselo al perro para volver a ponérselo en la boca.

Otra norma que tiende a relajarse de hijo en hijo es la

estricta separación entre su ropa sucia y la del resto de la familia. El primogénito tiene una lavadora para él solo y detergentes especiales. El tercer hijo puede darse por conforme si no le teñimos de lila todas las camisetitas, introducidas en la lavadora junto con el cinturón de kárate del hermano mayor.

Pero volviendo al esterilizador de biberones, yo los pondría en la lista de artículos opcionales. Si los incluyo en esta parte de la lista es sólo por respeto a las madres más fanáticas.

Sillas para el bebé

Los recién nacidos no pueden sentarse. Como pasan varias semanas en esa encantadora posición de alubia, si no quieres trasladarlos en brazos tendrás que usar un asiento de bebé, una mochila para colgar contra el pecho o uno de esos cochecitos que les permiten viajar acostados. También hay canastos con capota, forrados con encantadores volantes. Lo siento, pero no te recomiendo comprar uno de ésos, por irresistibles que parezcan (aunque no faltará quien te regale uno, probablemente alguien que no haya tenido hijos); son demasiado grandes y pesados y no dejan las manos libres. Tampoco pueden usarse para llevar al bebé dormido en el coche.

En el concurso «Lo Mejor para Transportar al Bebé», la palma se la lleva el asiento para automóvil que puede retirarse con un movimiento del asa plástica, a fin de transportar al bebé y usarlo como sillita. Tiene incluso una pequeña pantalla que te será muy útil, pues las madres hacen lo imposible por proteger a sus niños de la resolana. Estos asientos son estupendos, porque permiten bajar al bebé del coche sin despertarlo, cuando lo llevas a casa, al supermercado o al pediatra (claro que, tarde o temprano, el pediatra se encargará de despertarlo muy bruscamente, pero eso no viene al caso). Los bebés, en su mayoría, no resisten cinco minutos de viaje en automóvil sin quedarse dormidos.

Aprovecho la oportunidad para recordarte un precepto muy importante de la maternidad: *nunca despiertes al bebé, a menos que sea indispensable.* Al cabo de algunas semanas, engancharás la sillita en su base o la retirarás de ésta en forma automática, pero al principio es casi imposible. Por ese motivo te recomendamos practicar la maniobra varias veces, antes de que el niño venga a ocupar su sitio de honor.

Busca en el comercio el último agregado a esa sillita para coche desmontable: el armazón que lo convierte en cochecito. Se trata de una base plegable, en la que el asiento se monta igual que en la base del automóvil. También tiene en la parte inferior una rejilla donde poner el gigantesco arsenal que deberás cargar para el niño. A mí me encantaba ese artefacto; me resultó especialmente útil para los viajes en avión, pues me permitía transportar al bebé hasta lo alto de la escalerilla, desmontar el asiento (con bebé y todo, por supuesto) y pedir a la azafata que guardara la base plegada en el compartimiento para equipajes. Puesto que, en la actualidad, se aconseja que el bebé ocupe su propio asiento, instalado en una silla para coche, ésa es una buena solución (aunque costosa, pues hay que pagar un pasaje más). Aunque prefieras compartir tu asiento con el bebé, llevándolo en brazos, siempre podrás descansar apoyando la sillita en el suelo, después del despegue, para que el bebé duerma allí durante un rato. Debo mencionar que, en opinión de mi amiga Dona, esta combinación de silla para coche y asiento para bebé es tosca y poco atractiva. En realidad, yo pienso lo mismo, pero de vez en cuando conviene optar por lo más práctico.

Las amigas somos muy partidarias de esas mochilas que se pasan por los hombros y se atan a la cintura, para llavar al bebé contra el pecho. Primero, porque te dejan los brazos libres, sensación de sublime liberación para cualquier madre reciente. Segundo, basta con mirar hacia abajo para comprobar que el bebé está sano y salvo. Y tercero (lo más importante, para muchas de nosotras), cuando tu bebé viaja en una bolsa contra tu pecho, a los entusiastas admiradores les resulta casi imposible hacer cosquillas a tu angelito, con esas manos que han tocado sabe Dios qué. Casi sin excepción, a los pequeñitos les encanta vivir allí: se mantienen bien calentitos, pueden oír el ritmo de tu corazón y la vibración de tu voz en el pecho, y tus movimientos los acunan como cuando estaban en el vientre. Más adelante, cuando el bebé pueda sostener la cabeza por sí solo (esto coincide con la época en que empieza a provocarte dolor de cuello por el peso), te convendrá comprar una mochila que se cuelgue en la espalda. Ese modelo permite que el bebé contemple el mundo por encima de tu hombro... o por encima de tu cabeza, si aprende a afirmar los pies en la barra que apoya contra el cinturón. Las largas caminatas con el bebé en la espalda eran mi arma secreta para recuperar los fragmentos restantes de mi silueta juvenil.

Los cochecitos son muy útiles en los primeros meses, pero tienen un par de defectos que no los hacen muy prácticos. Primero, son terriblemente caros. Segundo, al promediar los seis meses el bebé suele hartarse de mirar sólo el cielo y los pájaros, más alguna cara extraña que se asoma a mirarlos. Prefieren sentarse y mirar hacia adelante, para ver de frente el mundo y las maravillas que contiene. Para esto necesitarás una silla de paseo. En el curso de tus recorridos, probablemente encontrarás cochecitos que se convierten en sillas. En mi opinión, son la solución ideal. Acaban por resultar económicos, pues soportan dos o tres años de uso por niño. Eso sí, ten cuidado cuando elijas el modelo; no te dejes conquistar por el vistoso armazón de esmalte negro con tapizado de leopardo, por moderno que parezca. También en este caso conviene echar una mirada a las publicaciones de asesoramiento al consumidor.

Exige al vendedor que, además de mostrarte cómo se transforma el vehículo, haga una demostración de cómo se pliega para meterlo en el automóvil. Luego, oblígalo a que te observe mientras tú intentas efectuar esas maniobras por ti misma. Yo pasé cuatro meses cargando el cochecito en el automóvil en posición vertical, antes de descubrir el modo de plegarlo. Pero puedo ahorrarte el bochorno de bajar ese gigantesco artefacto en el lavadero de coches, donde las otras madres te mirarán como si acabaras de desembarcar un elefante adulto, recomendándote que practiques las transformaciones del cochecito hasta dominarlas, antes de que nazca el bebé.

Hagas lo que hicieres, no se te ocurra comprar una silla de paseo con sombrilla... al menos por ahora. Por atractivas que te parezcan, dados su poco peso, su fácil manejo y su bajo coste, no son adecuadas para recién nacidos. Como no se reclinan, el bebé se cae hacia adelante; tampoco le ofrecen apoyo para los lados o la cabeza. Recuerda que los dos primeros meses de tu maternidad estarán dedicados a ayudar a tu bebé en el manejo de su gigantesca cabeza, que se bambolea de un modo alarmante si no se la sostiene de algún modo.

El baño del bebé

Sí, sí, ya sé que al recién nacido se lo puede mantener bastante limpio con un paño suave y un poco de agua caliente, pero te aseguro que, en cuanto se le caiga el cordón, sentirás la necesidad primordial de sumergir ese cuerpecito en agua. Mientras tanto, la limpieza del recién nacido consiste en un lavado con esponja y agua caliente, dedicando atención a cada parte del cuerpo mientras el resto del bebé se mantiene envuelto en una toalla abrigada. Luego debes cuidar del cordón y, si es un varón circuncidado, del pene en proceso de cicatrización. El ombligo debe limpiarse con alcohol, ya sea con un trocito de algodón o con mi utensilio favorito, un bastoncillo higiénico. Además de limpiar la zona, el alcohol ayuda a secar el cordón, que a su debido tiempo se desprende. El pobrecito pene requiere una buena limpieza, pero efectuada con suavidad; después conviene aplicar una crema antibacteriana y un apósito de gasa para protegerlo.

Una vez cicatrizados el ombligo y el pene, estás lista para la gran zambullida. A menos que seas contorsionista o estés dispuesta a bañarte junto con tu bebé, la bañera familiar te resultará completamente inútil. Lo que necesitas es una tina que puedas poner en una mesa para tener al bebé al nivel de tu cintura. Créeme: no hay nada más resbaladizo que un recién nacido mojado (salvo el huevo crudo, pero a ése ya le has roto la cáscara). Por una suma módica puede comprarse una bañera de plástico, forrada con una goma esponjosa para que el bebé no se deslice por el fondo. Son estupendas, baratas y muy útiles.

Tal vez pienses que basta poner al bebé en la bañera y enjabonarlo con el mismo producto, líquido o en barra, que usa el resto de la familia. ¡Te equivocas! Su piel es tan sensible que cualquier jabón alcalino puede provocarle sequedad y hasta salpullidos. A decir verdad, para bañar a un diminuto bebé no hace falta jabón, pues la poca «suciedad» que tenga puede eliminarse muy bien con agua caliente y una frotación suave. Si no llenar a tu bebé de espuma te parece una frustración, no te aflijas: a mí me ocurría lo mismo, pero encontré varios productos suaves, especiales para bebé, con los que satisfacer mi maternal necesidad de limpieza. Cuando hayas seleccionado un jabón, tendrás que comprar varios paños especiales para aplicarlo. No hay paños para adultos capaces de quitar esa misteriosa pelusa oscura que se junta entre los dedos de sus piececitos; corres el peligro de dislocárselos en el intento.

Como todas las madres sabemos, hay pocas cosas más deliciosas y dignas de protección adicional que el culito del bebé. Por desgracia, un breve contacto con la orina (o con desechos corporales aún más desagradables) irrita mucho esta preciosa zona; conviene aplicar una crema o ungüento que actúe como barrera impermeable entre el bebé y sus deposiciones. Consulta a tu futuro pediatra y a tus amigas mamás qué marcas puedes usar. En toda conversacion surgen uno o dos productos que pueden cumplir con su misión.

En cuestiones de piel infantil, lo más controvertido es el uso de los polvos de talco. La sabiduría popular indica que cualquiera de ellos, al ser tan fino, puede ser inhalado por el bebé y empolvar sus diminutos pulmones. Eso no es bueno. Entre los polvos para bebé, los más convenientes son los que están hechos con féculas en lugar de talco, más difíciles de inhalar. Aun así, sobre todo cuando se trata de niñas, hay que formularse una inteligente pregunta: ¿hace falta acumular más porquerías raras en todos esos repliegues? Si el encantador perfume de esos polvos te resulta irresistible, ponle un poquito en la espalda y en la barriga, pero no en la zona del pañal.

Para disfrutar a fondo la experiencia de fastidiar a un bebé son necesarios otros varios artículos. Uno de los instrumentos de tortura más esenciales es el aspirador de nariz, una perilla que se utiliza para absorber el moco cuando el bebé tiene la nariz tapada. Sonarse la nariz o aclararse la garganta parecen cosas muy sencillas, pero el bebé, que no puede hacerlas, padece mucho; retirándole mediante aspiración parte de estas secreciones puedes salvarle el día. Debo informarte que todos los bebés detestan esa experiencia, pero invariablemente el resultado los alivia.

Más pavorosos aún que el aspirador, al menos para la madre, son las tijeras y los cortauñas diminutos. Lamento imponerte la responsabilidad de cortar esas uñas finas como el papel, que apenas miden tres milímetros de ancho y tienden a moverse inesperadamente; el caso es que es preciso cortarlas para que el bebé no se arañe la cara o, ¡qué espanto!, los ojos. El mejor consejo que podemos darte las amigas es que trates de cortárselas mientras duerme. Aunque sólo llegues a cortar dos o tres antes de que despierte, si llevas a cabo la tarea cada vez que lo encuentres dormido terminarás la manicura en veinticuatro horas.

Si las tijeras son mejores que los cortauñas o viceversa, no tengo la menor idea. Yo era igualmente inepta con ambos; durante la experiencia inaugural con mi primogénito, me las compuse para cortarle la falangeta de un pulgar (o al menos, ésa fue mi impresion en el momento). No sé quién lloró más, si él o yo, pero una cosa es indiscutible: aún ahora, siete años después, detesta que le corte las uñas. Entre tú y yo, por mi parte prefería cortárselas con los dientes; se las mordisqueaba mientras estaban mamando y ellos apenas se enteraban.

El bolso del bebé

Como mencioné antes, salir de casa con un recién nacido requiere más planificación y previsiones que el desembarco de Normandía. Se necesitan pañales, mudas de ropa, toallitas húmedas, biberones, mantas, un cambiador o algo parecido para cambiar al bebé, por si debes depositar al angelito en algún sitio poco higiénico (la mesa de un baño público, por ejemplo), chupetes (o no), gorros, cremas, agua para ti (si estás amamantando), un tentempié para ti (si estás amamantando o, simplemente, comiendo como si todavía estuvieras embarazada), protector solar, sonajeros, juguetes de peluche y mi elemento esencial, puesto que vivo a kilómetros de la civilización, aspirinas para bebés. Tradicionalmente, todo esto se pone en el bolso de los pañales y quizá tú quieras continuar con esa tradición. Sin embargo, cuando nació mi tercer hijo yo había llegado a odiar esos bolsos para pañales. Detestaba su aspecto y el modo en que se ensuciaban casi de inmediato (no hay nada en el planeta que manche tanto como la leche en polvo o los «buchitos» de leche). Como no hay madre capaz de llevar el bolso de los pañales y bolso propio (una se limita a arrojar las llaves y el monedero junto con las cosas del bebé), ese bolso de pañales se convierte en una desgraciada parte de tu atuendo. Con mi tercer hijo opté, con cierto éxito, por las mochilas. Con el cuarto me atreví a comprar un bolso de piel negro, de esos que los ciclistas se cuelgan al hombro, como señal de desenvoltura ante mi maternidad crónica. No creo haber engañado a nadie. Lo mínimo que debes buscar es algo lavable o vinílico, que tenga compartimientos para separar los biberones de los pañales sucios, y tu monedero de ambas cosas; lo más importante es que tenga una correa para colgártelo del hombro, porque tendrás las manos ocupadas con el bebé, la sillita, el cochecito, etcétera. Teniendo en cuenta que siempre se produce la metamorfosis entre bolso de pañales y bolso compartido, tal vez te convenga prescindir de ese bolso de motas blancas y negras con una jirafa sonriente a cada lado.

Medicamentos para el bebé

Es posible que el pediatra, en la primera o segunda visita, te regale una muestra gratis de algún producto para bajar la fiebre y las molestias de la primera vacunación. (Lleva también la versión adulta para ti, porque esa inyección te dolerá más que a tu hijo.) *Nunca le suministres ningún medicamento sin indicación específica del pediatra.* Sin embargo, en aras de la conveniencia, no viene mal tener siempre en casa lo que el especialista te recomiende para la fiebre y el dolor, por si tienes que llamarlo en medio de la noche y él te dice que con una aspirina puedes mejorar las cosas. Es mucho mejor que mandar a tu marido en pijama en busca de una farmacia de guardia.

Termómetro infantil

Si he de serte completamente franca (¿cuándo no lo he sido?), nunca pude tomarle la temperatura a mis hijos mientras eran bebés. Ninguna enfermedad me parecía tan peligrosa como para aplicar un termómetro rectal con vaselina en un extremo. Cuando los niños pequeños tienen fiebre, la cosa es evidente: no sólo tienen la frente y las mejillas calientes, sino también las manos, la barriga y el cuello, así que yo prefería el método tocar-y-calcular. Pero la mayoría de mis amigas son mucho más intrépidas que yo y siempre conocen la temperatura de sus bebés con precisión de décimas. Los termómetros rectales para bebé son baratos y los hay en todas partes, así que deberías comprar uno, pero asegúrate de que diga «rectal». He aquí otro consejo de amiga: el termómetro rectal también sirve para que el bebé haga caca. Es un reflejo, como cuando te golpean la rodilla y extiendes la pierna. En cuanto pones el termómetro rectal, obtienes el preciado regalo.

A mi modo de ver, el mejor invento de nuestro siglo ha sido el termómetro auricular electrónico, que actualmente sólo se comercializa en EE.UU. Este asombroso adminículo hace rebotar un rayo de luz contra el tímpano de la criatura y lo traduce a temperatura corporal en dos segundos. ¡Hasta es posible meterlo en la oreja del bebé mientras duerme profundamente!

Luz tenue para el bebé

Cuando tengas al bebé en tu casa y debas levantarte a cambiarle los pañales varias veces por la noche, comprenderás la utilidad de las luces difusas. Si tienes que encender una luz normal para antender al niño, no sólo lo despertarás por completo sino que te arriesgas a quedar con un horrible dolor de cabeza. Aquí no se trata de ejecutar una operación quirúrgica (sobre todo ahora, cuando ya no se usan los alfileres de seguridad); sólo necesitas luz suficiente para asegurarte de que limpias bien el culito y le pones el pañal limpio en el extremo correcto. Olvídate de los cuarenta y siete broches que tiene el pijama en las perneras; basta abrochar tres o cuatro para que la prenda se mantenga en su sitio.

Deja la perfección para cuando tengas espectadores que puedan admirarte.

Además, una luz muy tenue crea un clima muy sedante para ti y para el bebé, si debes alimentarlo. Allí está él, abrigado entre tus brazos, escuchando el ritmo de tu corazón y experimentando esa penumbra similar a la de un vientre. Tal vez no te mire con expresión de éxtasis, pero seguramente tú lo contemplarás como si esa belleza tan sublime te contrajera el corazón.

Vigilancia del bebé

Una desearía tener constantemente al bebé en brazos, en su cama o a la vista, incorporado en su sillita, pero no tarda mucho en comprender que un bebé dormido es un don del cielo, ideado para que puedas hacer cosas exóticas: dormir un rato, bañarte o lavar los platos de toda la semana. El interfono portátil de bebé te permite hacer todo eso sin dejar de obsesionarte por cada suspiro y cada gorgorito. En su forma más funcional y sencilla, consiste en un micrófono que se pone cerca del bebé y un receptor que pones a tu lado; también puedes prenderlo a tu cinturón mientras vas de un lado a otro. Tienen una sensibilidad increíble; si les das suficiente volumen, captan hasa el ruido de cada inspiración. Como son de plástico, no se arruinan aunque caigan mil veces al suelo o vaya a parar al recipiente de pañales sucios. Todavía estoy vigilando a mi cuarta hija con el equipo que compré para mi primogénito, hace siete años, y parece estar en condiciones de espiar a mis hijos por varios años más. Esto es una ventaja, pues he notado que, a medida que crecen, sus vidas secretas se tornan cada vez más peligrosas; por ejemplo: «¿Qué te parece si atamos las sábanas y nos descolgamos por la ventana hasta la piscina, como hace Tarzán?» Si pones el monitor en la habitación del niño desde que nace, acabará por olvidarse de su existencia y no se le ocurrirá apagarlo antes de planear alguna travesura.

Sacaleches

Si estás persuadida de que los cambios físicos llegan a su expresión más escandalosa hacia los nueve largos meses de embarazo, ya me contarás después. Espera a que los pechos se te llenen de leche a reventar. Ese estado de cuasi-explosión se denomina «congestión», y no sólo es alarmante, sino también muy incómodo. Si estás amamantando, la única manera de aliviarte es extraer una cantidad de leche tan pronto como puedas. Las madres que no amamantan sólo tienen que soportarlo y esperar, hasta que el cuerpo se entere de que la fábrica de leche ha cerrado. Muchos médicos aplican inyecciones a las madres que no quieren amamantar, a fin de que este mensaje llegue en menos tiempo.

Por lo general, el bebé está muy bien dispuesto a ocuparse de ese exceso lácteo, pero a veces no tiene hambre o no está dispuesto a interrumpir su siesta. Otras veces, el pecho y el pezón se llenan y endurecen hasta el punto que el bebé no puede prenderse para chupar. Por este motivo, las amigas recomendamos calurosamente la compra de un sacaleches, con el que podrás ordeñarte sola (en el sentido bovino del término). Aunque ahora te parezca desagradable, no sabes lo agradecida que estarás más adelante. Ese artefacto te alivia y torna tus pechos más manejables para el bebé hambriento (mi amiga Amy producía tanta leche que debía extraerse una buena cantidad antes de amamantar a su bebé, so peligro de ahogarlo); además, te permite sentirte más cómoda y estimular la producción de leche, si quieres. De ese modo puedes llenar biberones con tu leche, para que *otra persona alimente a tu hijo* mientras tú duermes la siesta o te depilas las piernas después de un mes. La leche materna guardada es oro líquido para la que amamanta; cuanta mayor cantidad tengas a mano, más a menudo podrás disponer de tiempo para ti misma.

Hay sacaleches de muchos modelos, desde cilindros sencillos y baratos, que parecen jeringas gigantescas, hasta máquinas eléctricas capaces de vaciar los dos pechos simultáneamente y en cuestión de minutos.

Pañales

¡No quiero oír gruñidos! Ya sé que conoces la necesidad de poner pañales a tu bebé, pero apostaría a que no tienes idea de la cantidad de pañales que necesitarás en esos primeros días. Veámoslo de este modo: en un principio, lo más probable es que le des de mamar cada tres o cuatro horas, durante las veinticuatro horas del día. En cuanto despierta y antes de alimentarlo, tienes que cambiarle el pañal. Pero durante la toma, casi con seguridad, sentirás u oirás algo indicativo de que es preciso volver a cambiarlo inmediatamente después. También es posible que el bebé se mantenga despierto durante un rato, en cuyo caso te sentirás obligada a retirarle el pañal para asegurarte de que no esté mojado. Eso suma entre diez y doce pañales en un solo día. Y no te hagas ilusiones: con un recién nacido en casa, nadie tiene ganas de correr a la farmacia a comprar más. Te conviene tener preparada una buena cantidad del tamaño más pequeño y del siguiente; usa cualquiera que le siente bien. Por suerte, los pañales para recién nacidos suelen ser completamente blancos y con adornos neutros. No ocurre así con los tamaños más grandes; para niñas los hay rosados, con gatitos o arco iris; los de varón son azules, con viriles dibujos de camiones o trenes. Te aseguro que, si alguien te regalara una caja de pañales y resultaran ser rosados, los usarías para envolver regalos antes de ponérselos a tu varoncito primogénito. Ya sé que es una enfermedad; cualquier madre podría mantener ocupado a su psicólogo durante semanas enteras con el tema de los estereotipos sexuales, pero es verdad. ¡Ah, sí! Un último detalle en cuanto al asunto de los pañales: como hemos dicho antes, serás tú quien decida si prefieres los de tela o los desechables.

Ropa

Lo que el recién nacido no necesita en variedad, lo compensa con el volumen. En las primeras semanas de vida, un bebé vive muy contento vestido con una camiseta, un pañal, calcetines o peúcos y una buena mantilla para envolverlo. Sé que esto no será todo: desde que el mundo es mundo, ninguna madre ha podido resistir el deseo de agregar un gorrito divertido, pijamas estampados, ficciones de zapatillas, etcétera. Pero lo cierto es que puedes arreglarte con menos.

Comencemos, pues, por los elementos fundamentales. Como ya hemos mencionado que conviene tener montañas de pañales preparados, podemos pasar a las camisetas de batista. Según dije en el capítulo anterior, las amigas recomendamos comprar las que no deben pasarse por la bamboleante cabeza del bebé. También aconsejamos empezar con seis; eso te permite cambiarla tres veces por día, aunque pases un día entero sin lavar la ropa. Puesto que la camiseta es la prenda fundamental del recién nacido, es probable que tu angelito la use constantemente en los primeros meses. Cómpralas de buena calidad, para que la tela sea suave y absorbente, pero no malgastes en marcas de alta costura, porque los bebés crecen tanto que las camisetas les quedan pequeñas con una celeridad asombrosa. Además, a diferencia de otras prendas, no puedes guardarlas para otros hijos ni pasárselas a tus amigas, porque cada bebé las deja en condiciones de arrojar al cubo de la basura. (¿Recuerdas lo que te dije sobre la leche en polvo y los buchitos de leche? Manchan más que el zumo de uvas mezclado con tinta china.)

A primera vista, los piececitos de un bebé parecen increíblemente pequeños y delgados. Cuesta imaginar que haya prenda capaz de ajustarse a ellos y quedar allí; en realidad, no la hay, pero eso no nos impide ponerles calcetines y volver a ponérselos, una y otra vez, cada vez que vuelan por el aire. Compra tres o cuatro pares, para empezar. No se ensucian mucho (salvo cuando el bebé mete el talón en la caca del pañal mientras lo cambias), por lo que no hace falta reemplazarlas con tanta frecuencia como las camisetas. Pero como no llegan a los diez centímetros, tienden a perderse. Un consejo útil: compra todos los pares del mismo color; de ese modo podrás formar siempre un par, por muchos que pierdas.

Las amigas somos unánimes en nuestra alabanza de los peleles en forma de saco para los recién nacidos. Estas pequeñas prendas son estupendas, pues se atan abajo, formando una bolsa donde el bebé puede patalear sin coger frío, en esos raros momentos en que no lo vigilas. Lo más importante es que también captura los calcetines que intenten escapar. Además, facilitan el cambio de pañales, algo muy apreciable en medio de la noche. Con ellos no es preciso lidiar con broches o botones en pleno estupor; basta con desatar la bolsa, subirla hasta la barriga del bebé, cambiar el pañal y volver a atarla en su sitio. Guarda los pijamas con perneras para cuando los peleles le resulten pequeños y/o quiera mover las piernas con mayor energía.

He incluido en la sección ropas el análisis de la manta, porque es un artículo que el bebé usa continuamente en los dos primeros meses. Las mantitas se dividen en dos tipos: las que sirven para envolver y las que sirven como abrigo. Las que se emplean para envolver suelen ser de una tela fina o de algodón; con ellas se envuelve firmemente al bebé, para que se sienta abrigado y seguro pero sin acabar sudando; son baratas y puedes lavarlas en la lavadora como cualquier pañal de tela. También sirven como «paños para eructos», para proteger tu ropa y la del bebé, tal como mencionamos en el capítulo anterior.

Las mantitas de abrigo suelen ser un bellísimo tejido que parece de lana, aunque generalmente tiene mezcla de poliéster. Suelen tener adornos de satén y tienden a ser más pesadas que las mantitas para envolver. Yo las denomino «mantitas de paseo» porque sólo las usas para impresionar a la gente o para proteger al angelito del aire exterior. Quedan muy bonitas, sobre todo cuando cubren al bebé en su cochecito o en tus brazos en medio de una reunión familiar. Por lo demás, suelen ser calurosas e irritantes para la piel.

Todas las otras cosas

Después del nacimiento, cuando el bebé y tú estéis nuevamente en condiciones de salir, las tiendas para bebés se convertirán en sitios muy divertidos. Esas excursiones sustituirán a las visitas a las tiendas que hacías antes de quedar embarazada, porque aún no habrás recobrado tu silueta normal; además, toda tu ropa tendrá que ser de la clase que se lava y se usa sin planchar. Una vez que hayas hecho las compras básicas que acabamos de enumerar, puedes improvisar y derrochar dinero a tu gusto, comprando diminutos conjuntos de cowboy o de bailarina, adornos para la cuna, ositos que hablen o lo que te apetezca. Diviértete y pruébalo todo, si quieres (y si puedes pagarlo). Mientras tanto, las amigas hemos cumplido con nuestra misión de prepararte. En adelante estarás librada a tus recursos.

15

Comienza el trabajo de parto (¡por fin!)

Existen dos preocupaciones universales en las embarazadas con respecto al trabajo de parto: «¿Duele?» y «¿Cómo sabré cuándo empieza?» A la primera pregunta podemos responder simplemente, por ahora, diciendo que sí: duele, pero no mucho en las primeras horas. Más importante es cómo reconocer que vas a iniciar el trabajo de parto... o si ya lo iniciaste.

Mis amigas y yo hemos reunido todas las señales que recordamos, indicativas de que el bebé llegará pronto. Aquí están.

El instinto de anidar

Un par de días antes de iniciar el trabajo de parto, tal vez sientas la irresistible necesidad de limpiar tu casa, descongelar la nevera, poner todos los discos de música por orden alfabético o cualquier tarea similar. No hablo de esos despavoridos ataques de limpieza que sobrevienen cuando, inesperadamente, llama tu madre para anunciar su visita, ni a la brusquedad con que te decides a reparar el armario cuando te enteras de que tu hermano viene a pasar el fin de semana con su nueva esposa. Tampoco me refiero a esas limpiezas febriles en las que usas el cepillo de dientes de tu marido para limpiar los zócalos. Hablo de retirar las tapas de todos los tomacorrientes para remojarlas en amoníaco. Son momentos en que una mujer, hasta entonces racional, se convence de que no puede dormir una noche más en esa casa si no pinta los estantes de la alacena. Es el modo en que la naturaleza te obliga a prepararlo todo para la llegada del bebé; se denomina «anidar».

Una semana después de la fecha prevista (que, para empezar, era un concepto puramente ficticio), mi amiga Mindy fue sorprendida por su madre en lo alto de una escalerilla de dos metros, bamboleándose en un febril intento de limpiar los estantes de la cocina. Para dar una idea de lo extraño de su conducta, debo decir que esos estantes no han vuelto a ver el detergente, aunque el «bebé» de Mindy ya tiene siete años. Su madre, alarmada, le habló como si estuviera de pie en la cornisa de un rascacielos amenazando con arrojarse: «¿Estás segura de que te conviene hacer eso, querida? ¿No sería mejor que bajaras? ¿Por qué no dejas que lo haga yo?»; pero Mindy no podía detenerse ni comprender lo absurdo de su conducta.

Al acercarse a término, a mi amiga Sondra le dio por cocinar. Según explicó con toda calma y racionalidad, sólo quería dejar unas cuantas comidas congeladas, para que su esposo pudiera calentarlas en el microondas durante su ingreso y ella no tuviera que cocinar cuando saliera del hospital. Me pareció muy lógico… hasta que vi el coche de Sondra aparcado frente al supermercado, a las siete de la mañana, esperando que abrieran. Preparó tanta comida que no le alcanzó su propio congelador y debió recurrir al de su amiga vecina. Cuando se cansó de preparar estofados, le pareció imperativo proveer de algún otro plato a su afortunado marido; por lo tanto, en las horas previas al amanecer, antes de que abriera el supermercado, aprendió todas las complejidades de la comida china. Luego cocinó en la barbacoa de gas todo lo que cayó en sus manos sosteniendo un paraguas bajo la lluvia. Para abreviar: Sondra inició el trabajo de parto, fue al hospital, dio a luz y volvió a su casa antes de que su marido hubiera tenido tiempo de comer uno solo de sus platos. A continuación, para celebrar el nacimiento de su hija, preparó buñuelos para sus padres y sus suegros, apenas seis horas después de nacer su hija. Bueno, supongo que el de Sondra no es un buen ejemplo.

Un amanecer, hacia el fin del embarazo, el marido de mi amiga Shirley descubrió que estaba solo en la cama. Convencido de que ella había iniciado el trabajo de parto o que estaba dando a luz en otra habitación, saltó desnudo de la cama. Shirley no respondía a sus llamadas; recorrió toda la casa sin encontrarla, aunque su automóvil estaba todavía en el garaje. Por fin el esposo miró hacia la empinada cuesta que muchos habitantes de Los Ángeles tienen por patio trasero. Allí estaba Shirley, yendo y viniendo por la pendiente con una carretilla cargada de abono. Su bebé llegaría a una casa con césped, qué embromar, y para eso llevaba horas trabajando en plena madrugada. La tarea de fertilizar el prado de su bebé no podía quedar en manos de un vulgar jardinero: era responsabilidad de madre.

Durante uno de mis embarazos, las persianas de las ventanas se convirtieron en mi obsesión. Estaba decidida a eliminar todo el polvo de todas las habitaciones, de modo que compré varios artefactos para cepillarlo, absorberlo o filtrarlo por completo. Una noche desperté como si hubiera recibido una descarga eléctrica: acababa de caer en la cuenta de que todo el polvo quitado de los alféizares y las persianas había ido a parar a las alfombras. Mi esposo tuvo que contenerme físicamente para impedir que arrancara todo el alfombrado de la casa.

Mi amiga Jillian expresó su instinto de anidar de una manera más artística que antiséptica (tal vez porque tiene una asistente para los fregados más prosaicos): se dedicó frenéticamente a ordenar y pegar las fotografías; también intentó, con desesperación, actualizar los álbumes de los dos hijos que ya tenía. A propósito: este asunto del álbum puede ser una verdadera carga, sobre todo después del primer hijo. El libro no tarda en reducirse a una carpeta donde almacenas todos los recortes, los certificados de vacunación y las tarjetas que allí quepan, sueltos y sin ningún orden. Puedo darte mi palabra: todas las madres tenemos un sentimiento de culpa profundamente arraigado por esos álbumes inconclusos. Si alguna se libra es porque tiene mucho tiempo libre... ¡o mejor aún, porque no tiene álbum!

Pero volvamos a Jillian: allí estaba, en el suelo, rodeada de fotografías y álbumes, con una barriga grande como un globo terráqueo, tratando de poner orden en ese caos de la memoria. Varias veces pasó por allí su comprensivo (o temeroso) marido, pero no se atrevió a sugerir que una siesta podría caerle mejor. No: Jillian tenía una misión que cumplir y mataría a disparos de engrudo a quien quisiera interponerse. ¿Y qué podía pasar? En cuanto terminó de pegar la última fotografía en el último álbum, oyó un pequeño «plop»: acababa de romper aguas, justo a tiempo.

Chifladura generalizada

Otra señal de que estás en la recta final puede ser una irritación persistente, cada vez mayor. Ya sé, ya sé, se acusa a las embarazadas de ser emocionalmente imprevisibles durante los nueve meses. Pero a esas alturas hay montañas de motivos para estar más chiflada que nunca: 1) no estás durmiendo mucho ni bien; 2) estás harta de sentirte un experimento de biología, y 3) tienes una deprimente conciencia de que ya no hay manera de echarse atrás; además, comienzas a sospechar que es mucho más fácil lidiar con el bebé cuando está dentro que cuando lo tienes fuera.

Pero las amigas encontramos algo único y característico en esas últimas semanas de chifladura: para el ojo experimentado, algo indica que esa mujer está a punto de entrar en erupción. Es comparable a un volcán; desde hace unos meses está grande como una montaña, pero desde fuera no se sabe si está dormida o llena de lava en ebullición. Sólo una voluta de vapor indica que está a punto de estallar. Recuerdo haber visto a mi amiga María en una fiesta infantil, justo antes de que naciera su hijo. Cuando me acerqué a saludarla me miró como si no me reconociera, aunque éramos amigas desde hacía diez años. Para el observador desprevenido, su serenidad rayaba con la inconsciencia; para las otras madres presentes era obvio que daría a luz en pocas horas. La intuición le indicaba que iba a sufrir el desafío y la transformación más grande de su vida y parecía agazaparse a la espera.

Al enfrentarse a la gran tarea de su existencia, muchas inician una especie de aislamiento sutil con respecto a la vida cotidiana. Presentan lo que denomino «síndrome del extranjero en tierra extraña»: aunque hacen las cosas de todos los días, parecen distantes y ajenas a todo. Las cosas que normalmente las divierten se tornan triviales o fastidiosas. Están hartas y cansadas del embarazo. Quieren llegar de una vez al parto, para acabar de una vez con ese miedo. En esos momentos es conveniente que parientes y amigos (especialmente los maridos) no estorben y le digan a todo que sí, pues cualquier confrontación será sangrienta.

Mi amiga Julee, que es manicura, fue la embarazada más alegre y animosa que hayas visto jamás. Semana a semana, yo me esforzaba en arrancarle una sola queja; semana a semana salía frustrada. Las náuseas eran para ella un inconveniente sin importancia, la acidez podía soportarse con buen humor, desconocía qué eran las hemorroides. Pero llegaron las tres últimas semanas. De la noche a la mañana, la antigua Julee nos fue arrebatada y, en su lugar, quedó una mujer que se presentaba a trabajar y pasaba el día con la cabeza baja y la mirada clavada en la mano que tenía ante sí. Pulía y pintaba esas uñas con tanto fervor como si cada pincelada la acercara al final del embarazo. Había iniciado la larga marcha y estaba dispuesta a derribar a quien se interpusiera entre ella y su destino. Los chismorreos y las charlas la rondaban sin tocarla. Era como si no oyera nada; si algo oía, era absolutamente trivial para una mujer enfrentada a lo que iba a sobrevenirle.

El bebé desciende

Suena peligroso, ¿verdad? Pero el cambio al que me refiero es sutil y, con frecuencia, apenas visible. Hacia el final de tu embarazo llegará un momento en que el bebé estará situado más abajo en el vientre. Esto se debe a que empieza a colocarse en la posición correcta para nacer y el útero lo sostiene. Generalmente, sólo ocurre con el primer bebé, pues en las gestaciones siguientes los músculos del vientre, ya debilitados, «dejan caer» al bebé en cuanto se torna pesado.

Como tantas cosas relacionadas con el embarazo, este descenso del bebé es bueno y malo a la vez. Lo bueno es que te resultará más fácil respirar y llenarte los sufridos pulmones. Lo malo es que, a fin de liberar los pulmones, tendrás que sacrificar el estómago y la vejiga. A partir de ahora, quedarás satisfecha mucho antes de terminar tu plato, lo cual no te viene mal. Peor es lo que ocurre con la vejiga: una siente en todo momento como si estuviera a punto de hacerse pis encima, pero cuando te sientas a orinar no eliminas más de unas cuantas gotas.

Diarrea

Algunas amigas afirman que, antes de iniciar el trabajo de parto, sintieron retortijones durante todo el día y que sus heces eran blandas y acuosas. Estamos de acuerdo en que resulta difícil diferenciar entre los cólicos de la diarrea y las primeras contracciones. De hecho, al pensarlo mejor, las amigas creemos que pueden ser la misma cosa. Por ese motivo, durante el tercer trimestre conviene estar atenta a cualquier desarreglo en el vientre. Así como sientes la necesidad de limpiarlo todo antes de que nazca el bebé, también los intestinos parecen tener el instinto de anidar. Con frecuencia, poco antes del trabajo de parto o durante su inicio, los intestinos quieren expulsar todo lo que hayas comido en las últimas veinticuatro horas. En ese caso puedes estar agradecida: esa evacuación significa que ya estás en carrera y, además, que las pérdidas de materia fecal en la sala de partos cuando pujes serán menores. Hasta hace poco era tradicional aplicar un enema a todas las parturientas, pero ahora se piensa que un poco de caca no mata a nadie.

Eliminación del tapón mucoso

El tapón mucoso es, tal como suena, una masa de moco sanguinolento que obstruye el cuello del útero a fin de que no entren gérmenes en el útero mientras tu hijo se encuentra en él. Al comenzar la dilatación, a veces el tapón ya no cubre el agujero y es eliminado por la vagina. Jamás olvidaré el grito de mi amiga Lorraine desde el baño, cuando estaba ya muy pero muy embarazada. «¡Ven a ver!», llamó, mirando el interior de la taza del váter con los ojos como platos. «¿Qué es eso?» Yo aún no tenía hijos y nunca en mi vida había visto algo tan asqueroso flotando en un inodoro, de modo que no hice sino prenderme de su brazo, muda y petrificada, con la total seguridad de que una de las dos por lo menos se desmayaría.

Hay dos cosas importantes con respecto a la aparición del tapón mucoso. Primero, el trabajo de parto se iniciará pronto, pero no necesariamente de inmediato. Muchas amigas han despedido el tapón sin tener una sola contracción hasta dos días después. Segundo, no causa problema alguno. No duele y siquiera ensucia, porque generalmente cae cuando estás sentada en el váter. ¡Ah, sí, algo más! No todas despiden el tapón mucoso antes de iniciar el trabajo de parto. Por mi parte, nunca he visto los míos, por mucho que espié dentro de los inodoros con la esperanza de encontrar algo.

Rotura de la bolsa

Todo el mundo ha oído esta frase en relación con el embarazo, pero muy pocos sabemos qué significa y cómo es. Lo que se rompe es la membrana que recubre el líquido en el que tu bebé ha flotado durante las cuarenta semanas anteriores. La rotura se produce como consecuencia de una contracción uterina o de la presión de la cabecita, que la rompe. A veces se oye un «plop» como el de un globo de agua; entonces surge un chorro de agua que empapa tu ropa, tu persona y todo lo que esté debajo de ti. Otras veces sólo se produce una filtración, que libera un hilo de agua entre tus piernas. De un modo u otro, la sensación universal es: «¡Me estoy meando y no puedo evitarlo!»

Mi amiga Jillian cuenta que, cuando rompió la bolsa, corrió al baño. Meó tanto (al menos, ella creía que estaba meando, aunque no lo dice así, por supuesto, porque esta expresión le resulta desagradable), que estiró rápidamente la mano para vaciar el depósito, temiendo desbordar la taza del váter. Y ella es madre de cuatro hijos. Ya puedes imaginar que este asunto del alumbramiento está lleno de sorpresas. Si una siente que la cantidad de agua es interminable se debe a que, en verdad, es interminable. Tu cuerpo repone las aguas (el líquido placentario) a una velocidad asombrosa, a fin de que el bebé no se reseque como una uva pasa, pero sobre todo para evitar una infección. Por eso puedes pasar horas enteras perdiendo líquido.

La mitad de las embarazadas rompen la bolsa en su casa, antes de ir al hospital; por eso es buena idea estar preparada. Conviene proteger el colchón con una lámina plástica o de goma (la tendencia es a romper la bolsa en la cama, donde realmente fluye a torrentes, porque cuando descansas el bebé está apoyado contra la columna o hacia un lado).

Cuando te pones de pie el flujo cesa o se reduce, pues la cabeza del bebé desciende por el cuello del útero y actúa como una tapa. Otra sugerencia es que, en las últimas semanas, uses siempre una compresa higiénica. Te advierto que el tamaño más grande no alcanza a absorber toda el agua, pero al menos te da tiempo para correr al baño más próximo.

Acerca de la rotura de la bolsa, hay dos cosas importantes que debes saber.

¡No duele nada!

Debes llamar al médico y prepararte para ir al hospital, pues el corolario de este episodio es la llegada del bebé. Puedes pasarte un par de días sin el tapón mucoso, pero si rompes la bolsa estando en término, el médico no querrá que sigas deambulando por ahí.

Dilatación y borramiento

Después del parto estas dos palabras te resultarán muy familiares, pero por ahora debo explicarte qué significan. La dilatación, que según las amigas es más importante, se refiere al estiramiento del cuello del útero, ese corto túnel que une el útero con la vagina. El borramiento designa el acortamiento de ese túnel, al prepararse para el nacimiento. Cuando llega el momento de pujar, el túnel del cuello se ha acortado tanto que ya no es un túnel sino una especie de membrana entre el útero y la vagina. Y en la dilatación, esa membrana se estira hasta el punto de permitir el paso de la cabeza. La dilatación se mide en una escala de uno a diez. Si tienes uno o dos centímetros de dilatación, ese bebé no va a ninguna parte. Cuando el cuello está abierto diez centímetros (teóricamente, eso significa que el médico puede introducir allí la punta de los diez dedos) ¡saldrá como una bomba!

A menos que seas contorsionista, tú misma no puedes saber si tienes dilatación o borramiento. El médico te lo anunciará en las últimas visitas a su consultorio. Para las primerizas resulta muy satisfactorio llamar a amigos y parientes para anunciar que ya tiene dos centímetros de dilatación y un 25 por ciento de borramiento. Con esa clase de noticia, el trabajo de parto ha de estar a la vuelta de la esquina, ¿verdad? Bueno, no necesariamente. En estos momentos hay en la calle miles de embarazadas que circulan por ahí con dos o tres centímetros de dilatación; sus bebés pueden demorarse todavía una o dos semanas más (y hasta tres. ¡Lo siento!).

En cambio, otras embarazadas salen cabizbajas del consultorio, donde se les ha anunciado que tienen el cuello más cerrado que una almeja, y sufren las primeras contracciones esa misma noche. Por eso mi consejo es el siguiente: si tienes borramiento y dilatación, alégrate todo lo que quieras; al menos servirá para aliviarte el aburrimiento, pero si no ocurre ningún cambio allí abajo, no te preocupes en absoluto, porque eso no significa nada. En mi cuarto embarazo pasé semanas enteras tan dilatada que mi vagina chirriaba a cada paso; me sentía como si tuviera la cabeza del bebé entre los muslos. ¿Crees por eso que mi hija se adelantó? ¡Ni un segundo!

Contracciones

La confusión con respecto a las contracciones se debe a que se presentan de diversas formas y con intensidad variable. Calculo que el 99 por ciento de las embarazadas inician el trabajo de parto sin tener idea de lo que vendrá. Cuando todo empieza nos preguntamos: «¿Será esto?». La regla básica de las amigas es ésta: si te parece que has iniciado el trabajo de parto, mantén la calma. Muy raras veces el bebé sale diez minutos después de la primera contracción, así que no llames a los bomberos. Pero es importante que no te comportes como una parturienta mártir. Si sientes algo extraño, sea lo que fuere, toma el teléfono y llama a tu médico aunque hayas estado en su consulta apenas dos horas antes. Créeme: los médicos prefieren ser ellos mismos los que determinen si has iniciado el trabajo de parto o no. Llámalo; les agrada sentirse necesarios.

El mito de la falsa alarma

Éste es buen momento para hablar de la falsa amenaza. Para tranquilizarte, te aseguro que es un mito. Puro cuento, de veras. Otra manera de hacer que la embarazada se sienta ignorante y descontrolada. Las contracciones son siempre contracciones, y toda contracción es un preparativo para el parto. Simplemente, algunas se presentan antes que otras. Por lo tanto, no te sientas estúpida si vas al hospital con contracciones y te envían de nuevo a tu casa. Sucede en las mejores familias. Significa sólo que estas contracciones no están dilatando y borrando visiblemente el cuello; por lo tanto, allí abajo no pasará nada importante por varias horas, quizá por varios días.

Cuando mi amiga Sondra estaba por tener a su segundo bebé, me pidió que la llevara al médico. Conduje realmente a toda pastilla por esa autopista, porque ella tenía contracciones y, puesto que ya no era primeriza, sabía cuál era su significado. Media hora después volvíamos a casa, con las manos vacías. Nada de «ábrete, sésamo». Una semana después volvió a tener contracciones, pero más fuertes y más regulares, de modo que fue directamente al hospital. ¿Puedes creer que tampoco había nada? Pero Sondra ya estaba harta de esa tortura y se negó a abandonar el hospital. Con un dejo de histeria en la voz, informó a su médico que no volvería a su casa sin llevar a su bebé en brazos.

De hecho, tu útero se ha estado contrayendo desde que tu óvulo quedó fertilizado, pero probablemente no lo notaste sino al promediar el embarazo o ya cerca del final. Las contracciones que no abren en forma visible el cuello del útero se denominan contracciones de Braxton Hicks. Dios te las envía para que vayas entrando en clima. Hacia el final del embarazo, el útero se contrae con frecuencia, cada vez con mayor intensidad. A veces la barriga se pone tan dura y rígida que, si le arrojaras una moneda, rebotaría. Casi todos los libros especializados dicen que las contracciones Braxton Hicks no provocan dolor; si se las compara con las contracciones productivas, puede ser verdad, pero las amigas que las conocen bien aseguran que no son indoloras, por cierto. Aunque no te causen la sensación de una puñalada en el vientre, bastan para dejarte sin aliento y obligarte a sentarte o apoyarte contra algo. A propósito: lo mismo exactamente ocurre al inicio del trabajo de parto, razón por la cual es tan fácil confundirse.

Algunas mujeres sienten leves contracciones durante uno o dos días antes de que su intensidad las obligue a ir al hospital. Mis amigas Janis y Tracy, al entrar en esta etapa, se sintieron como si estuvieran por engriparse o por menstruar (¿te acuerdas de esos tiempos?). Para mayor seguridad, ambas llamaron al médico, quien les recomendó vigilar el reloj por si esas punzadas presentaban alguna regularidad. En ese período no se movieron de casa y aprovecharon para avisar a los parientes. Mi amiga Patti también sintió al principio esas leves contracciones, pero no tenía la menor intención de pasarse el día encerrada por si ocurría algo. Ella y su marido fueron al cine, a la función de tarde, y después, al hospital.

Mi amiga Amy no habría tenido tiempo de ver la película entera, ni siquiera de comprar palomitas, porque sus contracciones cayeron del cielo y con la intensidad de una tormenta eléctrica. A la primera comprendió que debía ir al hospital; cuando llegó ya sentía la necesidad de pujar. Es muy divertido escucharla contar cómo trataba de quitarse las botas tejanas en un baño diminuto, en medio de un fuerte trabajo de parto (las botas tejanas son un problema en cualquier circunstancia). Un trabajo de parto rápido y eficiente tiene su parte buena y su parte mala. Es bueno si tienes miedo de soportar una etapa larga y agotadora, pero es malo si has puesto tus esperanzas en la peridural, porque no habrá tiempo para aplicártela.

Si experimentas síntomas de gripe o menstruación (y estás en término, por supuesto), puedes acelerar un poco el proceso saliendo a caminar. Pero si no tienes deseos de caminar, no te preocupes en absoluto; en esos momentos también es muy bueno echarse a dormir; una pequeña siesta puede caerte de maravillas. En realidad, muchas mujeres pasan más de un día con contracciones irregulares, relativamente soportables. Los dolores no son tan fuertes como para salir corriendo al hospital, pero sí impiden dormir. En ese caso, el médico puede recetarte un sedante o un somnífero para que descanses un poco antes de iniciar el asalto final.

Te conviene comer algo liviano, porque cuando llegues al hospital sólo de darán astillas de hielo y motas de algodón con sabor a limón hasta que expulses al bebé. Quizá estés demasiado excitada y nerviosa para pensar en comer, pero un plato de sopa o un batido de leche no te vendrá mal.

Cesárea programada

Existe una señal muy convincente de que tu bebé no ha de tardar, y es una cesárea programada. En este caso habrás acordado una fecha con el médico; en esa fecha ingresarás en el hospital con calma y sin prisa, para que el profesional extraiga al bebé a través de una pequeña incisión practicada por encima del vello púbico. Hay muchos motivos que justifican la programación de una cesárea: una placenta previa (no preguntes), un bebé que se presenta «de culo», mellizos o trillizos. Otras mujeres prefieren practicarse una cesárea para mantener el tono vaginal de una adolescente, si el médico busca una explicación médica que satisfaga al seguro de salud. Y existen las mujeres temperamentales que no soportan la incertidumbre de la espera; si tienen suerte, también a ellas el médico las ayudará a justificar un nacimiento programado.

Para mantener la conciencia limpia, debo advertirte que para el bebé es preferible un nacimiento vaginal, por varias razones: los estrujamientos que se producen ayudan a expulsar el líquido de sus pulmones, se necesita menos anestesia (no sé si esto te parecerá bueno) y la recuperación es más rápida. De cualquier modo, las cesáreas son muy seguras para la madre y el niño y el período de recuperación es asombrosamente corto.

Sí, claro que leo los diarios. Sé perfectamente que algunos sectores están indignados por la cantidad de cesáreas que se practican innecesariamente en algunos países. ¿Que si eso no me indigna? No mucho. A estas alturas del embarazo puedes asegurar que preferirías dejarte arrancar las uñas antes que sucumbir a una cesárea; quizá estás sinceramente convencida de que el gran premio emocional del embarazo es el desafío físico del parto vaginal. Con toda humildad, te sugiero que no te cargues con tantas expectativas. Son muchas las mujeres ilusionadas con el nacimiento vaginal que terminan en cesárea, pero no hay ningún motivo para que esto sea una fuente de desilusión.

He experimentado personalmente ambos tipos de parto, y debo admitir que no tengo preferencias. Lo único que yo deseaba era tener un bebé sano; poco me importaba cómo naciera. En realidad, cuando llegó mi cuarta hija supliqué al médico que me practicara una cesárea; temía que, si seguía expulsando cabezotas por la vagina, mi marido lanzaría un grito tirolés. El médico me dio entonces una triste información: es el primer parto vaginal el que causa la mayor parte del estiramiento. Por lo tanto, acepté a regañadientes que bajara otro bebé por el túnel… y le hice prometer que después me suturaría con muchísimo cuidado.

Bueno, ya iniciaste el trabajo de parto. ¿Qué haces ahora?

Todos los textos de divulgación te aconsejan que no te apresures a ingresarte, pues en el hospital te conectarán a un tubo intravenoso y no te darán nada de comer ni beber. Esos libros sugieren también que, una vez hospitalizada, tendrás que acostarte. Se considera que eso no es bueno, pues estar acostada es una de las posiciones menos productivas durante el trabajo de parto. Me gustaría aclarar que, en mis partos, nunca me obligaron a acostarme, al menos antes de aplicarme la peridural, y después de ésta meterme en la cama era un alivio tremendo. En realidad, pocas horas después del nacimiento siempre acudía una enfermera a aconsejarme que me levantara y caminara un rato. Pero me estoy yendo por las ramas.

Si tú y el médico estáis de acuerdo en que lo mejor es sobrellevar las primeras horas en tu casa, de acuerdo. Por mi parte, me encantan las salas de maternidad. Me agrada ver a las flamantes mamás, los cuadros de bebés en las paredes, la *nursery* llena de críos, la abundancia de profesionales especializados. No se me ocurre lugar mejor para el trabajo de parto, por muchas horas que tenga por delante. Puedes elegir entre caminar por tu propia casa para acelerar el proceso o caminar por el hospital. En el hospital por lo menos no te sentirás obligada a hacer las camas y hacer la colada mientras caminas. Y cuando llegue el momento de darse prisa, ya estarás allí.

16

Rumbo al hospital

Bien, amiga, ¡allá vamos! Tú y el médico tenéis motivos para pensar que el bebé está en camino y es hora de ir al hospital (o a cualquier clínica llena de profesionales competentes que hayas elegido de antemano). Te lo aseguro: ese momento está tan cargado de entusiasmo, miedo y expectativa que ningún astronauta se ha sentido tan nervioso al entrar en una cápsula espacial. Todavía no ha llegado el momento del despegue, pero de ahora en más todo lleva a la conclusión definitiva. Para esto te has estado preparando durante todos esos meses, pero todavía no sabes a qué atenerte, aunque ya no seas primeriza.

Una sugerencia general, tanto para los astronautas como para las parturientas, es intentar darse una ducha antes del despegue, considerando que pasará bastante tiempo antes de que se presente de nuevo la oportunidad. Si tu estado no es tan avanzado como para dejar caer al bebé en el suelo del baño, tómate cinco minutos para lavarte la cabeza y depilarte las axilas antes de salir. En este aspecto, las dos reglas son:

No te duches si estás sola en casa. Si en medio de las burbujas descubres que no puedes perder tiempo, necesitarás ayuda para salir.

No te des un baño si tienes motivos para pensar que has roto la bolsa, pues podrías introducir bacterias en el útero. Además, si es difícil salir de la ducha en medio de una contracción, no imaginas lo que cuesta salir de la bañera.

El trayecto

Supongo que esto no se te ha pasado ni remotamente por la cabeza, pero no me quedaré tranquila si no lo digo: no trates de conducir tú misma hasta el hospital. Aunque te parezca que las contracciones son soportables y que estás en perfectas condiciones de conducir, no toques el volante, pues durante el trabajo de parto la situación puede cambiar de un segundo a otro. Además, a las parturientas les ocurre lo mismo que a los borrachos: creen estar actuando normalmente y con gran dominio de la situación, pero no deberían conducir un coche bajo ninguna circunstancia. Si tu marido no está en casa, llama a una amiga, un vecino, un taxi o una ambulancia.

Casi todas mis amigas han experimentado una gran revelación: el trayecto en automóvil hasta el hospital es mucho más largo de lo que imaginaban. En su meticulosa planificación, todas visualizaron lo que harían en casa y lo que harían en el hospital, pero el trayecto intermedio parecía un detalle sin importancia. Después, cuando llegó el trabajo de parto y se encontraron en el coche, cayeron en la cuenta de que ese trayecto era un desafío por sí solo, como si una viajara en una carreta de ruedas cuadradas, sentada en un banco de madera.

En primer lugar, no es muy cómodo estar sentada, con la espalda erguida y rodeada por el cinturón de seguridad, cuando tienes una contracción tras otra. Si el asiento delantero es reclinable, bájalo todo lo que puedas. De lo contrario instálate en el asiento trasero, donde puedas despatarrarte bien. Eso sí: trata de ponerte el cinturón de seguridad aunque estés recostada atrás, porque el conductor siempre está nervioso en esos casos y tiende a frenar bruscamente. Por otra parte, no has superado esos nueve meses en perfecta salud para lesionarte camino del hospital.

Como la princesa del guisante bajo el colchón, percibirás cada bache y cada guijarro del trayecto. Como también te sentirás algo irritada, probablemente maldigas al ministerio de obras públicas durante todo el viaje (excepto cuando estés maldiciendo a tu querido esposo por los giros bruscos, por las frenadas violentas y por haberte embarazado, para empezar). Un buen recurso para contrarrestar este efecto es llevar tus almohadas, tantas como puedas. No sólo te encantará contar con ese familiar alivio durante el viaje, sino que seguirás agradecida en la cama del hospital, donde suelen darte unas que son delgadas como el papel. Ponte una almohada bajo la cabeza y otra entre las piernas, y trata de descansar de lado. Una vez más, el lado izquierdo es políticamente correcto, pero a estas alturas lo mejor es inclinarte hacia donde el cuerpo te pida.

Prueba a encender la radio. La música o el parloteo trivial suelen reconfortar y distraerte de las molestias. Además, te librará de la responsabilidad de mantener conversación con tu marido, que está tan nervioso como tú. Una antigua regla de los médicos es que, mientras se experimenta una contracción «productiva», una no puede hablar; a lo sumo emite ruidos agudos y tensos. En cuanto pase la contracción recobrarás tu gárrula (o quejica) personalidad habitual. Por lo tanto, si durante el viaje estás en trabajo de parto, el diálogo quedará puntuado por las contracciones. Si la radio te exacerba, pide a tu marido que la apague aunque estén transmitiendo su canción favorita. Sé creativa en tus esfuerzos por ponerte cómoda. Prueba el silencio, prueba a pedir a tu marido que te cuente un chiste, prueba a cantar «Un elefante se balanceaba sobre la tela de una araña». Caramba, si hasta puedes probar con la técnica Lamaze, a ver si te sirve para superar la prueba. ¿A qué perder un tiempo valioso en la clínica, en lugar de pedir que te pongan la peridural?

Lleva en el coche una botella de agua para beber a sorbitos en el trayecto; es mejor que esté a temperatura ambiente, de ese modo corres menos peligros de sufrir calambres estomacales. Una vez ingresada no volverás a probar ese glorioso líquido hasta que estén vistiendo a tu hijo. Aun entonces será difícil lograr que alguien te alcance un vaso de agua, pues el médico y las enfermeras parecen desaparecer junto con el bebé, como por arte de magia. No bebas demasiada agua en el trayecto, porque podría provocarte náuseas; sólo hay una cosa peor que tener contracciones en un automóvil en marcha: vomitar al mismo tiempo.

El ingreso en el hospital

No me pidas detalles, por favor, pues cada hospital tiene su propia organización y sus normas, pero lo que sigue es una descripción general de lo que sucede cuando llegas al hospital.

En circunstancias ideales, hace ya algunas semanas que estás inscrita y con todos los papeles preparados, el trabajo de parto avanza a un ritmo adecuado y has tenido tiempo de llamar a tu médico, quien ya habrá puesto sobre aviso al hospital. Dadas estas condiciones, te presentas en la recepción o como se llame el sitio en que se encargan de las pacientes para maternidad, información que conviene averiguar de antemano.

Si no te has inscrito previamente en el hospital, quizá debas hacerlo a través del servicio de urgencias. No te preocupes: allí dan prioridad a las mujeres visiblemente embarazadas, por muchas piernas fracturadas que te precedan. Después de una rápida inscripción, te conducirán a una sala grande, con varias enfermeras y varias camas (separadas por cortinas, si tienes suerte). Allí te examinarán y te conectarán a un monitor para ver si tus contracciones son productivas. En caso afirmativo, llamarán a tu médico y te enviarán a una sala para el trabajo de parto. De lo contrario te indicarán que te vistas y vuelvas a tu casa. Si te ocurre esto, no debes sentir vergüenza ni desanimarte demasiado. Si puedo describirte el proceso es porque un par de veces estuve allí y me enviaron a mi casa, aunque ya había tenido dos hijos y cabía esperar que no me equivocara. Mi marido odia esa sala y quiere que te explique por qué. La odia porque, cada vez que estuvimos en ella, en la cama vecina a la mía había alguna mujer en trabajo de parto, gimiendo y llorando, cosa que lo aterrorizaba. Si te ocurre lo mismo, ocúpate de tus cosas y repite mentalmente: «Estoy bien. No tengo por qué sentirme igual que mi vecina.» Puedes creerme: esas palabras son la verdad y no tienes por qué dejarte contagiar el miedo de otra. Todo saldrá bien. En realidad, también lo de ella.

La tendencia actual es dar a las salas de maternidad y parto un aspecto más hogareño que quirúrgico. Con frecuencia, los partos sin complicaciones se producen en la misma sala destinada al trabajo de parto. Pero no tomes esto como norma, en un pasado no muy lejano, en el momento en que menos querías moverte (justo cuando las contracciones se estaban sucediendo una tras otra) te llevaban de esa sala a un quirófano esterilizado y con una intensa iluminación, provisto de camilla con estribos y todo. Mis dos últimos hijos nacieron en salas con televisor, teléfono, equipo estereofónico y hasta luces difusas.

Una vez que estés en la sala de trabajo de parto, te darán una gran bolsa de plástico y te indicarán que pases a un baño para desvestirte. La bolsa de plástico es para que pongas tu ropa y tus zapatos. Sí, debes quitarte todo, incluida la ropa interior y el reloj, pero puedes dejarte los calcetines puestos, que te proporcionarán alguna comodidad.

A estas alturas conocerás a alguien que va a convertirse en una persona muy importante en tu vida: la enfermera que atenderá tu trabajo de parto. Esta persona (más que el médico, más que tu marido y, por cierto, más que ningún texto sobre embarazos) te ayudará a sobrellevar esta dura prueba. Confía en sus consejos, porque ha pasado cientos de veces por la experiencia y sabe lo que dice. Si los ángeles te sonríen, cuando acabe el mal momento se habrá convertido en tu amiga. Cabe una ligera posibilidad de que la enfermera asignada te resulte insoportable desde el primer momento; en ese caso, ruega a tu esposo que averigüe si puedes cambiarla por otro modelo. No la culpes a ella por maldad, insensibilidad o mal aliento; ahora debes ser humilde. Di que eres tú la intratable y discúlpate por ser tan irracional, pero aduce que no puedes evitarlo. Las amigas te aconsejamos hacer lo posible por no ofender a nadie que, más adelante, puedas necesitar para salvar la vida. Cuando estés a punto de pujar, es muy probable que insultes a varias personas. Simplemente, asegúrate de que tu enfermera sea digna de confianza, como la mejor de las amigas.

Después de haberte desvestido te pondrán un monitor fetal, que rodea el vientre como un cinturón. Esto es divertido, pues comunica las contracciones a una máquina instalada junto a tu cama y muestra los latidos del corazón del bebé. Debes saber que un cambio de posición, ya sea tuyo o del bebé, puede hacer que el monitor no detecte el latido cardíaco. Esto no significa que a tu hijo le ocurra nada malo; sólo que es necesario ajustar el cinturón.

Probablemente te pongan una aguja intravenosa en el dorso de la mano o en el brazo, conectada a un frasco de solución salina. Se supone que la solución impide que te deshidrates; además, si necesitas rápidamente cualquier otra medicación, los médicos ya tienen la aguja colocada. No puedo anticipar qué sensación te causará esto. Algunas amigas se alborotaron por la inyección intravenosa, como si sólo un sádico pudiera aumentar el malestar de una parturienta clavándole una tremenda aguja. Por mi parte, la experiencia del parto inminente me resultaba tan sobrecogedora que apenas reparaba en lo demás.

Date prisa y espera

Después de todos estos movimientos iniciales, probablemente no tengas mucho que hacer. Sobre todo para las primerizas, el trabajo tiende a prolongarse por varias horas; de vez en cuando, un médico o tu flamante mejor amiga (tu enfermera) meten la mano para evaluar tu dilatación (o la falta de ella). Si no estás demasiado incómoda, trata de descansar, pues expulsar a un bebé es toda una hazaña deportiva, para la que necesitarás de todas tus fuerzas.

Es muy común estar hasta seis horas en trabajo de parto, soportando contracciones que hacen ver las estrellas, sólo para enterarse de que tienes una dilatación de cuatro centímetros. Es como participar en una carrera donde la línea de llegada se traslada siempre más allá; francamente, eso agota la capacidad de resistencia. También puedes sufrir el miedo de no ser lo bastante fuerte o atlética para dar a luz. Recuerda lo que te dije antes: no se trata de una prueba de la buena forma física; de un modo u otro expulsarás a ese bebé, aunque alguien tenga que sentarse sobre tu barriga para ayudarte a pujar.

Tal vez pienses: «Podría soportar este dolor si alguien me asegurara que todo acabará en dos horas.» Éste es el problema: nadie sabe cuánto durará tu trabajo de parto y eso desalienta. Trata de no concentrarte en tu situación actual sino en el trofeo que recibirás al terminar la carrera: un precioso bebé puesto en tus trémulos brazos.

¿Cuánto duele el trabajo de parto?

Las primeras etapas del trabajo de parto se pueden comparar con las peores contracciones menstruales que puedas imaginar, pero afectando todo el cuerpo. Una buena contracción es tan abrumadora que no te permite hacer nada más.

A medida que avanza, el proceso puede presentar diversas características. Seguramente has oído hablar de algún caso traumático en que el bebé está situado de modo tal que presiona contra la columna de la madre. Otras mujeres describen contracciones tan seguidas que no tenían tiempo de prepararse para la siguiente. Sin embargo, cuando las mujeres hablan del dolor en el trabajo de parto generalmente no se refieren tanto a la maratón de dolor como a su intensidad. Si te pasas una hora golpeándote con un martillo sufrirás mucho, pero quince horas de lo mismo te llevan al delirio. Todas estamos de acuerdo en que lo peor es no saber cuánto tiempo tendrás que soportar. Por lo común, lo que derriba a la más fuerte es el miedo a que el dolor se prolongue indefinidamente. Una daría cualquier cosa por tener la garantía de que sólo restan setenta minutos, como en los aparatos de gimnasia.

Hay otra cosa que puede acabar con el control de la parturienta: las náuseas. ¿A que nadie te habló de ellas? Bueno, amiga mía: es sumamente común que las parturientas, sobre todo al acercarse a la parte final del trabajo de parto, llamada «transición», vomiten. Se trata de otro de los recursos que utiliza la naturaleza para limpiarte, preparándote para el nacimiento. No temas: es normal y no constituye una molestia para nadie (salvo para ti, claro). Simplemente, avisa a la enfermera o a quien tengas cerca de que te sientes mal; verás que, en un abrir y cerrar de ojos, tienes un recipiente o una toalla bajo el mentón. Considera esos vómitos como una especie de respiro, una interrupción de la programación habitual, que te hará sentir más liviana y mejor.

Pujar

Tengo una amiga, profesional, dotada de intelecto y experiencia, que confiesa no haber sospechado nunca que era preciso pujar para expulsar a un bebé. Ella suponía que las contracciones, por sí solas, impulsarían al bebé por el canal del parto, sin más esfuerzo por cuenta de ella. ¡La sorpresa que se llevó! Pujar es un verdadero trabajo físico, que puede requerir pocos minutos o varias horas. Una vez que tu dilatación y tu borramiento son completos, una enfermera se pone junto a tu cabeza, y el médico, entre tus piernas para recibir al niño; entre los dos te guían para que realices esa hazaña atlética.

Con cada contracción te aferras las rodillas o los muslos con las manos, tratando de dejar en el vientre el menor espacio posible para el bebé. Por si eso no fuera suficiente para hacerle captar la indirecta, también pujas hacia abajo con todos los músculos que tienes entre el pecho y las rodillas. La sensación que tienes inmediatamente es la de mover los intestinos. Si es así, te felicito, porque estás haciendo las cosas bien. Si tu técnica es correcta, la cara se te frunce tanto que te llenas de patas de gallo hasta el cuero cabelludo. Y no te preocupes en absoluto si te parece que el bebé va a salir por el agujero indebido: en un momento como éste, cualquier agujero sirve. (Además, lo más probable es que el pequeñín sepa orientarse mejor de lo que tú crees.)

Si no tomas ningún calmante, ya sea porque no quieres o porque el bebé sale tan rápido que el médico no lo considera útil, el momento más terrorífico de tu vida es cuando te indican que es hora de pujar. Por mucho que la naturaleza te haya acosado hasta ahora, eres demasiado inteligente para pensar que el paso del bebé por la vagina no va a doler. Imagina un ardor que te envuelve toda la entrepierna, combinado con un estiramiento como si fueras a quebrarte las caderas o a romperte en dos. No, es mejor que no imagines nada.

Ahora escucha bien, porque voy a revelarte la única manera de aliviar el dolor: *puja en medio del dolor, con todas tus fuerzas.* Así es, exactamente: haz lo opuesto a lo que la mente te indica, que es quedarte quieta y gimotear. Esto requiere un coraje tremendo, pero te aseguro que sirve. O bien activa un mecanismo entumecedor que proporciona la naturaleza cuando la cabeza del bebé se abre paso por el cuello del útero, o bien hace que la ordalía simplemente termine en menos tiempo. De algo puedes estar segura: no conseguirás ningún alivio si te echas de espaldas y repites una y otra vez: «¡Cambié de idea, cambié de idea! ¡No quiero un bebé!»

Ha llegado, por fin, el momento en que tu marido puede participar y prestarte ayuda. Puede incorporarte a medias con cada contracción, para ayudarte a pujar, o sostenerte las piernas en la posición necesaria (te advierto que una parece una rana). Claro que para ayudarte tendrá que armarse de valor, así que prepáralo para la tarea.

La peridural

El método más común de aliviar a la parturienta es la aplicación de la peridural, una combinación de medicamentos administrados en el líquido de la médula espinal mediante una aguja introducida en la parte inferior de la espalda. Al leer esta descripción, probablemente te asustes hasta el punto de decidir que prefieres soportar sin más el trabajo de parto, antes de que te claven agujas en la columna. Pero después de varias horas, lo más probable es que aceptes de buen grado la peridural, aunque deban aplicártela en los globos oculares.

Ese trabajo debe realizarlo un anestesiólogo. La parte buena es que no corres peligro de quedar permanentemente lisiada sólo porque un aficionado sin experiencia te haya perforado la médula. La parte mala es que no todos los hospitales tienen anestesiólogos de guardia las veinticuatro horas del día; suele ocurrir que no haya ninguno en el momento en que lo necesitas. Mi amiga Chris, cuando estaba por tener a su tercer hijo, se decidió por la anestesia en el último minuto. Ya había tenido dos bebés por la ruta de las pioneras y no tenía nada que demostrar a nadie. Entonces pidió a su médico que llamara a un anestesiólogo para que le aplicara la peridural. Por desgracia, el hombre estaba durmiendo; cuando llegó al hospital Chris ya tenía al bebé número tres en su exhaustos brazos. He aquí una lección que has de tener en cuenta: si existe una remota posibilidad de que quieras anestesia, díselo al médico varias veces durante el embarazo y recuérdaselo otra vez cuando lo llames para anunciarle que tienes contracciones. También deberás repetirlo a cualquiera que vista una bata blanca, desde el momento en que llegues al hospital hasta que sientas el pinchazo en la espalda.

Para que te apliquen la peridural, tienes que ponerte de lado o sentarte en el borde de la cama, apoyada en una enfermera. El médico te indica que te acurruques como una pelota... hasta donde puedas, dadas las circunstancias; de ese modo las vértebras se separan, para que él pueda llegar al punto mágico. Es muy probable que durante el procedimiento tengas una contracción, pero el anestesiólogo esperará con mucha paciencia hasta que puedas permanecer completamente inmóvil. Luego te aplicará una inyección en la espalda. Momento después, el médico introducirá una fina aguja en la espalda y la fijará con tela adhesiva. Quizá te sorprenda saber que la peridural es como un aguja intravenosa que te dejan en la espalda por el resto del trabajo de parto y el alumbramiento. De ese modo, el anestesiólogo puede controlar el grado de dolor y administrar más o menos anestésico según considere necesario. Aunque te tiendas sobre la aguja o ruedes de un lado a otro, no te molestará.

Cuando la peridural comienza a actuar, generalmente se experimenta una sensación de descarga eléctrica a lo largo de las piernas. No te asustes por eso: es pasajero y completamente normal; retrospectivamente, tu «dolorímetro» ni siquiera lo registrará. Cuando pasa la descarga, el alivio es casi inmediato. Tu asombro y tu gratitud serán infinitos cuando veas que el monitor registra otra contracción, aunque tú sólo sientes presión. Es entonces, por lo general, cuando la parturienta recupera su personalidad. Se torna amable y cariñosa con el marido, charla con las enfermeras y todos se sienten mejor.

Por maravillosa que pueda ser la peridural, tiene un par de pequeños inconvenientes. El más inmediato es que tiende a prolongar el trabajo de parto productivo. El otro es que puede entumecerte el cuerpo de la cintura para abajo hasta el punto que no puedas pujar lo suficiente para expulsar al bebé. Por este segundo motivo, el anestesiólogo suele disminuir el flujo de anestésico cuando llega el momento de pujar, a fin de que sirvas de algo en esta crítica coyuntura. También puedes probar lo que hizo mi amiga Janis. Ella juró, por la vida de su marido, que si le prometían no interrumpir el flujo de anestésico hallaría el modo de pujar sin sentir. El médico aceptó darle la oportunidad y Janis sacó a su bebé a fuerza de voluntad, de puro terror.

Oxitocina

Puede ocurrir que, mientras te estás dilatando un centímetro por hora, tras la aplicación de la peridural dejes de dilatarte por un rato. Es entonces cuando suele administrarse la oxitocina a través de la aguja intravenosa que ya tienes colocada en la mano, de modo que no recibes un nuevo pinchazo. Se utiliza también para inducir el parto cuando el médico y la madre deciden, de común acuerdo, que el bebé se está demorando más de lo debido. Generalmente provoca contracciones fuertes y constantes... tan fuertes y constantes que, si la mujer ha estado soportando el trabajo de parto sin medicación calmante, suele pedir la peridural a gritos. Si pretendes jadear al estilo Lamaze durante esas contracciones, no lograrás más que una hiperventilación y una frustración tremenda. Bueno, puedes confiar en mi palabra o descubrirlo por ti misma cuando llegue la ocasión.

Un camino alternativo

Toda la oxitocina y los esfuerzos del mundo pueden no lograr que el cuello del útero se abra lo suficiente para que el bebé salga. Es muy probable que a estas alturas estés hecha un estropajo e incluso que el bebé presente señales de fatiga. Entonces llega la sugerencia que temes desde hace nueve meses: «Convendría practicar una cesárea.» Esta sugerencia provoca en forma casi universal una gran desilusión y bastante alarma, que suele manifestarse por un ataque de llanto. De pronto se hace trizas todo lo que habías soñado sobre el parto, tus esperanzas de enfrentarte al desafío físico y salir victoriosa. Casi siempre, esta desilusionante sensación de fracaso aflige más a la mujer que la perspectiva de entregar su vientre al cuchillo. Tengo amigas que, años después de la cesárea, aún se sienten privadas de una gran experiencia; todavía piensan que, si les hubieran permitido esperar «un poquito más», el bebé habría nacido por vía vaginal.

Por favor, no empieces ahora a imponerte expectativas y reglas sobre el «éxito» o el «fracaso» en el parto. El parto que termina con un bebé y una madre sanos es un don del cielo, poco importa cómo se haya producido. Y punto. Dar a luz no es ir al gimnasio; no es ocasión de demostrar tu buena forma física ni de cumplir con tus aspiraciones personales. Es un acto destinado a perpetuar la especie; nada más. Esa sensación de haber sido «estafada» por un alumbramiento que no respondió a nuestras expectativas es, en mi opinión, otro ejemplo del egocentrismo yuppie que constituye una de nuestras características menos deseables.

Si el médico y tú decidís que es preciso practicar una cesárea, el primer paso consistirá en aumentar el flujo de anestésico. Si no tienes la aguja colocada, te la introducirán inmediatamente; en caso de que sea indispensable ahorrar tiempo, te dormirán con anestesia general o con un bloqueo espinal. A mí me practicaron una cesárea con peridural; lo que más recuerdo es la sensación de que me empujaban. No experimentaba dolor alguno, pero me sentía movida de un lado a otro, por dentro y por fuera. Y me sorprendió lo mucho que tardaron en sacar al bebé. Sin duda pueden hacerlo más deprisa en caso de necesidad, pero una cesárea sin apuro consiste en metódicas incisiones practicadas en cada capa de tejido, entre el mundo exterior y el bebé, no en un solo corte hasta donde él está. Una vez que se extrae al bebé y se corta el cordón umbilical, probablemente te den un calmante de efecto prolongado, como la morfina. El resto es euforia, al menos hasta que pasa el efecto de la morfina.

El nacimiento

Como soy madre «añeja» (léase «de edad madura»), siempre me sometieron a pruebas genéticas que, entre otras cosas, revelaban el sexo del bebé. Algunas mujeres prefieren que el médico no les transmita esa información, para no privarse de la sorpresa en el instante del nacimiento. En mi opinión, todo lo relacionado con el alumbramiento es tan asombroso e impresionante que no necesito agregar una emoción más. Por otra parte, me gusta decorar la habitación de mi futuro hijo lo antes posible, y para eso conviene conocer su sexo. Pero si lo ignoras, éste es el gran momento. Con ese último y exhausto esfuerzo se produce el anuncio: «Es un varón» o «Es una niña». Asegúrate de que la noticia haya sido pronunciada por un médico o una enfermera, pues los padres suelen confundir el cordón umbilical con un pene. No confíes sino en quienes poseen conocimientos de anatomía certificados.

No tengo palabras para describir adecuadamente la sensación que experimentas al ver a tu hijo en el momento que surge de tu cuerpo. Aunque estés exhausta y desorientada por el esfuerzo y la medicación, mirar a esa criatura es lo más parecido que hay en esta vida a encontrarte frente a Dios, sin la ayuda de una zarza ardiente o de un mar dividido. Probablemente aquí terminaban todas tus fantasías; te ponían el bebé en los brazos, tu marido te miraba amorosamente a los ojos, la música ascendía de volumen y comenzaban a pasar los títulos. Siento mucho tener que decírtelo, pero en la vida real las cosas no son exactamente así.

Si el parto ha sido vaginal, es posible que te pongan al bebé sobre la barriga para que se mantenga caliente mientras el médico ata el cordón umbilical y alguien (tu esposo, quizá) lo corta. Luego tendrás que pujar un poco más, pues también debe salir la placenta. Si el bebé ha nacido por cesárea, ellos se encargan de retirar la placenta, así que tú puedes relajarte y descansar. Después de haber expulsado la placenta (y un montón de materia sanguinolenta y viscosa, de aspecto alarmante pero completamente normal), el médico meterá la mano para ver si queda, dentro de ti, algo que pueda provocar una infección. Esta parte no es divertida; generalmente toma por sorpresa a la flamante mamá, que necesitaría un poco de paz después de lo que acaba de soportar. Puedes respirar hondo o pedir al médico que aumente el flujo de anestésico.

A continuación vienen los puntos. Lo más probable es que, si el parto ha sido vaginal y eres primeriza, el médico haya realizado una episiotomía antes de que el bebé saliera al mundo. Esto significa que hizo una pequeña incisión en la piel estirada, para facilitar la salida del bebé. Esta práctica se justifica por el riesgo de que, al salir, el bebé te desgarre los tejidos; teóricamente, es más fácil suturar un corte que un desgarro. Por mi parte, siempre terminé con episiotomías y desgarros, o sea, con más puntos de sutura que el mostruo de Frankenstein. Generalmente la sutura no duele, pero su realización requiere tiempo. Así pues, mientras tu marido y la enfermera disfrutan del bebé, tú sigues con las piernas abiertas mientras te cosen tus partes más preciosas.

¿Amor a primera vista?

Puede ocurrir que, en cuanto poses la vista en tu bebé recién nacido, solloces por el profundo amor que sientes de inmediato. O que, tras echarle un vistazo para asegurarte de que está sano y completo, reces pidiendo que alguna persona especializada se lo lleve a otro lugar. En este último caso, no te lo reproches; esto no significa que no ames a tu bebé como cualquier madre o que tengas el temperamento de una babosa. El alumbramiento es traumático, aun en las mejores circunstancias; necesitas un rato para que tus emociones se pongan a la par de tu nueva identidad. Piénsalo de este modo: hasta tu amiga más querida puede haber tardado un tiempo en ganarse tu corazón, aunque ella no te dejaba estrías. ¿Por qué sentirte obligada a enamorarte de ese pequeño desconocido en cuanto lo ves? Pero ten la seguridad de que así será; llegarás a sentir por él un amor tan ferviente que te dolerán las entrañas y no podrás respirar.

¿Y ahora?

El médico y la enfermera se retiran en cuanto acaban de recomponerte lo mejor que pueden. Se han llevado a tu bebé a la *nursery*, donde le aplican una inyección de vitamina K, lo pesan, lo miden, le toman las huellas plantares y cualquier otra cosa que la burocracia ordene. También evalúan sus reflejos, su fuerza, vivacidad y, en nuestra familia, su sentido del humor. El resultado de esta evaluación se denomina puntuación de Apgar. Pero no quiero extenderme sobre esto, porque las pruebas y las evaluaciones me ponen nerviosa.

Luego te llevan de la sala de partos a una habitación

normal. Te pondrán bolsas de hielo en tus hinchadas partes pudendas, y tú intentarás descansar en los intervalos que te queden entre aprender a amamantar, cambiar pañales y recibir visitas. Aunque por ahora no te das cuenta, ese período encantador termina demasiado pronto. De hecho, dentro de tres meses darás cualquier cosa por volver al hospital, donde te sirven la comida ya lista (aunque no sepa a nada), te cambian las sábanas todos los días y hay gente especializada que se encarga de tu bebé cuando estás cansada. Las amigas te aconsejamos que permanezcas en el hospital el mayor tiempo posible. Aunque sólo sea por un día más, será postergar por veinticuatro horas lo inevitable: toda una vida de trabajo y responsabilidad.

17

Locuras posparto

Es realmente espantoso, pero, tarde o temprano, el hospital o la clínica entregará a tu cuidado un ser humano indefenso, frágil y necesitado. Contigo y con tu marido, son tres. Con menos práctica de la que tenías cuando aprendiste a ponerte el diafragma, se supone que debes volver a tu casa y criar a ese bebé hasta que llegue a la edad adulta. Si esta perspectiva no te asusta es porque no tienes una imaginación muy vívida.

Por sola que te sientas en este momento, tus miedos no son nuevos. Las amigas vienen experimentándolos desde que el animal humano cobró la capacidad de tornarse neurótico. Y si no bastan sus palabras para que empieces a preocuparte, bastará con que veas la televisión: en todos los programas de todos las cadenas se habla de algún desastre relacionado con un niño. A continuación encontrarás una lista de las paranoias más comunes entre las madres flamantes.

«¡Le voy a quebrar el cuello!»

Tras haber oído tantas veces que los recién nacidos no pueden sostener la cabeza, vivimos con el miedo de que ese pequeño melón escape de nuestras cuidadosas manos, se desprenda del cuello y ruede por el suelo. Hasta ahora y pese a todas mis investigaciones, nunca he sabido de una madre que lesionara accidentalmente a su bebé por soltarle la cabeza. Sin embargo, es cierto que debes sostener al bebé con las dos manos, pues suelen mover la cabeza inesperadamente y, si no estás atenta, puede caer hacia atrás. Los momentos de mayor nerviosismo (realmente pavorosos, al principio) son aquellos en que vistes o bañas al bebé, pues la cabeza del recién nacido parece pesar al menos tanto como el resto del cuerpo.

La preocupación «¡Le voy a quebrar el cuello!» viene acompañada por «¡Le voy a aplastar la cabeza!» En el recién nacido, toda la parte superior de la cabeza es blanda, pues los huesos del cráneo aún no están unidos. A ti te será fácil tratar esta zona con delicadeza, pero tus hijos mayores y los hijos de tus amigas no dejarán de aplicarle palmadas demasiado fuertes con sus guantes mugrientos... o, más probablemente, con los cubos de madera. No esperes que tu amiga se percate y detenga a su pequeño; simplemente retira la manita pecadora y di con dulzura: «No, no», aunque tengas que apretar los dientes.

«Si me descuido, el bebé dejará de respirar»

Ya me contarás cuántas veces te detienes junto al bebé dormido, mirándolo como si sus pulmones funcionaran sólo por la fuerza de tu voluntad y tu concentración. Las madres primerizas temen que al bebé le suceda algo terrible si ellas no vigilan. En el caso de que, por pura casualidad, haya dormido tranquilamente tres horas completas, al despertar correrá a la cuna con el morboso terror de que, si la ha dejado dormir por tanto tiempo, es porque está muerto. Dios no permita que el bebé esté durmiendo lo más tranquilo; la frenética madre tendrá que despertarlo con un pellizco, pues sólo cuando lo oiga gritar quedará convencida de que todo está bien.

«¿Y si me olvido de que tengo un bebé y lo dejo en cualquier parte?»

He tenido varios sueños muy vívidos en los que depositaba la sillita con el bebé en el baúl del coche, para escarbar en el bolso de los pañales en busca de las llaves. Después de encontrarlas, me sentaba al volante y partía a toda velocidad, dejando al bebé sentado ahí atrás. Una de mis amigas tenía pavor a ir a comprar con el bebé, pensando que lo olvidaría en algún probador y sólo se daría cuenta cuando llegara a su casa. Hay distintas variantes del tema. Mi amiga Chrissie tenía pesadillas en las que dejaba caer al bebé desde el balcón de un hotel; lo veía en cámara lenta y no podía detener los acontecimientos, aun sabiendo cómo acabaría el episodio. Me apresuro a tranquilizarte: los hijos de Chrissie ya están grandes y son, obviamente, productos de dos padres excelentes. Por lo tanto, los sueños no eran síntomas de una mente enferma sino de una madre temerosa por lo mucho que amaba y deseaba proteger a sus hijos.

«¿Y si me quedo dormida cuando le toca mamar y se muere de hambre?»

Para mí es asombroso que tantas madres se ajusten estrictamente a los horarios de alimentación sugeridos por el pediatra; se sienten obligadas a despertar al bebé para que no se salte una toma, como si pudiera perecer sin esos preciosos cien gramos. En realidad, la existencia del bebé no corre peligro entre una comida y la siguiente; la naturaleza los ha hecho algo más duraderos. Se me ocurre un solo motivo para despertar a un bebé, y es que tus pechos corran peligro de estallar si alguien no se apresura a sacar esa leche.

No olvides que el bebé debe aprender a dormir durante toda la noche sin despertarse para comer. Si no despertó a tiempo para la tradicional toma de medianoche, relájate y da gracias al cielo; en el próximo turno lo compensará. Si es preciso, despiértalo durante el día, pero no por la noche. Por lo general, los bebés hacen una única siesta decentemente larga; es mejor para todos los involucrados que la hagan por la noche, cuando ya han terminado los programas de televisión que se dejan mirar.

«¿Y si el bebé no me quiere?»

Muchas amigas, sobre todo las que tuvieron ayuda de una asistente o una abuela en las primeras semanas, temían que el bebé las quisiera menos que a la otra persona. Decían que, con ellas, el bebé lloraba o estaba inquieto, mientras que permanecía sereno y soñoliento en brazos de otros.

No puedo decirte cómo serán las cosas dentro de quince años, pero a esta edad tu bebé te ama con cada gramo de su existencia, porque tú eres lo que se interpone entre él y un mundo difícil. Quizá no te ame por tu ingenio ni por tus obras de caridad, pero sí porque eres parte de él. Para ganarte su amor no tienes que hacer nada; la cosa es mucho más simple. El bebé tiene que amarte; está en el reglamento. Si se muestra nervioso, quizá esté reflejando tu propio nerviosismo. O, probablemente, no hace sino expresar su excitación ante la comida que lo espera, puesto que para él hueles como el camión lechero. Si tu bebé ama a otras personas y no sólo a ti, no seas egoísta, que hay de sobra para todos.

«¿Y si el bebé no me gusta?»

Una siempre ama a su bebé, pero es posible que no le caiga muy en gracia. La madre que se ha pasado cinco horas paseando a su crío sin poder dormirlo, bien puede tener ganas de ponerlo en venta. Si los amigos o el propio marido fueran tan exigentes, egoístas e indiferentes a nuestro bienestar personal, los abandonaríamos como a apestados. Pero es asombrosa la tolerancia que tenemos para con los malos modales del bebé. En tu vida has tenido que prodigar tantas atenciones a nadie. ¿Y qué recibes a cambio? Una sonrisa torcida de vez en cuando y algún pañal sucio. Cuando sientas que te envuelve una nube de resentimiento, pide a algún alma benévola, como tu madre, tu marido o alguna amiga (¿no te encanta tener amigas?) que se lleve al bebé adonde no puedas verlo ni oírlo por una o dos horas. Ese descanso hace milagros.

«¡Mi vida es un desastre!»

Hasta la más pulcra y organizada de las mujeres pierde todo el control de su medio ambiente ante la llegada de un recién nacido. Una patea la ropa sucia amontonada en el salón preguntándose cómo es posible que una personita tan diminuta requiera tanto tiempo y trabajo. Olvídate de escribir las notas de agradecimiento y de corresponder a los saludos telefónicos; considérate afortunada si puedes darte alguna ducha; ponerte ropa limpia y bien combinada es algo rayano con el milagro. Por lo general andas hecha una bruja y en tu casa no se come otra cosa que comida congelada desde hace veinte días. Para colmo, telefonea tu suegra para decirte que la tía Engracia quiere saber si recibiste el libro de cuentos que te envió, porque todavía no tiene noticias tuyas.

Ésta es la verdadera depresión posparto, no ese pequeño festival de llanto que, según los textos, puedes experimentar en el hospital después del nacimiento. Todo esto, sumado a dos meses de no dormir y tener los pezones doloridos, pueden acabar con cualquier amiga, además de provocarle un resfriado espantoso. Ojalá pudiera revelarte una cura secreta para este mal, pero no existe ninguna. El mejor consejo que puedo darte es que aceptes tus limitaciones y aproveches las ofertas de ayuda de familiares y amigos. Cierto: pueden volverte loca o ser completamente incapaces de encontrar nada en tu cocina, pero deja que hagan el intento, porque, de cualquier modo, en estos momentos son más capaces que tú. Confórmate con saber que todas hemos pasado por esos mismos sufrimientos; cuentas con nuestra más profunda simpatía. Esto también pasará, aunque con mucha más lentitud de lo que parece humano.

«¡Detesto amamantar!»

En la actualidad es una muy buena medida amamantar al bebé. Hay numerosas justificaciones, que todos los libros sobre el embarazo enumeran con reverencia. He aquí la posición de las amigas sobre el tema: haz la prueba y, si te gusta, adelante. Si no te gusta, te damos permiso para abandonar. El mundo está lleno de mujeres para quienes no amamantar es un delito equiparable a la violación de menores; a esas personas les encanta decirte que ellas amamantaron a sus hijos hasta la edad escolar. Incluso para las amigas que amamantaron, estos relatos son aburridos. No permitas que te hagan sentir culpable por decidir lo contrario. ¿Dar el pecho es mejor que dar el biberón? Supongo que sí, claro. Pero también es mejor amasar el pan en casa, preparar la salsa con tomates frescos y no probar el café.

Lo cierto es que amamantar, al principio, suele ser doloroso. También obliga a la madre a ser la única que alimente al bebé, a menos que se convierta en una maestra del autoordeñe. En mi opinión, la mujer que amamanta sigue estando un poquito embarazada; su cuerpo aún está trabajando en beneficio de otro. Algunas amigas mencionan también que al marido les cuesta inspirarse sexualmente con ellas mientras hay un bebé con derecho a chupar sus juguetes favoritos. Conste que no tengo ánimo de crítica; no hago sino contar los hechos.

Pero si todo esto es verdad, ¿cómo es posible que a una mujer se le ocurra amamantar? Bueno, porque es la mejor comida casera para el bebé. Además resulta muy fácil, una vez que se domina la técnica; no tienes más que desabrocharte la blusa, alimentar al bebé y volver a abrochar. No tienes que lavar platos ni comprar ingredientes y es mucho más barato que las latas. En medio de la noche (entendiendo por eso cualquier hora del día o de la noche en que estés profundamente dormida), cuando el bebé llora de hambre, lo último que una desea es ir a la cocina a preparar un biberón. Es mucho más sencillo sacar el pecho y dormitar mientras el bebé chupa a gusto. Otro gran beneficio médico para la madre es que la lactancia ayuda a que el útero recobre su tamaño normal, el de una pera, después de haberse estirado hasta alcanzar las dimensiones de una mochila.

Hay algo que quizá ignores sobre la lactancia, pero las amigas podemos jurarte que es verdad. Una vez que los pezones cicatrizan y que adquieres práctica, amamantar es muy pero muy agradable. Y cuando digo «agradable» lo estoy comparando con un buen acto sexual. Mientras el bebé mama, en tu cuerpo se produce una hormona que tiene un efecto sedante. Esa leve sensación de ebriedad, combinada con la suave contracción del útero (como después del orgasmo) puede hacer una madre profundamente satisfecha. A eso se debe la sonrisa embobada de tantas de estas madres. También se produce otro elemento químico, menos atractivo, que te hace sentir más sed que si hubieras comido cenizas. Mientras amamantas o antes de acostarte a dormir, conviene tener siempre un vaso de agua a mano, el más grande que consigas. Mi amiga Dona solía llevarse a la cama un enorme vaso de agua lleno de hielo, para que el agua no estuviera tibia cuando le tocara levantarse otra vez.

Por mi parte, lo mejor de la lactancia era que me obligaba a ordenar debidamente las prioridades de mi vida, a fin de abrir espacio al recién nacido. Si le daba el pecho, forzosamente tenía que descuidar los trajines sin importancia para concentrar mi atención en el bebé y en mí misma. En los tiempos actuales, uno de nuestros grandes errores es apresurar la recuperación después del embarazo y el parto. Si nos llevó nueve meses llegar a este estado, deberíamos concedernos el mismo tiempo para salir de él. Puede que estemos precipitando las cosas si, apenas seis semanas después de tener un bebé, pretendemos volver a la vida de antes.

«¿Y si tengo que ir al baño?»

Esta función básica del cuerpo humano te causará la primera crisis física desde que nació el bebé. Después de expulsarlo, ya sea por vía vaginal o por cesárea, te estremeces ante la sola idea de mover los intestinos y expulsar algo más o menos sólido por ese lugar. En verdad, esto me recuerda que existe un motivo muy razonable para preferir la vía vaginal a la césarea, si una puede elegir: después de una césarea, el hospital no te dará de alta mientras no puedas mostrar a tu enfermera un bonito montón de heces hecho con tus propias tripas; después de un parto vaginal, en cambio, para que te permitan salir basta casi la promesa de hacer caca en algún futuro cercano, en la intimidad de tu casa.

Es probable que aún sientas dolor ahí abajo; por cierto, no tendrás muchas ganas de estirar esos tejidos en proceso de cicatrización. Pero no puedes dejar de hacer caca. Algunos médicos recomiendan tomar algo para ablandar la materia fecal, a partir del nacimiento, a fin de reducir las molestias. En realidad, lo que deberían recetar es un sedante, porque la expectativa es casi peor que el hecho en sí. Un par de días después del parto tendrás esa inconfundible sensación: tu cuerpo está superando el trauma y se prepara para evacuar otra vez. Si eres tan cobarde como yo, tratas de hacer caso omiso de esa sensación hasta que estás a punto de estallar; luego vas al baño inundada en lágrimas, como María Antonieta hacia la guillotina. Tienes la absoluta certeza de que esas heces te arrancarán los puntos de la episiotomía y que no harán nada bueno con las hemorroides. Pero, igual que en el parto, llega un momento en que no tienes más alternativa que pujar, por débil y sudorosa que te sientas. Todo pasa pronto; una sobrevive sin ningún desgarro aunque a veces sangre un poco. ¿Que si duele? Ay, sí, pero te aseguro que no volverá a doler así, al menos hasta que tengas otro hijo. Puede que tus hemorroides no queden muy contentas, pero para eso se inventaron esos pequeños apósitos medicados.

«¿Y si mi marido quiere hacer el amor?»

Propongo que todas las amigas del mundo firmemos un pacto ahora mismo. Si al revisarnos, seis semanas después del parto, el médico nos dice que podemos reanudar la relación sexual, que nadie se lo diga al marido. Comprometámonos a decirle que tenemos absolutamente prohibido hacer el amor por tres meses.

¡Por Dios, si hasta el examen del médico te deja arañando las paredes! Hablar de placer sexual a estas alturas es un absurdo.

Por si te preguntas por qué una mujer atractiva y saludable puede negarse a hacer el amor después del parto, he aquí algunos motivos, los primeros que me vienen a la mente:

1 *Miedo al dolor.*

Con dos hemorroides y unos cinco mil puntos de episiotomía, tu vagina y los labios parecen carne picada. También hay morados e inflamación en el perineo, la zona que separa la vagina del ano.

2 *Puede que aún estés sangrando.*

Durante larguísimos días después del parto, se produce algo así como una regla sin fin. Al principio es abundante, roja y bastante grumosa (perdona, pero en este caso la precisión requiere cierto grado de vulgaridad). Con el tiempo adquiere un tono pardusco y, más adelante, amarillento. Todo depende de los gustos sexuales de cada uno, pero eso puede enfriar bastante los ánimos, tuyos o de tu marido.

3 *Seca como una pasa.*

La vagina de la flamante mamá está tan seca que necesita un agente humectante. Las hormonas han suspendido la producción de elementos lubricantes, sobre todo si se amamanta. Me parece que, según el grandioso plan de la naturaleza, una madre no debería quedar embarazada otra vez hasta que el bebé esté en condiciones de sobrevivir en el mundo, y, por esta razón, la hizo asexuada. Si quieres, prueba esta explicación antropológica con tu marido cuando esté «cachondo»; quizá obtengas mejores resultados que mis otras amigas.

4 *No estás de humor.*

Convertirse en madre es algo abrumador, tanto física como psíquicamente, hasta el punto que, al principio, una siente la tentación de reducir el universo entero al bebé. Ahora tienes una personita que te chupa, te vomita encima y se sirve libremente de tus partes corporales; al terminar la jornada, lo último que deseas es que tu excitado esposo haga más o menos lo mismo. No estás con ánimo de depilarte las piernas y ponerte un camisón insinuante. Antes bien, querrías tener toda la cama para ti, para tenderte allí en camiseta a ver series divertidas sin que nadie te toque.

Contribuye a esta falta de interés sexual un pequeño detalle, y es el aspecto que una tiene en ese primer par de meses después del parto. Pasarán varias semanas antes de que el vientre deje de caer como pellejo vacío cuando te pones de lado; además, si estás amamantando, todavía tienes los pezones agrietados. Te sientes algo frustrada por verte tan distinta. Por tu parte, no se te ocurriría hacer el amor con una persona así; por eso no logras imaginar que a tu marido se le ocurra.

5 *Estás exhausta.*

Casi todas las amigas coinciden en que éste es el mayor impedimento para reanudar la vida sexual después del parto. Si tuvieras tiempo para el sexo, tendrías tiempo para dormir una siesta, cosa que, en esos primeros meses, te resulta mucho más tentadora. Estás cansada porque aún no te has repuesto por completo del parto; estás cansada porque tu cuerpo se esfuerza por mantener la provisión de leche y, sobre todo, estás cansada porque *no duermes.* La mera fatiga de subsistir gracias a breves siestas, sin tener tiempo ya para soñar, puede llevarte a la demencia.

6 *Miedo de ahogar a tu marido.*

Voy a revelarte una de las tantas bromas pesadas de la Madre Naturaleza: la estimulación sexual y el orgasmo pueden provocar un reflejo de emisión en la madre que amamanta. Esto significa que, justo cuando las cosas se están poniendo interesantes, comienzas a chorrear leche por todos lados. Cuando reinicias la actividad, no es mala idea dejarse el sujetador puesto (con doble provisión de apósitos); es un motivo más para postergar las cosas. Si quieres una comparación, es como hacer el amor en un lavadero de coches.

Bueno, ahora que las amigas hemos logrado estimular tu miedo a reanudar la vida sexual, vamos a ver si podemos sacarte de este problema. Te aseguro que algún día volverás a «buscar guerra» (y cuanto antes, mejor, por lo que concierne a la mayoría de los maridos). He aquí algunas sugerencias para romper el hielo.

1 ***Aléjate del bebé por una hora al menos, antes de pensar siquiera en el sexo.***

Es preciso que rompas la «crisálida materna» y te reencuentres con tu marido. Tal vez sea imposible para los dos, pero es mejor que no habléis del bebé durante esta etapa preparatoria. En primer lugar, para no perder la oportunidad de acercarse mutuamente; en segundo término, porque si piensas en el bebé puedes comenzar a manar leche.

Ha llegado el momento de que expreses a tu marido lo frágil que aún te sientes y lo mucho que le agradecerías una actitud suave y tranquila, pese a sus urgencias. En momentos como éste es perfectamente aceptable suplicar o recurrir a sobornos o amenazas.

2 ***Toma un vaso de vino.***

Es un recurso que te habría sugerido aun sin disponer del siguiente dato: ciertos estudios médicos recientes indican que el vino, en las mujeres, tiene efectos afrodisíacos. Creo que la mayoría de mis amigas lo saben desde siempre, pero aunque así no fuera, el vino te ayuda a olvidar tus preocupaciones. Aunque el acto sexual te provoque un ligero dolor, si estás achispada no te molestará tanto.

3 *Humedece la zona.*

No basta con emborracharte un poco: también hace falta lubricación para el primer reencuentro sexual. En las farmacias venden varias cremas que cumplen esta función, así que conviene proveerse por anticipado. De lo contrario acabarás revolviendo el botiquín y utilizando cualquier porquería, como vaselina o aceite para bebés... o, peor aún, algo tomado de la cocina. Una variante de esta idea es iniciar el reencuentro con un masaje. No dudo que a estas alturas te vendrá bien, y ningún marido se perdería una oportunidad como ésta. Necesitado como debe estar, accedería a cambiarte el aceite del coche, si lo impusieras como condición para hacer el amor. No uses cualquier crema para manos, sino óleos perfumados de los que venden en las tiendas especializadas. Mi amiga Sondra, mujer astuta, me regaló óleos perfumados comestibles. Imagina que son un postre y deja correr la imaginación.

4 *No olvides adoptar precauciones anticonceptivas.*

Permíteme incorporarme al coro de personas que deberían estar diciéndote esto: *es posible quedar embarazada durante la lactancia, aunque todavía no hayas vuelto a menstruar.* Lo mejor es el preservativo, sobre todo si no puedes tomar la píldora por estar amamantando, ya que la lubricación de los preservativos facilita las cosas.

Creo que ninguna de mis amigas podría decirme, sin faltar a la verdad, que su primer acto sexual posparto terminó con un orgasmo. Bueno, quizá mi amiga Melanie, pero ella practicó el sexo oral con su marido en el hospital, pocas horas después de la césarea, de modo que no cuenta. En realidad, todavía no sé por qué me cae tan simpática. De cualquier modo, en esta etapa el objetivo es un momento de intimidad y afecto, no de fuegos artificiales. Sé que ahora te resulta difícil imaginar que puedas recuperar tu antigua pasión sexual, pero te aseguro que así será.

18

«Las cosas ya no son como antes»

La verdad es simple: tener un bebé produce cambios fundamentales en el cuerpo (y en la mente, pero eso llenaría un libro por sí solo). Puedes perder todos los kilos que aumentaste (y lo harás); puedes hacer abdominales hasta que estés en condiciones de ejecutar la danza del vientre; puedes practicar los ejercicios de Kegel hasta que tus músculos vaginales sean capaces de cascar nueces. Pero no volverás a ser tal como eras. Casi puedo oír algunas voces en desacuerdo; habrá quien me envíe una fotografía suya en tanga para demostrar que no es así. ¡Que se ahorren el sello! No digo que no puedas volver a ser tan guapa como antes, y más guapa aún, pero jamás serás la misma.

Algunas amigas me han contado que, antes de ser madres, tenían el pelo rizado y que lo vieron tornarse lacio como algas. Otras me dijeron que su cutis pasó de seco a graso o viceversa. Muchas se quejan de que han quedado más anchas de cadera después de nacer el bebé. Yo tengo una pena personal, que es mi ombligo; ya no ha vuelto a ser perfectamente redondo y metido hacia dentro. Pero ya volveremos sobre las cosas que no podemos alterar. Primero hablemos de las cosas que sí se pueden arreglar.

Bajar de peso

Todas sabemos que la única manera de adelgazar es comer menos y hacer ejercicio como fanática. No pierdas un tiempo valioso tratando de calcular los gramos de grasa y mascando galletas dietéticas. Come bien, pero en porciones pequeñas, y practica ejercicio todos los días. No quiero adentrarme en los detalles de un plan para adelgazar; es aburrido y nos deprimiríamos las dos.

Las amigas queremos agregar algunos consejos relativos a la pérdida de peso después del parto.

1 Te llevará más tiempo del que piensas. Para mayor seguridad, calcúlalo así: «Nueve meses para subir, nueve meses para bajar.» Irás perdiendo kilos, pero más lentamente de lo que piensas, porque no todo el peso del embarazo está en el bebé. Lo bueno de dar a luz es que la mayor parte de la barriga desaparece casi de inmediato. Lo malo es que, al desaparecer la barriga, se notan más todos los otros sitios que engordaron: los brazos, el trasero, los muslos y la cara.

2 Te habrás olvidado de tu aspecto anterior. Es por eso que son tantas las mujeres que retienen tres o cuatro kilos después del parto: simplemente, no recuerdan lo delgadas que eran y se conforman con un facsímil razonable de su cuerpo anterior. La única prueba infalible para saber si has recuperado la silueta es ponerte el más viejo de tus tejanos

y usarlo durante unas cuantas horas. Si no se te clava en ninguna parte, estás en línea.

3 No recuperarás del todo la silueta hasta que dejes de amamantar. Esto contradice todo lo que aseguran los defensores de la leche materna, pero las amigas estamos convencidas de tener razón. Es cierto que, al amamantar, quemas cientos de calorías por día, más de las que quemarías en el gimnasio. Así pues, al principio del plan para adelgazar, la lactancia será tu aliada.

Pero cuando llegue el momento de bajar los últimos tres o cuatro kilos, verás que esa amiga te vuelve la espalda. La naturaleza se niega terminantemente a eliminar los depósitos de grasa que tienes en la parte superior de los brazos, los muslos y, por supuesto, los pechos, mientras no hayas dejado de amamantar. De ese modo hay poco peligro de que la madre se quede sin el combustible necesario para mantener en funcionamiento la fábrica de leche.

4 Aun cuando hayas perdido los kilos sobrantes, la naturaleza se tomará su buen tiempo para tensar de nuevo la piel floja y juntar de nuevo los huesos de las caderas. ¿Has visto esas propagandas donde te preguntan si puedes pellizcar un par de centímetros? Por muy delgada que estés, durante varios meses podrás llenarte las manos con la piel floja de la cintura. Y si tienes cuatro hijos, como yo, esos pliegues te acompañarán hasta la tumba.

5 No vuelvas a quedar embarazada mientras no hayas bajado todo lo que aumentaste con el primer bebé. Desobedecer esta ley no es algo que se castigue con la pena capital, así que no te asustes si faltas a ella. Pero la regla básica es ésta: lo que peses de más cuando vuelvas a quedar embarazada es peso tuyo, que ya no puedes atribuir al bebé. Claro que,

por nueve largos meses, puedes usar esa excusa sin faltar a la verdad.

El legado del embarazo

Ha llegado el momento de hablar de los cambios físicos provocados por el parto que no tiene arreglo, al menos sin la ayuda de un buen cirujano.

1 *Pies más grandes.*

Ésta no es una experiencia universal, pero como le ha ocurrido a muchas amigas, debo mencionártela. No sé si el peso adicional del embarazo aplana los pies o estira los ligamentos, pero la mayoría de las amigas han pasado a gastar medio número más, por lo menos, después de tener un bebé. Pero no te preocupes, que no sucede lo mismo en todos los embarazos sucesivos, de modo que no necesitas cambiar todos tus zapatos después de cada hijo. Temo que decir esto me dará una imagen más frívola aún de lo que ya soy, pero te aconsejo que, después del parto, te desprendas de todos los pares que te queden demasiado estrechos, porque tus pies no volverán a encogerse. De ahora en adelante, la comodidad debe prevalecer sobre la vanidad.

2 *Pechos más pequeños.*

En realidad, sería más adecuado hablar de pechos más «delgados», porque la piel sigue teniendo el mismo tamaño, pero gran parte de la grasa que la rellenaba desaparece sin remedio. Si esto empeora o no con la lactancia, es tema de controversias, pero he observado que lo peor corre por cuenta del embarazo y no de la lactancia.

Si te sirve de consuelo, cuando vuelvas a embarazarte

serás tetona por nueve meses más, pero el cuento termina igual. Sólo puedo ofrecerte dos palabras de consuelo: sujetadores especiales.

3 *Más piel.*

Si eres de las afortunadas que cuentan con una buena piel, tal vez apenas lo notes, pero si eres, como yo, una pecosa de piel fina, el pellejo del vientre se plegará como un pequeño acordeón cuando dobles la cintura. Si reuniera coraje podría usar un traje de baño de dos piezas, sí, con tal de que me mantuviera siempre en posición firme. Te lo juro: si me arrojaran un diamante de diez kilates a los pies, no me agacharía a recogerlo por no mostrar mis «plisados» a los ojos del mundo.

4 *Pezones más oscuros.*

Al principio del embarazo debes haber notado que los pezones se te agrandaban y oscurecían. Un año después del parto, es probable que los pezones hayan recuperado su circunferencia habitual, pero se mantendrán más oscuros para siempre.

5 *Vagina relajada.*

Si quieres, ve a servirte un buen trago antes de que prosigamos con este análisis; mis amigas odian este tema casi tanto como el de la infidelidad y la menopausia. Pero el problema no dejará de existir sólo porque no lo mencionemos. Aquí va: una vez que haya tenido un parto natural, tu vagina no volverá a ser tan tensa como antes. Si tienes amigas con hijos, probablemente te dirán que allí abajo todo vuelve a la normalidad, a menos que sean muy generosas y seguras de sí. En realidad, sólo dicen eso para no pensar que se han visto disminuidas en su sexualidad. Lo cierto es que están algo más flojas... y probablemente, más atractivas aún que antes. Las mujeres experimentadas y satisfechas siempre son más atractivas que las novicias.

En caso de que juntes valor para preguntar a tu marido si nota alguna diferencia, es probable que esquive el tema o mienta sin más, pues no le costará imaginar que se trata de un asunto muy delicado para las mujeres. Si responde con demasiada franqueza, puede hacer pedazos su futura vida sexual. ¡Pero no te asustes! Nadie dice que la vagina te quedará estirada como un elástico viejo; sólo que no quedarás tan firme como antes. El médico lo sabe, aunque no te lo haya mencionado. Por eso casi todos ellos están tan bien dispuestos a zurcirte bien después de la episiotomía; lo hacen como premio de consolación. De cualquier modo, tu marido querrá hacer el amor contigo y tú lo disfrutarás. Hasta es posible que lo disfrutes más que antes, porque él puede tardar un poquito más en llegar al orgasmo, con lo cual te da tiempo para ponerte a la par. No obstante, si no disfrutas del sexo porque sientes la vagina demasiado fláccida o si te resulta incómodo por cualquier motivo, consulta con tu médico lo antes posible, pues existen procedimientos quirúrgicos simples para solucionar con facilidad este problema.

6 *Vejiga perezosa.*

Otra de las sensaciones relacionadas con la vagina floja es la debilidad de la vejiga. Existen diversos grados. Por ejemplo: se cuentan por millares las mujeres que, después de un parto vaginal, no pueden ni estornudar sin mojar las bragas. Otras dicen que su vejiga ya no resiste el desafío de saltar del trampolín o de trotar sobre superficies duras. Tampoco puedes «aguantar» tanto como antes; si necesitas ir al lavabo, más vale que no lo dejes para después. Quizá no puedas dormir toda la noche sin levantarte para orinar. Míralo por el lado bueno: ese pequeño paseo te brinda una buena oportunidad para comprobar si los niños duermen y están bien arropados.

Antes de que corras a pedir una cesárea con la esperanza de salvar tu base pélvica, quiero que pongamos las cosas en perspectiva. En la vida hay muchas cosas que tienen su precio, pero son experiencias tan grandiosas que una está dispuesta a pagarlo. Piensa en los baños de sol: todas sabemos que son un veneno para la piel, pero ¿quién se resiste a pasar unas vacaciones en Hawaii?

Las 10 mayores preocupaciones de la embarazada

10

¿Tendré siempre los pechos tan grandes?
(¡Por favor, Dios mío!)

9

¿Me pasaré los nueve meses tan cansada y molesta?

8

¿Podrá comprender mi marido todo lo que me está pasando?

7

¿Sentiré dolor al dar a luz?

6

¿Cuánto duele dar a luz?

5

¿Duele más que depilarse la entrepierna?
¿Menos que una fractura de hueso?

4

¿Me pondré fea y gorda?

3

Después de que nazca el bebé, ¿lo de «allí abajo» volverá a su tamaño normal?

2

¿Sabré ser una buena madre?

1

¿Nacerá sano y bien?

Nota final

Acabo de percatarme: han pasado nueve meses desde que empecé a poner todas mis ideas por escrito. ¿Captas? ¡nueve meses! (Está bien, fueron casi diez.) ¡Después, que me hablen de coincidencias! Como todos mis embarazos, éste ha sido interesante, tedioso, esclarecedor y demasiado largo para mi capacidad de concentración. Pero, igual que ocurrió con mis hijos, sé que agradeceré eternamente haber tomado la decisión de iniciar el viaje.

¡Las cosas que te esperan! Amarás a tu bebé con una obsesión tan feroz como si el ser madre fuera la única tarea que la naturaleza te tuviera destinada.

Trata de tomarlo con calma. Disfrútalo mientras dure. Agradece el haber recibido esta bendición. Y no dejes de reírte.

Nota final

DINAMICA
Dra. Clasina Kraan
Preguntas de mujer
Salud, belleza y sexualidad.
PLAZA & JANES

[illegible]

[illegible]

En la vida cotidiana muchas veces nos vemos asaltados por pensamientos perturbadores, bajones anímicos, sentimientos de culpabilidad o de baja autoestima. [illegible] de superar la [illegible] la depresión, la ira, la vergüenza [illegible] estados de ánimo autodestructivos, pueden ser comprendidos y superados, [illegible] una relación [illegible] con nosotros mismos que nos permita afrontar la vida con optimismo y felicidad. En este libro encontrarás todas las claves y métodos para lograrlo.

Las sorprendentes propiedades de una sustancia vital.

La melatonina, una hormona descubierta recientemente, ha suscitado un gran interés entre los expertos y el público en general. Aunque el organismo la produce de manera natural, puede sintetizarse fácilmente en cualquier laboratorio farmacéutico, y actúa de manera eficaz sobre los trastornos del sueño, el *jet-lag* e incluso el proceso de envejecimiento. Este libro explica sus notables ventajas como complemento dietético.

Primeros cuidados y contacto afectivo con el recién nacido.

Todos los padres se preguntan cómo prepararse para afrontar los primeros días de la vida de su hijo. ¿Qué puede ocurrir durante este período? ¿Serán capaces de cuidarlo bien, sabrán interpretar sus necesidades físicas y emocionales, conseguirán hacerle agradable su nueva vida extrauterina? En pocos temas médicos circulan tantos falsos tópicos como en éste. Todos quieren opinar y los padres se encuentran a menudo desorientados y confundidos. Afortunadamente este libro pone remedio a tal situación. En sus páginas los padres encontrarán una guía amena, práctica y exhaustiva que les permitirá sobrellevar con felicidad y pleno éxito los primeros días del bebé.